Für Max Imdahl
von seinem
B. Gooc

Bernd Growe

Zur Bildkonzeption Edgar Degas'

Rita G. Fischer Verlag

CIP - Kurztitelaufnahme der Deutschen Bibliothek

Growe, Bernd:
Zur Bildkonzeption Edgar Degas' / Bernd
Growe. – Frankfurt/Main: R.G. Fischer, 1981.
ISBN 3-88323-286-6

Alt Fechenheim 73, D-6000 Frankfurt (Main) 61

Herstellung: Druckhaus J. Knaack, Darmstadt
Printed in Germany
ISBN 3-88323-286-6

INHALTSVERZEICHNIS

A N H A N G

0 VORBEMERKUNG

Wenn heute die Kunst des Impressionismus in immer stärkerem Maße den Ausgangspunkt und die Legitimationsbasis aktueller bildnerischer Avantgarde abgibt - zu Recht oder zu Unrecht - dann muß die Frage nach ihren Begründern wie nach ihren umstrittenen Teilhabern neu gestellt werden. So fragt diese Arbeit nach Edgar Degas, seinem künstlerischen Verfahren und dessen gegenwärtiger Insistenz der Wirkung.

Mit Degas stellt sich die Arbeit die Frage nach den Diskontinuitäten der künstlerischen Entwicklung, um über die Analyse der Besonderheiten seiner Kunst zur Darstellung ihrer Entwicklung ohne präformierte Interpretamente zu gelangen. Das bedeutet ein Offenlegen der Hypothesen und der Brüche in der Darstellung.

Es ist nicht die Aufgabe dieser Arbeit, den vorhandenen Biographien über Degas eine neue hinzuzufügen. Die biographischen Daten, die dennoch angeführt werden mußten, sollen allenfalls die Situationen der Genese der Kunst Degas' klären und die behandelten Werke zeitlich und biographisch verankern. Es zeigte sich, daß die umfangreiche Literatur[1] das Werk Degas vor allem biographisch orientiert behandelt, allenfalls es kunsthistorisch einzuordnen versucht. Dagegen fehlt weitgehend eine grundlegende analytische und systematische Interpretation der <u>Genese des Werkes</u>. Ziel solcher Darstellung der Genese hätte es zu sein, die Kunst Degas' in ihren für die Entwicklung entscheidenden grundlegenden Merkmalen in inhaltlicher und formaler Hinsicht zu analysieren, zu bestimmen und zu werten. Nur so läßt sich die eigenständige Konzeption Degas', die wo sie nicht unbekannt blieb, gravierenden Mißverständnissen ausgesetzt war, in einem ersten Versuch herausarbeiten. Eingebettet in die Genese des Werkes wird die Darstellung der verschiedenen divergierenden <u>Einflüsse</u>. Sie kennzeichnen die Kunst Degas' in einer bestimmten Phase, gleichwohl kann von Eklektizismus keine Rede sein. Degas ist Teil von Entwicklungen.

In der Rezeption, Auseinandersetzung oder Teilhabe des Impressionismus, der japanischen Druckgrafik und der Momentfotografie gewinnt Degas eine eigene Bildkonzeption und entwickelt sie weiter. Sein Werk kulminiert in der Plastik, deren privater Charakter ihm Innovationen ermöglicht, die einer verstärkt der öffentlichen Diskussion ausgesetzten Auftragsplastik unzugänglich bleiben mußten. Sein Werk steht mitten in einer Zeit des Umbruchs der Künste. Vor allem der Impressionismus als epochale Grundlegung neuer Möglichkeiten der Malerei wird ihm Anstoß zu eigenen Konzeptionen.

Das Werk Degas weist in seiner Teilhabe am Umbruch Stildivergenzen auf, die näher untersucht werden sollen. So ist nach dem Motivwandel zwischen der frühen Historienmalerei und seinen späten Bildern zu fragen. So ist nach dem Wechsel zur Plastik zu fragen, wobei als Begründung die wachsende Erblindung kaum ausreichen dürfte. So ist zuletzt der Begriff der Entwicklung des Werkes selbst zu befragen. Und es wird sich zeigen, daß es mit deren Konsequenz eine eigene Bewandtnis hat. Nicht nur bei Degas ist der immer wieder postulierten Unerbittlichkeit einer quasi 'logischen' Konsequenz in der Entwicklung der bildenden Kunst zu widersprechen. Es gilt, mehr das gegenseitige Verdecken und Entdecken, die offenen Stellen, die Brüche in den Vordergrund zu rücken. Das entspricht - wie sich zeigen wird - auch mehr dem einzelnen Bild. Wenig geholfen ist der Interpretation mit idealtypischen Zuordnungen, die etwa im Falle Degas der Jugend die Auseinandersetzung zwischen Romantik und Realismus, der Mitte die Auseinandersetzung zwischen Naturalismus und Ästhetizismus (Impressionismus) und dem Alter die Auseinandersetzung zwischen Symbolismus und Idealismus gleichsetzen.[2] Die Darstellung der Genese kann auch nicht der Versuch der Rekonstruktion eines historischen Ensembles einer Epoche sein. Sie versteht sich ebenfalls nicht als eine nach Vollständigkeit strebende Chronologie[3], sondern als Versuch die konzeptuellen Momente der Kunst Degas' zu bestimmen und zu analysieren.[4] Dazu sind erst die Voraussetzungen zu schaffen.

Gibt es, um die Konzeption Degas' im besonderen zu kontextualisieren, einen Rahmen, eine gesellschaftliche Erklärung für die Mentalität die ihn inspirierte und durchdrang? Die Frage nach dem Wirklichkeitsbezug stellt sich, d.h. inwieweit Kunst als autonomes Werk Teil des gesellschaftlichen Ganzen bleibt, inwieweit die Sprache der Kunst, die zeitlich nicht terminiert ist, doch historische Bedingtheiten in sich aufnimmt.

Die einleitenden Überlegungen können natürlich keine erschöpfende kunsttheoretische Position beschreiben, aber die Richtung angeben, in die gearbeitet wurde. Am Phänomen - den Bildern Degas - bleibt das hier Gesagte zu erweitern. Z.B. steht in diesem Kontext die künstlerische Kontinuität, d.h. die logische Konsequenz der Entwicklung, neu in Frage. Bleibt (z.B.) Degas nicht dem Perspektivismus, einem konstitutiven Element der tradierten Formensprache treu? Dennoch: Die Perspektive <u>ist</u> dieselbe (z.T.), <u>bedeutet</u> aber etwas ganz anderes. So wurde versucht, die Reflexion der für Degas relevanten sozioökonomischen und kunsthistorischen Fakten in die Analyse aufzunehmen. Das Problem, was das erstere betrifft, scheint darin zu liegen, daß eine Verbindung der jeweiligen Artefakte mit den Phänomenen der Basis, ihre Entwicklung, ihre Dialektik gewährleistet werden muß, ohne dabei die <u>Bedeutungshaftigkeit</u> der Bilder in Frage zu stellen, d.h. in strikter Ableitung zu negieren.

Die Ausgangsfrage der Untersuchung versucht, das den Bildern ablesbare Phänomen eines Zusammenseins im Voneinandergetrenntsein (den Unzusammenhang als Modus des Zusammenhangs) zunächst von den Artefakten her, dann auch darüber hinaus weiter zu fundieren. Denn es bietet sich der Versuch an, von der formalen und inhaltlichen Seite der Werke her Konjunktionen (Beziehungspunkte und Verbindungslinien) zu Konstitutionsphänomenen der gesellschaftlichen Organisation der Individuen herzustellen. Dort scheinen die 'Ursachen' für die im Bild sinnlich organisierten Problemstellungen zu liegen; wenigstens aber werden auf diese Weise neue Quellen zum Verständnis von Bild und Künstler erschlossen. In Ansätzen von mehreren Seiten her - und daß dies bei Degas geradezu notwendig ist, wird sich schnell zeigen - ist ein Netz von Bestimmungen zu gewinnen, die mit den allererst zu leistenden bildimmanenten Interpretationsversuchen zu vermitteln sein werden. So kann, das ist die Intention dieser Arbeit, die Problematik der Kunst Degas' bis an ihre Ursprünge und in ihren Auswirkungen offengelegt in den Entwurf des künstlerischen Verfahrens Edgar Degas' münden, der die Basis für ein adäquates Verständnis seiner Kunst liefert. Von der bildimmanenten Interpretation geht die Arbeit auf Fragen kunsthistorischer Einordnungen und Querverbindungen ein und greift von da auf den Bezug zur Gesellschaft über; alle drei Explikationsstufen des Bildsinns gehen ein in den Versuch, die Verschiedenartigkeit der Zugriffe zur Einheit der Darstellung zusammenzubringen. Methodologisch problematisch ist dabei die Verknüpfung von Fotografie und Malerei einerseits, und Kunstwissenschaft und Sozialwissenschaft andrerseits im Verlauf der Darstellung. Das Problematische liegt, wie auch immer, im Versuch vom Sichtbaren auf das Nicht-Sichtbare kurz zu schließen; das Bild mit Biographie, Kunstgeschichte, Technikgeschichte und Sozialgeschichte zusammenzubringen. Schließlich bleibt die Frage, inwieweit die Arbeit die jeweiligen Ergebnisse setzt, da zwischen Basis und Überbau eine Kausalverbindung angenommen wird. Inwieweit kommt es so zur Materialisierung ideologischer Prämissen anstatt aus der Sache, d.i. den Bildern, abzuleiten? Und verliert die Malerei Degas nicht mit der Veränderung der gesellschaftlichen Wirklichkeit, wenn sie so gesehen wird, ihre Legitimität?

Wenn die Arbeit auf der Suche nach dem Latenten hinter dem Manifesten sich durch das Sichtbare hindurch auf das Nicht-Sichtbare hinarbeitet, so ist das nicht nur auf die Sozialgeschichte zu beziehen. Es ist weit mehr. Die Bilder werden durchaus ernstgenommen und nicht als Illustration oder Bestätigung einer anderen Art von Wissen aufgefaßt, das der schriftlichen (sprachlichen)

Tradition entspringt. Zuerst und zuletzt gilt der Blick dem Bild, auch und gerade wenn weitere Kenntnisse herangezogen wurden. Scheint so die aktuelle Wirkungsmöglichkeit der Bilder Degas' gerettet, bleibt doch ihr Gesellschaftsbezug ein Problem. Eine simple Alternative löst es nicht und der Kunstwissenschaftler hat kein Recht zu desertieren.

Wo an Bildbeispielen Thesen verdeutlicht werden, ist das exemplarisch gemeint, da zwangsläufig jede wissenschaftliche Arbeit aus dem Fundus der Bilder auswählen muß. Für die Auswahl der Bildbeispiele war vor allem ihre mögliche Erreichbarkeit für den Autor maßgeblich. So liegt der Schwerpunkt im Ganzen auf Bildanalysen der Bilder, die im Jeu de Paume selbst untersucht werden konnten. Zu den zitierten Bildern wird im Text immer, sofern möglich, die Katalognummer von Lemoisne angegeben, um eine sichere Orientierung zu gewährleisten.[5] Außerdem sind fast immer die Abbildungen in den leicht zugänglichen Darstellungen des Gesamtwerkes von Cabanne[6] und Russoli[7] angegeben.

Ich danke allen, die die Arbeit durch Kritik und Zustimmung gefördert haben. Besonders danke ich für die hilfreichen Anregungen meiner Lehrer, Herrn Prof. Dr. Max Imdahl und Herrn Prof. Dr. Gottfried Boehm, deren Einfluß auf diese Arbeit über das in der Bibliographie Dokumentierbare weit hinausgeht. Die Arbeit in ihren Seminaren am Institut für Kunstgeschichte der Ruhr-Universität hat mich von der Notwendigkeit des Versuchs der Erneuerung der Kunstwissenschaft überzeugt. Denn gegenüber früheren Jahrhunderten hat eine fundamentale Umwertung der 'Hierarchie der Sinne' eingesetzt, gerade am Ende des 19. Jahrhunderts. Die Rolle des Auges bei der Bewußtseinsbildung ist eminent gestiegen, nicht mehr das "Hörensagen"[8] spielt bei der Informationsübermittlung die zentrale Rolle. Und kam nicht schon immer das Sehen vor dem Sprechen?

So wird die Rekonstruktion des künstlerischen Verfahrens am Ende eine Rückkehr zu Degas mit anderen Augen. Die

Bilder stehen vor uns wie ehedem, aber der Blick auf sie hat sich geändert. Das Bild steht im Fokus der Blicke von Künstler und Betrachter, konstruierendem und rekonstruierendem Sehen. Und der geänderte Blick, mehr noch als alles andere, ist das Maß der Geschichte der Kunst.

Bochum,im Frühjahr 1979

1 ZUR PROBLEMATIK DER REZEPTION E.DEGAS'

Mit der Beurteilung der Kunst Degas hat es eine eigentümliche Bewandtnis. Er war der einzige unter den Impressionisten, der die Academie des Beaux Arts besucht hat: das sagt genug über die Probleme der zeitgenössischen Rezeption. Die Wertung der Kunst Degas ist in den knapp hundert Jahren ihres Bestehens großen Schwankungen unterlegen. Und zwar waren seine Bilder Zugriffen ausgesetzt, die interpretatorischen Mißverständnissen Vorschub leisteten. Daß die Rezeption seiner Kunst derartigen Schwierigkeiten unterworfen war, lag an mehreren Bedingungen. Zu Lebzeiten war er als Teilhaber, ja als Haupt der impressionistischen Bewegung verschrien, vor allem, seit Manet den Ausstellungen der Gruppe fernblieb.[1] Insofern wurde ihm keine öffentliche Anerkennung zuteil, die er im übrigen noch weniger als seine Gefährten angestrebt hat. Andrerseits war er aber auch nicht in dem Maße 'programmatischer' Impressionist, wie etwa Monet oder Sisley. Wenn er zunächst als Impressionist par excellende galt, aus dessen Bildern das Wesen des Impressionismus schlechthin zu destillieren sei[2], so wurde nach und nach immer deutlicher, daß seine Kunst von Momenten gekennzeichnet ist, die eine einfache Subordination unter 'den' Impressionismus verboten.[3] So war er bei der steigenden Anerkennung der Impressionisten nicht Impressionist genug, um an der Wertschätzung ihrer Kunst zu partizipieren. Er partizipierte nur an ihren Schmähungen.

Weiter brachte ihn der früh aufgedeckte Zusammenhang seiner Malerei mit der Momentfotografie in eine nicht unbedingt vorteilhafte Position.[4] Hatten es doch die meisten Künstler für angebracht gehalten, den Einsatz der Fotografie als Hilfsmittel o.ä. bei der zwielichtigen Haltung von Publikum, Kollegen und Kritik dem Gebrauch dieses Mediums gegenüber besser geheim zu halten.

Zuletzt war es das Spektrum seiner Sujets, das entweder als zu häßlich etc. oder als zu verspielt etc., je nach Stellung des Kritikers, einer angemessenen Würdigung seiner Bilder entgegenstand.[5]

So ist es zu einem Degas-Bild gekommen, in dem er nicht so recht zu den Impressionisten gezählt wird. Infolgedessen kommt er heute natürlich bei der Diskussion jener Kunst in der Regel zu kurz: das Augenmerk wird mehr auf Manet oder Monet gerichtet. Das popularisierte Degas-Bild sieht in ihm nurmehr den Maler der Ballerinen, der großen Welt der Operá sowie der Demi-monde der Straßencafés: aber alles wird zumeist ganz oberflächlich genommen, die Inhalte überspielen leicht die Präsentation.

Wird im einen Fall seine Zeichnung, seine Figuration als Argument gegen eine echte Teilhabe am Impressionismus ausgespielt, so werden im andern Fall seine Sujets von ihrer ganz eigentümlichen Organisation auf der Bildfläche abgezogen und als bloße Motive Gegenstand von Kritik am Häßlichen oder Wohlgefallen am Schönen.[6] Keine der gekennzeichneten Positionen scheint geeignet, die ganze Komplexität der künstlerischen Konzeption Degas auch nur annähernd in den Blick zu bekommen, geschweige denn, sie auszuschöpfen.

Es fällt auf, daß die Interpretationen der Kunst Degas sich hauptsächlich mit dem Problem von Zuordnungen herumschlagen. Gehört Degas zum Impressionismus? Ist seine Malerei mit dem Rekurs auf die Momentfotografie erschöpfend zu erklären? Ist er nur der Maler bestimmter Themen? Alle diese Fragen haben etwas für sich. So ist beispielsweise - um nur einen Punkt aufzugreifen - in der Tat besonders auffallend, daß wir bei Degas automatisch, viel mehr als bei jedem anderen Künstler der Moderne, an bestimmte Sujets: die Jockeys, die Tänzerinnen etc. denken. Der Mangel jener Ansätze ist, daß sie die Hauptmomente der künstlerischen Konzeption Degas im einzelnen würdigen oder kritisieren, diese aber nicht in ihrem ganz speziellen <u>Zusammenspiel</u> zusammendenken. Mag sein, das liegt an der vom Impressionismus (eines Monet etwa) her gewohnten Sehweise, die das Zentrum dieser Kunst im unmittelbaren Zugriff fassen will und kann. Dies aber ist bei Degas ganz unmöglich. Nirgends erweist sich das Trügerische einer postulierten Evidenz unmittelbarer Anschaulichkeit deutlicher, als vor seinen Bildern.

Thema und Konzeption der Kunst Degas lassen sich allein von ihren Rändern her bestimmen - analog den Bildern dieses Künstlers selbst, deren Problem ja auch der Rand, die Bildgrenze ist, die ihrerseits schwer bestimmbare offene Flächen ausgrenzt. Noch mehr als sonst gilt bei Degas der Satz, daß Verstehen begrenzen heißt, Grenzen ziehen. Die Interpretation der Kunst Degas muß dabei wegkommen von der Diskussion über die Zugehörigkeit zum Impressionismus etc. Zwar bleibt das Zentrum seiner Kunst - zunächst jedenfalls - ausgespart. Weil es sich selbst nicht so fassen läßt, werden von den Rändern her, die sehr divergieren, Begriffe gewonnen, die die Möglichkeit eines Zugriffs etablieren. Diese sollen aber nicht isoliert betrachtet und verabsolutiert werden, sondern immer erst durch den gemeinsamen Bezug auf das künstlerische Konzept Degas sich ausweisen. Nicht die Verifizierung von Zuordnungshypothesen ist Ziel der Arbeit, soviel ist aus der Rezeptionsgeschichte zu lernen, sondern die Analyse der Konsequenzen des spezifischen Zusammenspiels der einzelnen Momente der Kunst Degas für die bildliche Organisation von Farbe, Linie und Fläche.

Die Ambivalenz, ja Widersprüchlichkeit der Rezeption - denn die verschiedenen Momente, denen die Kunst Degas subordiniert werden soll, sind durchaus inkompatibel - kann im Rahmen dieser Arbeit nicht näher, schon gar nicht im vollen Umfang abgehandelt werden. Sie bietet jedoch die Basis, von der aus sich in Abgrenzungen und Erweiterungen der Blick auf die Konzeption der Kunst Degas freilegen läßt.[7]

2 DIE GENESE DER BILDKONZEPTION E.DEGAS' BIS 1873

2.1 Der Antagonismus von Authentizität und Historienbild

Die frühen Arbeiten Degas' lassen die kommenden Kontroversen noch nicht ahnen. Nach seiner Herkunft, seinem frühen Werdegang, erscheint er nicht prädestiniert, aktiv an der Umwälzung der Auffassung von der Malerei mitzuwirken. Darum ist die erste Frage die nach seiner Entwicklung bis zu dem Zeitpunkt, da er sich mit den Absichten jener Maler bekannt machte, die später unter dem Namen 'Impressionisten' bekannt wurden.

Nach abgebrochenem Jurastudium schreibt sich der Zwanzigjährige im April 1855 an der Ecole des Beaux Arts ein.[1] Dort, sowie im Atelier des Louis Lamothe[2], das er besucht, erhält er eine an Ingres orientierte Ausbildung. In jener Zeit entstehen in der Hauptsache Bildnisse - die seiner engeren Verwandtschaft und vor allem Selbstbildnisse. Sein erstes Bild überhaupt ist ein Porträt, das seines Großvaters Germain Musson (1853). Die Favorisierung der Porträtmalerei mag mit durch Lamothe verursacht sein, der neben religiösen Darstellungen vorwiegend Bildnisse malte. Kaum ein Jahr an den Kunstschulen, reist er nach Italien, wo ein Teil der Familie lebt. Er geht nach Neapel und von dort nach Rom. Neben einer großen Zahl von Kopien[3] arbeitet er an seinen ersten größeren Bildentwürfen. Um 1858 plant er sein erstes Historienbild "Dante et Beatrice".[4] Im Jahr darauf ist er wieder in Frankreich und ab 1860 ist Degas dann mit seltenen Ausnahmen ständig in Paris ansässig. Mit Kopien von Holbein, Clouet, Poussin, Rembrandt, Velasquez und Delacroix setzt er dort seine Arbeit fort.

Selbstverständlicher Orientierungspunkt eines angehenden Malers war in der Mitte des 19. Jahrhunderts die Historienmalerei, die sich als höchste Gattung behauptet hatte, wie sie etwa der Lehrer Manets, Thomas Couture orientiert am antiken - römischen - Pathos damals vertrat. So ist es gewiß nicht überraschend, daß Degas neben den Portraits zunächst sein Interesse hier zentriert. Zwischen 1856 und 1865 entstehen mindestens sieben, z.T. große Historienbilder[5], von denen die "Jeunes filles spartiates" (1860) und "Les Malheurs de la Ville d'Orleans" (1865) die wichtigsten sind. Allein in ihnen löst Degas sich von einer allzu starren Orientierung an zeitgenössischen Vorbildern. Sie deuten, ganz sacht zunächst, Widersprüche zwischen Inhalt und Präsentation an, in ihnen sind Verweise auf später erst voll Entfaltetes auszumachen. "Les Malheurs de la Ville d'Orleans" war nach früheren Zurückweisungen das erste vom Salon akzeptierte Bild Degas. Es nimmt Wunder, daß trotz der wenig provokanten Thematik und Darbietung es nur wenig Interesse fand - allein ein Lob von Puvis de Chavannes ist zu registrieren. Außerdem ist nicht zu verstehen, warum Degas nicht sein weitaus wichtigeres und vorausweisendes Familienbildnis "La Famille Bellelli" (1862) eingesandt hatte, wie ja überhaupt zu fragen ist, warum Degas nach Fertigstellung dieses Bildes noch einmal auf die Historienmalerei zurückkommen konnte. Trotz dieser zeitlichen Überschneidungen soll hier die Historienmalerei als erster Abschnitt der Entwicklung Degas behandelt werden.

Die Wertschätzung der Historienmalerei[5a], die seit dem Klassizismus erneut die Wende zur Antike genommen hatte, dokumentiert das Geschichtsbewußtsein des Bürgertums. Neben der zeitgenössischen Wertschätzung mag für Degas allerdings auch die Einstellung seiner Vorbilder Ingres und Delacroix für seine Bevorzugung dieses Genres ausschlaggebend gewesen sein. Vor allem Ingres betonte immer wieder die ausgezeichnete Position des Historienbildes unter den verschiedenen Gattungen, in dem die ideale menschliche Gestalt weiter dominierte. Aber gerade mit Ingres, Delacroix und Puvis de Chavannes als Vorbild mußte Degas schnell klar werden, daß auf diesem Gebiet keine grundlegenden Erneuerungen zu erwarten waren. Die Spur solchen Zweifels ist allen seinen Historienbildern einbeschrieben. Sie sind teils nicht vollendet, teils in auffallend unterschiedlichem Maße ausgearbeitet. Nach dem exemplarischen Reinfall mit dem Bild "Les Malheurs de la Ville d'Orleans" und nachdem er mit "La Famille Bellelli" schon den Grundstein zu einer ganz anderen fruchtbareren Entwicklung gelegt hatte, gab Degas konsequenterweise das Historienbild ein für allemal auf.

Zentrale Motive in der Historienmalerei waren antike Stoffe; Degas griff dementsprechend fast ausschließlich in seinen Bildern mit historischen Motiven auf solche zurück. Das 1860 entstandene Bild "Jeunes Filles Spartiates provoquant les Garcons"[6], heute in der National Gallery London, zeugt davon. Es hatte für Degas in der Reihe seiner Historienbilder eine besondere Bedeutung. Die Anzahl der Vorzeichnungen, Detailstudien und Fassungen und die Tatsache, daß es zeitlebens im Atelier aufgestellt blieb, bezeugen das.[6a] Das Bild zeigt vier nur leicht bekleidete junge Mädchen, die auf einer großen, die halbe Leinwand einnehmenden Wiese vor hügeliger Landschaft fünf völlig unbekleidete Jungen herausfordern, während vom Bildmittelgrund aus eine Gruppe Erwachsener ihrem Treiben zuschaut. Degas hat das Bild zwischen 1860 und 1863 mehrfach überarbeitet. Die Endfassung zeigt ein merkwürdig widersprüchliches Bild, in dem die divergierenden Wünsche und Vorstellungen des Malers, der einen Weg zur Aktualisierung des Historienbildes sucht, einander krude widerstreiten. Klassizistische Thematik und realistische Durchführung werden als latenter Gegensatz deutlich. Das Herausfordernde, Provozierende der Mädchen ist formal umgesetzt in deren Drang nach rechts. Verankert in der linken unteren Bildecke - ein Bein und ein Arm zweier Mädchen ganz links nehmen auf sie Bezug - treten sie als geschlossene Gruppe den eher vereinzelt ihnen gegenüberstehenden Jungen entgegen. Drei von ihnen verschmelzen zu einer Figur, während die vierte den Knaben entgegenschnellt und herausfordernd den linken Arm vorschießen läßt. Gleichwohl bleibt sie in die Gruppe eingebunden: Degas macht die in der Parallelstellung ihres rechten Beines zu einem Mädchenbein der Gruppe und in der Tatsache, daß ihr gestreckter Arm in einem Arm der

Dreiergruppe schon angelegt ist ganz deutlich. Die Horizontalbewegung wird in einem braunen Landstreifen im Mittelgrund aufgenommen und hinter der zentralen Erwachsenengruppe hergeführt bis zu der Gruppe der Jungen. Bezeichnenderweise ist ganz am rechten Bildrand dieser Braunstreifen nicht fortgeführt, denn alle horizontale Bewegung, die der Mädchen, die der Landschaft, wird in der Vertikalen der Jungen aufgefangen und zur Ruhe gebracht. Die Landschaft thematisiert dabei die Gruppen ihrerseits: von links nach rechts fällt die Horizontlinie ab, wird der Berg den Mädchen, der Hügel der Zentralgruppe und die Ebene den Jungen zugeordnet. Deren Körper schneiden entsprechend als einzige die Horizontlinie. Die nach oben gereckten Arme eines der Jungen sind das kompositorische Pendant zum Berg, Vordergrund und Hintergrund vermittelnd, wie Vordergrund und Mittelgrund im warmen Farbton und der Buntfarbigkeit der drei Personengruppen vermittelt sind. Erfahrbar wird ihre Distanz in dem vorgereckten Arm des Mädchens, der die Erwachsenengruppe in der Horizontalen schneidet. Die Handfläche bezeichnet exakt den Mittelpunkt der Bildfläche: Hier deutet sich die Kompositionskunst Degas an, die das Momentane in unaufdringlicher Weise mit dem festen Geviert des Bildes zu verbinden weiß. Denn den "Jeunes Filles Spartiates" ist ungeachtet des Motivs und seiner gängigen Auffassung schon Degas' tiefsitzende Abneigung gegen repräsentatives Posieren, gegen jedes aufgesetzte Arrangement abzulesen. Schon in diesem frühen Bild setzt Degas in der Suche nach dem Authentischen jene ausdrucksvolleren, lebendigeren, vergleichsweise zwanglosen Stellungen gegen alle Konventionen, die dem antiken Motiv in der Anschauung dann so merkwürdig gegenlaufen. Hier findet sich weiter ein erstes Erforschen der Ausdruckspotenzen des freien Spiels des menschlichen Körpers, die für sein Werk später eine so zentrale Rolle spielen sollten. Das Thema ist antik, die Auffassung modern. Der Bruch schlug sich in der Kritik nieder: "Das Bild ist enttäuschend, die jungen Mädchen sehen wie Töchter von Hausmeisterinnen aus und die Knaben wie Lehrlinge beim Bad am Marneufer."[7] Es ist bezeichnend, daß die Kritik das Defizit gerade am Versuch der Aktualisierung des Historienbildes durch Authentizität festmacht. In der Tat haben diese "mageren Vorstadtgören"[8] nichts von den idealisierten Griechinnen und Epheben seiner Zeitgenossen - eher sehen wir die Vorgängerinnen der ausgezehrten Ballettratten - ; doch darum muß das Bild nicht enttäuschen. Es ist Zeugnis der kontrastreichen Entwicklung Degas, bildgewordener Widerspruch von Orientierung am Vorbild und Suche nach einem eigenen Weg.

Derselbe Bruch artikuliert sich stärker noch in "Les Malheurs de la Ville d'Orléans - Scène de Guerre au Moyen Age" (1865)[8a], dem letzten seiner Historienbilder. Wiederum entwickelt Degas das endgültige Bild erst nach zahlreichen Vorarbeiten; etwa zwanzig vorbereitende Studienzeichnungen haben sich erhalten.[9] Das querformatige Bild öffnet den Blick in eine Landschaft; eine Straße durchzieht sie in voller Breite. Nach rechts gewendet sind drei Reiter zu sehen, zwei drehen sich um und einer von ihnen schießt einen letzten Pfeil auf eine Gruppe nach links entfliehender nackter Frauen. Der Dritte, eine nackte Frau quer über dem Sattel, sprengt nach rechts aus dem Bild. Vor den schon erwähnten klagenden, fliehenden Frauen liegen im Vordergrund noch die Körper von vier weiteren, getöteten Frauen. Ganz links im Hintergrund brennt eine Stadt. Im Vergleich zu den "Jeunes Filles Spartiates" sind die Akte nicht mehr so kantig, sie sind kraftvoller, lebendiger. Degas Interesse hat sich noch stärker auf die Ausdrucksmöglichkeiten des menschlichen Körpers konzentriert. In dem Maße, in dem ihm das gelingt, verselbständigen sich die Akte.[10] Der Vorwurf ist nicht stark genug, um die Möglichkeiten des Gestalteten einzubinden. Daneben verstärkt sich eine Tendenz seiner Kunst, die er mit "La Famille Bellelli" zuerst in den Blick bekommen hatte und die er noch im selben Jahr (1865) mit "Femme aux Chrysanthemes" radikalisiert hat: Die Dezentralisierung. Die Bewegungsrichtungen in "Les Malheurs de la Ville d'Orléans" gehen von der

Bildmitte weg, lassen die latente Zentralisierung, die noch in den "Jeunes Filles Spartiates" festzustellen war, vollends fallen. Gegenüber dem früheren Bild sind die Figuren auf der Bildfläche zerstreut, verhalten sie sich gegeneinander relativ gleichgültig. Waren die "Jeunes Filles Spartiates" klar, ja gewissermaßen monumental, so bringt Degas nunmehr das Dramatische, Dynamische zum Ausdruck. Selbst die Körper der toten Frauen scheinen nach rechts und links aus dem Bild zu 'streben'. Resultat der Tendenz zur Dezentralisierung ist beispielsweise das extreme Durchschneiden des Pferdekörpers und des Frauenaktes ganz rechts.[11] Deutlich wird jedenfalls der Widerspruch zwischen der Intention der Aktualisierung des Historienbildes in der Authentizität und den konventionellen Anforderungen dieser Gattung. Aus dieser Sicht ist es nur konsequent, wenn Degas, um die aufgezeigten Brüche zwischen konventionellem Thema und weiterentwickelten Darstellungsmitteln zu umgehen, die Historienmalerei aufgab und mit der Suche nach entsprechenden Sujets begann. Nach "Les Malheures de la Ville d'Orléans" verzichtet Degas darauf, bestärkt durch Manet und dessen Versuche wie durch die Druckgrafik der Japaner, einen Kompromiss zu suchen zwischen dem bei Ingres und Lamothe Gelernten und dem, was sich immer mehr als sein eigener Weg herausgestellt hatte. Der Übergang von "Jeunes Filles Spartiates" zu "La Famille Bellelli" ist so weniger abrupt, weniger willkürlich.

Die Historienbilder Degas' sind von daher weniger als Schwächen eines noch unentwickelten Künstlers zu entschuldigen und zu kritisieren, sondern eine angemessene Analyse muß aus den Brüchen der Bilder, die sie unfertig und "enttäuschend" erscheinen lassen, die künstlerischen Konflikte ablesen und die Auseinandersetzung zwischen Konventionen und neuen Vorstellungen in ihnen erkennen.

Das bürgerliche Geschichtsbild war nicht mehr in der Lage, gegenwärtige Geschichte zu legitimieren oder im Rekurs auf die Vergangenheit zu befragen. Die literarischen Inhalte und der übliche prononcierte Illusionismus hatten entscheidend an Aussagekraft eingebüßt. Degas demonstriert

- zunächst unfreiwillig - den ausgehöhlten Appellationscharakter des Vorbilds Antike. Von dem aufrüttelnden Pathos eines David ist allein eine pathetische Theatralik übriggeblieben. Insofern sind Degas' Historienbilder nurmehr 'Schauspiel-Bilder', wie ja Oper und Theater - etwa bei "Semiramis" - selbst unmittelbarer Vorwurf waren. Vergangene Geschichte und zeitgenössische Erfahrung waren nicht mehr bruchlos zusammenzubringen. Darum konnte Degas auch keinen Versuch einer thematischen Aktualisierung des Historienbildes unternehmen. Das konventionelle Sujet und die entwickelten Darstellungsmittel geraten in einen Widerspruch, der sich in den aufgewiesenen Brüchen anschaulich niederschlägt. Generell zeigt sich an diesen Bruchlinien der Ansatz zu einer Autonomisierung der Mittel gegenüber dem Sujet, die bei Degas im weiteren Werk verstärkt zu verfolgen ist. Der Antagonismus von Authentizität als intendierter Bildwirkung und den Konventionen der Historienmalerei zwingt Degas jedenfalls früh, diese Gattung trotz ihres Primats in der zeitgenössischen Wertskala der Malerei zu verlassen. Das bedeutet nicht mehr und nicht weniger als die Aufgabe des ahistorischen Unternehmens, Vergangenes normativ in die Gegenwart einzuführen.

Schon vor "Les Malheurs de la Ville d'Orléans" hatte Degas sich umorientiert und in "La Famille Bellelli" seine differenten Erfahrungen auf einen Nenner gebracht. Immerhin geht Degas in diesem Bild im Bruch der Konventionen eines Genres über seine bisherigen Leistungen hinaus und beginnt einen neuen Weg. Es lohnt, dieses Bild genauer zu betrachten, um seinen nicht geringen Stellenwert im Oeuvre Degas' zu bestimmen.

2.2 Die Authentizität als Reduktion des Individuellen: "La Famille Bellelli"

"La Famille Bellelli" (L 79) (Abb. 1) ist ein großes Bild, 2,00 mal 2,73 m. In dem Maße, in dem der erste Blick des Betrachters zumeist eine irreführende Perspektive eröffnet[12], artikuliert sich unmittelbar die Ambiguität des Dargestellten. Degas zeigt die Bellellis so in ihrem Salon, daß sie uns heute zunächst den Eindruck eines ungetrübten Familienlebens vermitteln. Gerade in den prosaischen Details scheint das Bild die harmonische Häuslichkeit zu bestätigen: das Stickwerk und die Zeitung auf dem Tisch; Uhr, Leuchter und Bücher auf dem Kaminsims, sowie nicht zuletzt der kleine Hund rechts unten zu Füßen des Sessels, in dem der Hausherr sitzt. Doch dann fällt auf, wie Degas die vier Mitglieder dieser Familie des gehobenen Bürgertums in ihrem vertrauten Ambiente so plaziert hat, daß eine unterschwellige interpersonelle Disintegration dem Schein der Harmonie gegenläuft. Mehr noch als in seinen Historienbildern der gleichen Zeit zeigt sich der Versuch Degas, das Repräsentative auszuschalten zugunsten einer größeren Direktheit. Auch demjenigen Betrachter, der mit der Entstehungsgeschichte des Bildes nicht vertraut ist, muß es schwerfallen hier von einer auf das Repräsentative zielenden Auftragsarbeit auszugehen: Repräsentation und Familiarität sind zwar thematisch, allerdings als Verweigerte.

Die Genesis des Bildes ist vergleichsweise gut dokumentiert.[13] Degas hat schon um 1857 bei einem seiner Aufenthalte im Hause der Bellellis mit Skizzen zu einem Doppelbildnis seiner Cousinen begonnen.[14] Schon Keller hat nachdrücklich auf den wichtigen Umstand aufmerksam gemacht, daß Degas sich erst spät zu einem Bildnis der gesamten Familie entschloß.[15] Denn so bot sich ihm Gelegenheit, den psychologischen Kontrast, an dem ihm schon nach den frühen Skizzen der beiden Schwestern gelegen war, in entscheidendem Maße zu erweitern und zu verfeinern. Dabei hat Degas gerade die psychologische Analyse in der Kontrastierung zweier Persönlichkeiten in einem Doppelbildnis[15a] sehr geschätzt: Die "Degas et de Valernes" (um 1864) (L 116), "M. et Mme Edmond Morbilli" (um 1867) (L 164) und "Le Guitariste Pagans et Monsieur Degas" (um 1869) (L 256) belegen die Bedeutung des Doppelbildnisses im Werk Degas zu Genüge. Schließlich hat er in einem späteren Bild "Giovanna et Giulia Bellelli" (L 126), das er um 1865 beendete, die ursprüngliche Konzeption des Doppelbildnisses der beiden Cousinen erneut aufgegriffen.[16] Umso nachhaltiger muß die Erweiterung zum Familienbildnis[17] interessieren. Spätestens 1858 hat er sich zu einer großen Komposition mit allen Familienmitgliedern entschlossen, das zeigen die Skizzen.[17a] Nachdem Einteilung und Ausstattung des Bildes einmal feststehen, vollendet er es zwischen 1860 und 1862 in Paris.

Allererst zieht die das Bild beherrschende Figur der Mutter jeden Blick auf sich. Sie ist mit ihren beiden Töchtern in eine Dreiecksform eingebunden, von der der Vater strikt getrennt bleibt. Konstitutiv für das Bild ist seine klare Geometrie, die formale Organisation der Einbindung der in Dreiecksformen geordneten Figurengruppe in ein strenges Orthogonalnetz (Architektur und Mobiliar). Während der Türrahmen am linken Bildrand eine Vermittlung vom Bildinnern zur Bildgrenze leistet, steigt die Figurengruppe von links unten steil auf bis zum Kopf der Baronin. Der Kontur des Kleides der älteren Tochter (Giovanna) weist dabei auf die linke untere Bildecke und stellt den Bezug zum Format her. Vom Scheitel der Mutter fällt die Konturlinie über Schulter und linken Arm bis in die Hand, mit der sie sich leicht auf dem Tisch aufstützt. Kontur von Mutter und Giovanna bilden eine Einheit, die die völlige Ausrichtung der Giovanna auf die Mutter anzeigt. Das Hermetische dieser Zuordnung bricht der Schwung der gekrümmten Hand der Mutter, der unaufdringlich aber deutlich genug zu der auf einem Stuhl hockenden jüngeren Tochter Giulia überleitet, unmittelbar vor dem mitten im Raum stehenden Louis-XVI-Tisch. Die Figur der Giulia ist Scharnier im Zentrum der Bildarchitektur, betont durch die unkonventionelle Art ihres Sitzens. Von der Körperhaltung her mehr nach links zur Gruppe von Mutter und Schwester orientiert eröffnet ihre deutliche Kopfwendung nach rechts die Verbindung zum Vater hin. Auch die Außenkanten der Rüschen ihrer Schürze sind Konjunktion: von links aus dem Kontur der Mutter abfallend in die Rüschen übergehend wird die Bewegung über den Schürzengürtel in die Rüschen nach rechts oben auf den Kopf des Vaters zugewendet. Die ganze Position der Giulia, ihre Haltung, alles ist Unentschiedenheit. Darin geht die legere, alles andere als sichere Sitzhaltung mit untergeschlagenem Bein über ein bloßes Moment psychologischer Charakterisierung hinaus. Zuletzt unterläuft Giulias Haltung an dieser zentralen Bildstelle jeden Eindruck von Pose, der sich auch bei der 'ungehörigen' Haltung des Vaters, der dem Betrachter den Rücken zuwendet, von selbst verbietet. Diese Position des Gatten, Vaters und Hausherrn ist der eigentliche Skandal des Bildes. Mit dem Rücken zu uns in seinem Sessel sitzend, ganz an den rechten Bildrand gedrängt, bezeichnet er die inhaltliche Leerstelle des Bildes. Nicht in der Lage, ein Pendant zur hoch aufgerichteten Baronin zu bilden, ignoriert von ihr und Giovanna, und nur in zögernder Unsicherheit von Giulia einbezogen, die seinen Blick aber nicht erwidert, ist er das ausgeklammerte Zentrum der Familie. Die Sehbewegung des Betrachters nach rechts fängt er auf und stellt in Richtung des Armes und des Blickes den Rückbezug zur Gattin und den Töchtern her. Unterstützt wird die Rückkoppelung durch den Kontur der Sessellehne und die Armlehne, die den einzigen Diagonalwert überhaupt des Bildes bildet. Das Auf und Ab der Figuren, die kritische Ambivalenz der Position der Giulia sind hinterfangen von einem das ganze Bild einbeziehenden dichten Netz vertikaler und horizontaler Linienwerte in Architektur und Mobiliar. Wenn man den Bilderrahmen, den Kaminsims, den Spiegel, den Leuchter, den Klingelzug, die Stuhlbeine, sowie Türpfosten und Kaminpfosten betrachtet, fällt die Dominanz der Vertikalwerte auf. Tischplatte und Kaminsims, die die einzigen stärkeren Horizontalwerte bilden könnten, werden vom Oberkörper Giulias beziehungsweise vom Kopf des Barons unterbrochen. An wenigen Stellen verknüpft Degas den rechtwinklig organisierten Hintergrund mit den streng bildparallel angeordneten Figuren durch akzentuierende Kontraste. Etwa wenn der Kaminsims das Profil des Vaters durchschneidet - eine unorthodoxe Anordnung, die Degas im hellgelb des Buchrückens noch herausstreicht - oder wenn eine Vertikale des Goldrahmens an der Wand das Halbprofil der Baronin scharf anschneidet. Zugleich ist in der Vertikale des Rahmens und der Horizontalen des Simses ein weiterer Kontrast zwischen den Ehegatten herausgearbeitet. Am auffälligsten ist jedoch die Häufung der Vertikalen im Bereich zwischen dem Vater und dem Rest der Familie. Vom Rahmen des Spiegels über dem Kamin ausgehend trennt ein stark betonter Vertikalwert die Familie, geht in den Kaminpfosten und von da in das Tischbein über, auf diese Weise nahezu die ganze Bildfläche von oben bis unten durchschneidend. Er wird flankiert vom gestickten Klingelzug, von Kerze und Leuchter und im unteren Bereich vom Stuhlbein des Stuhls der Giulia. Tischplatte und Zeitung können diesen vertikalen Hiatus nur ungenügend mildern. Der Vater ist gänzlich von den Frauen der Familie abgeschnitten, allein die Giulia stellt in der Ambivalenz ihrer Haltung die Zäsur ein wenig in Frage. Ganz offensichtlich ist die Baronin als Oberhaupt der Familie dargestellt.

Nun ist versucht worden, manches dieser befremdlichen Präsentation einer Familie aus der genaueren Kenntnis der dargestellten Personen und ihrer damaligen Situation zu erklären.[18] Zum einen starb 1858 der Vater der Baronin und Großvater des Künstlers, René-Hilaire Degas, zum anderen war Giovanni Bellelli, der Stammhalter der Familie, 1860 sehr jung gestorben. Beide Todesfälle könnten Anlaß für die schwarze Kleidung der Frauen sein. Außerdem befand sich die Familie zwischen 1849 und 1860, also noch in der Zeit, in der Degas das Bild konzipierte, im Exil. Der Baron hatte 1849 in Neapel führenden Anteil an der Revolution gehabt und war in absentia zum Tode verurteilt worden. Aus all dem jedoch abzuleiten, Degas teile in seinem Bild die Ungewißheit der Situation oder die Trauer über den Tod des Stammhalters mit, scheint überzogen.[19] Nicht allein, daß Degas zu lange - zwischen der ersten Skizze und der Fertigstellung liegen immerhin fünf Jahre - an dem Familienbildnis gearbeitet hat, um auf temporäre Befindlichkeiten über die Maße Rücksicht zu nehmen, sondern schon 1860 konnten die Bellellis ja nach Neapel zurückkehren; der Baron wurde Direktor des Post- und Telegraphenwesens und 1861 - noch vor Fertigstellung des Bildes - Senator des neuen Königreiches. Degas konnte mithin schwerlich eine anekdotische Darstellung von Trauer und Verbannung im Sinn gehabt haben.

Vielmehr konzentriert er sich auf das Herauspräparieren noch der feinsten psychologischen Nuance und diesen Intentionen gemäß organisiert er sein Bild. Selbst die Farbe ist ihr Ausdruck. Die Dominante des stumpfen Schwarz der Frauenkleider zusammen mit dem Grauweiß der Schürzen überspielt das Graubraun des väterlichen Hausrocks. Hinterfangen wird jener Kontrast erneut vom leicht belebten Graublau der geblümten Tapete und dem fleckigen Ocker - graugrün des Teppichs. Sparsame farbige Akzente im Rot und Gelb des Stickwerks auf dem Tisch, im Rot der Uhr auf dem Kamin und dem Blau der Stoffbespannung von Giulias Stuhl sowie die belebenden Lichtreflexe im Spiegel kontrastieren den Grundakkord des Schwarz - Weiß - Blau.

Man kann dem Bild eine gewisse Penetranz nicht absprechen. Bei dem Versuch, sich freizumachen von den Vorbildern, denen er gleichzeitig noch in seinen Historienbildern nachhing, mußten Widersprüche bestehen bleiben. Trotz der klaren Absage an das zeitgenössische repräsentative Posieren, vor allem in der Haltung der Giulia und des Vaters, bleibt der Eindruck von Arrangement zurück. Die Personen sind in Stellungen einander zugeordnet, die zwar jede für sich, die sie aber nicht als Gruppe zusammen eingenommen haben mögen. Degas formt die dezentralisierenden Momente, die wir in "Les Malheurs de la Ville d'Orléans" schon beobachten konnten um in erste

Ansätze eines thematischen Unzusammenhangs. In der Geschlossenheit ihrer Konturen sind die Baronin mit der älteren Tochter, Giulia und besonders der Vater für sich isoliert, nicht vermittelt mit den übrigen Dargestellten. Die Unentschiedenheit der Giulia widerspricht dem nicht; insofern sie sich für keine Seite endgültig entscheidet verweist sie gerade als Übergang auf das Hermetische der Situation. Vollends unterstützen die extrem divergierenden Blickrichtungen der Personen diese These. Giovanna blickt frontal aus dem Bild, die Baronin und Giulia schauen nach rechts. Giulia scheint ein nicht im Bild benennbares Ziel zu fixieren, der Blick der Baronin geht ins Leere. Allein der Baron blickt auf eine andere der dargestellten Personen: offensichtlich wendet er sich Giulia zu, die seinen Blick aber weder bemerkt noch erwidert. Unübersehbar ist in solcher Divergenz das Defizit einer gemeinsamen Mitte aufgewiesen. Deutlich schon hier eine Wandlung in der Auffassung der Kunst: nicht mehr 'Endgültiges' ist angestrebt, sondern das Transitorische. Auch in dieser Hinsicht erhält die Figur der Giulia zentrale Bedeutung, von ihr geht ein "transitorischer Drang"[20] aus, der die gleichartige momentane Präsentation des Vaters mit der statuarischen Mutter-Schwester-Gruppe vermittelt. Ist der Vater die ausgegrenzte, verweigerte inhaltliche Mitte des Bildes, so die Scharnierfigur der Giulia in ihrem Vermittlungen freisetzenden <u>transitorischen Potential</u> die Achse der Darstellung. Ihr transitorisches Potential leistet beides: die virtuelle Verbindung der vier Personen zu einer Gruppe (Familie) und die Thematisierung ihres faktischen Unzusammenhangs. Daß Degas die vier Figuren im Grunde noch als Gruppe versteht, macht den Widerspruch zu den dominierenden Tendenzen des Bildes aus, dem der beschriebene Eindruck des Arrangierten entspringt und der die Ambivalenz des transitorischen Potentials der Giulia Voraussetzung und Ergebnis hat. An Komplexität und Ambition ist "La Famille Bellelli" die Klimax im Werk des frühen Degas. Er hat entscheidende Schritte nach vorn getan. Sein Sujet wird zeitgenössisch. Damit stellt sich ihm das Problem des

Milieus, der aktuellen Athmosphäre. Zugleich hat das neue Thema eine Versachlichung der Bildsprache zur Folge und kommt einer Konzentration auf deren Probleme zugute. Er beginnt die zwanghaften repräsentativen Posen in ausdrucksvolle, zufällige Stellungen zu transformieren. Das Momentane der erfaßten Situation ist in "La Famille Bellelli" gar nicht zu leugnen und schlägt sich in einer gesteigerten Präsenz nieder. Degas gibt eine Schilderung, er konfrontiert den Betrachter mit einer im Augenblick vorgefundenen Situation.

U.Schumacher hat in seiner Bochumer Dissertation "Gruppenporträt und Genrebild", in der er die Gruppenporträts Degas' als bedeutende Versuche der Aktualisierung dieser Gattung im 19. Jahrhundert (neben Courbet, Manet und Fantin-Latour) untersucht, auch "La Famille Bellelli" analysiert.[20a] Entgegen dem hier Gesagten schlägt Schumacher folgende Situation als Handlungskontext vor: Die Mutter posiert mit den Töchtern für eine Porträtfotografie, während der Baron dem Vorgang nur beiwohne. Diese Erklärung hat den Vorteil, den für die Analyse problematischen Dualismus von thematischem (Mutter und Töchter) und nicht thematischem Porträt (Vater) in einen Erklärungszusammenhang zu bringen, der plausibel sein kann. Zusätzlich wäre die (in Schumacher's Kontext wichtige) Riegl'sche Kategorie der "inneren Einheit" gerettet.

Dennoch, ohne die Bedeutung der Arbeit Schumachers für die Erweiterung der Kategorie des Gruppenporträts grundsätzlich in Frage zu stellen, sind Zweifel an dieser Auffassung angebracht. Zum einen unterbietet sie die Problematisierung der in der Authentizität reduzierten Individualität, was vor allem in der weiteren Analyse der 'Porträts' Degas' deutlich werden wird. Zum andern entgehen Schumacher damit notwendig die latenten Autonomisierungstendenzen der differenzierten Komposition. Schließlich schwächt der Rekurs auf den Genrecharakter die Konfrontation mit dem Betrachter.

Und Konfrontation meint auch der gerade bei Kenntnis der Entstehung des Bildes und der Beziehung des Malers zu den Dargestellten überraschende weitgehend verweigerte Kontakt zum Betrachter.[21] Das Unkonventionelle, z.T. sicherlich intendiert Provokatorische der Darstellung korrelliert mit dem Zeitgenössischen des Sujets. Wie weit sich Degas schon von den künstlerischen Idealen seiner Zeitgenossen wegentwickelt hatte, beweist nicht zuletzt die eminente Verflachung des Bildraums, mittels derer die Konzentration auf die Konflikte der Gruppe, die Isolation der Dargestellten maximiert wird. Degas erreicht die Verflachung in der einfachen Gegenüberstellung eines orthogonalen Hintergrundes mit den Dreiecksformen der Figuren. Entsprechend vertuscht das Kanapee links hinter der Baronin die Raumorganisation. In ihm wird das Blaugrün der Tapete über die Kante von Wand und Boden hinaus heruntergezogen. Gleichfalls wird die entscheidende Raumhorizontale (Kante Fußboden - Wand) zwischen Tisch und Sessel des Barons verdunkelt. Bezeichnenderweise wird auch die Zimmerdecke nicht gezeigt: In dem so erzeugten flachen Relief wird die Bezugsetzung letztlich nicht mehr klärbar. Die Bezüge zwischen dem flachen hinterlegten Orthogonalnetz und dem davorgesetzten Auf und Ab der Figurengruppe geraten in Changieren. Das alles trägt jene erste ansatzweise Visualisierung der Isolation der Individuen mit, die die Gruppe als Gruppe noch bestehen läßt und doch schon negiert. Sie birgt einen Sinn, der auch uns ein Bewußtsein von der Brüchigkeit der im kollektiven Selbstbewußtsein jener Epoche verankerten Sekurität mitteilt.

Klar erkennbar schon im Beginn treten das Authentische und das Individuelle, mit allen weitreichenden Konsequenzen für das Porträt, auseinander. Die Individualität des Dargestellten und die Individualität der Darstellung gehören nicht mehr unverbrüchlich zusammen. Hier liegt der Zusammenhang von aufgewiesenen Brüchen und der Wirkung der Präsenz. Die Hauptfolgen, eine Entwertung des Porträtierten und eine Stärkung der Bildlichkeit (Autonomisierungstendenz der Mittel), werden im Verlauf der Arbeit im einzelnen weiter verfolgt. Die Reduktion der Möglichkeit, Individualität unter der Bedingung der

Authentizität noch darzustellen, tritt jedoch jetzt schon hervor.

In "La Famille Bellelli" hatte Degas die Grundlagen für seine Kunst geschaffen. In den Formen dieses Bildes waren Perspektiven auf die Zukunft angelegt. Sie galt es herauszuarbeiten und weiterzuentwickeln und sich neue, adäquate Themenbereiche zu erschließen. Die Erfahrung, seine eigene Vorstellung von einer den Problemen der Zeit nicht ausweichenden Kunst - als Intention in den Brüchen der Historienmalerei antizipiert - umsetzen zu können, war das wichtigste Ergebnis von "La Famille Bellelli" für Degas. Dies Bild ist sein Manifest. In ihm gelingt die Erfüllung dessen, was ihm in den Historienbildern nie hätte gelingen können: des Wunsches nach Authentizität.

2.3 Die Entporträtierung als Konsequenz der Authentizität

Die Jahre zwischen 1852 und 1865 sind die entscheidenden für das Werk. Nach dem Abschluß der Arbeit an "La Famille Bellelli" setzt Degas seinen Weg durchaus nicht ausschließlich in den neuen vorgezeichneten Bahnen fort. Bis 1864 arbeitet er noch an "La Fille de Jephte" (L 94) und erst drei Jahre nach "La Famille Bellelli" entsteht das schon erwähnte Bild "Les Malheurs de la Ville d'Orléans". Aber nach 1862 ist dennoch eine erst langsam sich durchsetzende Umorientierung Degas feststellbar. Vor allem beginnt sich sein Themenbereich über Historienbild und Porträt hinaus zu erweitern. Neben den mit "La Famille Bellelli" gewonnenen Erfahrungen spielen dafür eine Reihe von Ereignissen eine Rolle. Wahrscheinlich schon 1856, spätestens jedoch 1861 hatte Degas durch den Graphiker Felix Braquemond zum ersten Mal die japanische Druckgraphik kennengelernt. Sehr früh begann er, wie Braquemond fasziniert von den ganz anderen Ausdrucksmitteln der ostasiatischen Kunst, selbst derartige Holzschnitte zu sammeln. Degas übernimmt nicht vorschnell die Motive der Japaner, sondern studiert die Blätter vorerst nur. Dem aus diesem Studium erwachsenden Verständnis der formalen Andersartigkeit entspringt eine grundlegende Veränderung seiner Kunst. Er wird darin von Manet bestärkt, den er zwischen 1860 und 1862 im Louvre kennenlernt, während er an einer graphischen Kopie der Infantin Isabella von Velasquez arbeitet. Manet, der Degas nicht kannte, soll, als er ihn bei der Arbeit direkt vor dem Bild sah, ausgerufen haben: "Vous avez de l'audace de graver ainsi, sans aucun dessin préalable, je n'oserais en faire autant".[22] Es war nur natürlich, daß die beiden jungen Künstler von gleicher Herkunft, gleicher Erziehung und Intelligenz trotz aller Unterschiede in der Kunst und im Temperament eine dauerhafte Freundschaft eingingen. Über Manet wurde der Ingresschüler Degas in den sechziger Jahren mit den Protagonisten der zeitgenössischen Kunstbestrebungen konfrontiert. Die Verbindung in der Hochschätzung der alten Meister mit Manet und dessen gleichartige soziale Herkunft bewirkten wohl, daß Degas eine gewisse Offenheit für die neuen Probleme entwickelte. Durch Manet, der ihn mit auf die Rennplätze nimmt, kommt er mit den Bereichen in Berührung, die fortan die Vorwürfe für seine Bilder abgeben. Erste Studien von Rennen entstehen ab 1862, sie sind die ersten Bilder Degas überhaupt, in denen er ein ausschließlich zeitgenössisches Sujet wählt. Aber er benötigt noch anekdotische Vorwände, wie in den Varianten zum Thema "der verletzte Jockey"[23] (Abb. 2). Solche Studien, wie die Ende des Jahrzehnts entstehenden ersten Bilder von Ballett und Oper, sind allesamt als Versuche zu verstehen, in denen er zunächst die Möglichkeiten der Bildfläche kennenlernt. Gleichwohl leitet er mit ihnen das Studium und die minutiöse Analyse der Bewegung ein, die Zentrum seines ganzen Schaffens wird. Hier ist die dritte und letzte Insemination zu benennen, die Degas Verständnis von den Möglichkeiten der Bewegung forcierte: Die Auseinandersetzung mit der Daguerrotypie, später der Momentfotografie. Die Anstöße, die er durch Impressionismus, die bekannt werdende japanische Kunst und die 'Konkurrenz' der Fotografie erhielt, wirkten nicht unmittelbar, dafür langfristig umso stärker. Jedenfalls ist Degas weit von einem ordinären Eklektizismus entfernt. Er kondensiert und komprimiert die Anregungen zu einem eigenen Konzept, das seine Kraft und sein Potential aus der wechselseitigen Verstärkung jener Einflüsse bezieht. Auf deren Herkunft, Auswirkung und Stellenwert wird noch einzugehen sein.

Vorerst übt sich Degas weiter im Porträt. Da ist er auch - ohne sich allzuweit von seinen 'Meistern' entfernen zu müssen - immer schon in der Gegenwart. Er schult seine Psychologie. 1864 entsteht das Doppelbildnis "Degas et de Valernes" (L 116)[24]. In ihm koinzediert die durch Valernes Körperhaltung angegebene Diagonale mit der idealen Diagonale von der linken oberen zur rechten unteren Bildecke. Beiden Figuren wird auf der Bildfläche ihr je eigener Raum gegeben, in dem die Selbstsicherheit des Freundes durch die eigene Nachdenklichkeit kontrastiert wird, weltmännische Souveränität und Kontemplation sich gegenseitig steigern.[25] Mit vergleichbaren Kontrastfiguren, die schon in den "Jeunes Filles Spartiates" angelegt waren und in "La Famille Bellelli" verfeinert wurden, arbeitet Degas in dem 1865 fertiggestellten Bild: "Edmond et Thérèse Morbilli" (L 164). Gegenüber einem früheren Bildnis der Ehegatten aus demselben Jahr (L 131) vermeidet er alle Details des Ambiente. Der Raum wird, anders als in jenem Bild, in dem die Personen diagonal plaziert waren, stark verflacht. Lediglich die Schrägstellung des Stuhles bringt Raumwerte ein. Vor dem neutralen Hintergrund entfaltet sich die psychologische Verve des Malers. Dominierend ist der auf dem Stuhl sitzende Edmond Morbilli schon allein von der Fläche her, die er im Bild einnimmt. Degas hat ihn leicht aus dem Zentrum nach rechts gerückt, jedoch die Vertikale des linken Kontur seines Haaransatzes und Bartes halbiert das Bild genau. Zwei weitere Vertikalen bestimmen den Bildaufbau: Einmal die leicht nach links aus der Mittelachse Vertikale der herabfallenden Tischdecke und des linken Konturs des herzoglichen Beins, vom Knie abwärts. Wo dieser Kontur die Bildgrenze schneidet, treffen auch die Verlängerung des durch den rechten Oberarm der

Schwester des Künstlers gebildeten Diagonalwert und die Verlängerung des durch die Unterkante der Sitzfläche des Stuhles gebildeten Diagonalwerte auf den Bildrand. Ferner verknüpft Degas die auf die beschriebene Weise ins Format eingebundenen Figuren vielfältig miteinander. So korrespondieren die Aufwärtsbewegung des durch Kleidbesatz und Schmuck hervorgehobenen Arms der Mme Morbilli und die Abwärtsbewegung des rechten Arms des Gatten. Beide Bewegungen sind obendrein in der sanft auf die Schulter des Gatten gelegten anderen Hand der Thérèse Morbilli aufgegriffen und verflochten. Auch daß unter dem Stuhl das Kleid der Gattin sichtbar ist, verzahnt die beiden Figuren: Sie sind im Gegensatz zum früheren Bildnis der beiden nicht trennbar. Ein aus Braun und Ockertönen aufgebauter abbreviierender Gleichklang unterstreicht die Zusammengehörigkeit. Der Kontrast kann und muß jetzt in Nuancen von Degas bestimmt werden, gerade die Verfeinerung bietet ihm die Möglichkeit zutreffender psychologische Differenzierung: Erwähnt werden kann in diesem Zusammenhang die die charakterliche Differenz in der Farbe ausdrückende leichte Verschiebung des Tons im Inkarnat der Figuren. Und fügt sich der kühle Grauton des Kleides der Gattin zwar in den Grundakkord des Bildes, so bringt er zugleich eine unübersehbare Gegenwirkung ein. (Und ist nicht auch nur ihr der vom Ocker her leicht differenzierte neutrale Grauton zugeordnet?) Schließlich werden bei aller Zusammengehörigkeit doch die verschiedenen Positionen der beiden innerhalb ihres Verhältnisses deutlich. M. Morbilli dominiert klar, in der Ausstrahlung physischer Kraft, der im unkonventionellen Sitzen artikulierten Energie und einem das Bild beherrschenden Selbstbewußtsein, das schon fast an aristokratische Arroganz erinnert. Die Rolle der Thérèse Morbilli, die der Gatte deutlich überragt, bleibt da weitgehend auf die Bestätigung jenes Eindrucks beschränkt; sie tritt mit scheuer Geste hinter ihm in Erscheinung, lehnt sich aus Mangel an Selbstsicherheit (vgl. dagegen Mme Bellelli!) an seine Schulter: Diese Geste ist mehr als eine Konzession an gesellschaftliche Normen. So bestimmt Degas in seiner

Komposition die beiden Charaktere in ihrem Verhältnis zueinander, bringt er Konsonanz und Differenz zusammen. Auffällig gegenüber "La Famille Bellelli" ist weiter der akzentuierte Bezug zum Betrachter. Waren in "La Famille Bellelli" die Beziehungen der Familienmitglieder untereinander thematisiert, so ist jetzt die psychische Differenz der Dargestellten über das Verhältnis zum Betrachter geltend gemacht. Die Doppelporträts scheinen im übrigen Posen der damals fotografischen Konventionen zu verarbeiten.[27] Wenn auch keine Daguerrotypien als unmittelbare Vorbilder bekannt sind, so führt Degas doch deutlich das Momentane der quasi-fotografischen Sichtweise gegen ein repräsentatives Posieren der Tradition ins Feld. Auf fotografischen Einfluß mag auch die Verflachung des Bildes zurückzuführen sein, die samt der gegenüber den Historienbildern und noch der "La Famille Bellelli" freie, abbreviative Pinselführung vom Kennenlernen der impressionistischen Malweise bei Manet unterstützt wird. In jener Zeit finden wir Degas - wenn das auch nur exemplarisch verdeutlicht werden kann - bei der Ausarbeitung seines formalen Vokabulars. 1865 war ein Jahr der Wende für Degas. Zwar ist "Les Malheurs de la Ville d'Orléans" im Salon zu sehen[28], gleichzeitig aber weisen die Schwerpunkte seiner Arbeit in ganz andere Richtungen. Denn im selben Jahr entsteht "Femme aux Chrysanthèmes" (L 125)[29], in dem Degas zur gesteigerten Dezentralisation und Asymmetrie der Komposition übergeht. Damit verläßt er die bei allen Divergenzen doch letztlich beibehaltene, auf Ausgleich ausgerichtete Kompositionsweise - einer der wichtigsten Gründe für seine Vorliebe des Doppelporträts. Hatte er bisher in Übereinstimmung mit den Gepflogenheiten der Tradition eine tendenzielle Koinzidenz von psychischem Zentrum und geometrischer Mitte des Bildes intendiert, beginnt er von nun an in vielen Varianten die Spannung zwischen der den Eindruck von Willkürlichkeit evozierenden Präsentation des Dargestellten und seiner die Notwendigkeit dieser Präsentation innerbildlich konstituierenden kompositionellen Organisation. Es leuchtet ein, daß solches Vorgehen eminente Folgen z.B.

für das Porträt mit sich bringt. Im Bild "Femme aux Chrysanthèmes" machen sich der das Bildzentrum besetzende Strauß voll erblühter Chrysanthemen und die an den Bildrand gedrängte Mme Hertel gegenseitig den Rang streitig. Mme Hertel sitzt an einem kleinen Tisch, auf dem besagter Chrysanthemenstrauß in einer Vase steht. Weiter befinden sich ein Glas und ein Tuch auf dem Tisch. Die Blüten des Straußes gehen im Hintergrund in eine geblümte Tapete über. Rechts neben dem Kopf der Mme Hertel kann man aus einem Fenster in den blühenden Garten sehen. Mme Hertel sitzt sinnierend am Tisch, den Kopf leicht auf den rechten Arm gestützt. Nur ihr Oberkörper, der selbst teilweise vom rechten Bildrand überschnitten wird, ist sichtbar.

Der Strauß füllt die durch die extreme Verdrängung der Porträtierten entleerte Bildfläche. In den Chrysanthemen und der Porträtierten hat das Bild seinen doppelten Schwerpunkt. Die Konvention gebietet dem Betrachter die menschliche Figur als das eigentliche Bildzentrum anzusehen, zugleich ist in der Plazierung der Figur diese Konvention durchbrochen. Paralell widerspricht die zentrale Positionierung der Chrysanthemen und der an ihnen vollzogene malerische Aufwand dieser Sicht. Kann also überhaupt von einem Porträt die Rede sein? Jedenfalls kann man von einer auf Porträtwirkung abzielenden Körperhaltung nicht sprechen, des weiteren verdeckt die Dargestellte selbst einen Teil ihres Gesichtes mit der Hand. Schließlich blickt sie nach rechts aus dem Bild. Hatte die Asymmetrie der Komposition schon nachhaltig das Ausschnitthafte der Darstellung betont, so unterstützt der Blick in einen imaginären Umraum - den Betrachter ignorierend - die Ausschnittwirkung. Glaskrug und Lappen, wie die Blumen und die Haltung der Mme Hertel negieren irgend eine Besonderheit der gegebenen Situation: alles ist Alltag, Moment der Ruhe, bildliche Fixierung zwischen zwei Verrichtungen. Das Alltägliche und Situative bedingen ihrerseits eine Egalisierung des Dargestellten. Dabei wirkt sich die Füllung des Bildzentrums durch die Chrysanthemen aus: sie reduzieren in ihrer flächigen

Ausbreitung die Räumlichkeit auf ein Minimum, unterstützt vom Blumenmuster der Tapete und den durch das Fenster rechts sichtbaren Blumen. Das Hintereinander der Perspektive wird darin in ein bloßes Nebeneinander aufgelöst mit allen negativen Folgen für das Porträt. In "Femme aux Chrysanthèmes" wird - zumindest tendenziell - die für das Porträt konstitutive Hierarchie der Bildgegenstände dekomponiert. Inwieweit darin sich Folgen eines gewandelten Verständnisses von Kunst, d.h. auch eines gewandelten Verständnisses vom Menschen niederschlagen, wird noch zu fragen sein.[30]

Erst muß festgestellt werden, daß Position und Haltung der porträtierten Frau eine durch das Porträthafte intendierte Ausdruckspotenz minimieren. Hierin und in der flächigen, dezentralisierten Ordnung der Komposition gewährt Degas den einzelnen Partien des Bildes eine erweiterte Selbständigkeit. Das Bild ist kein Porträt im herkömmlichen Sinn, es wird von einer subtil auspondierten labilen Balance zwischen menschlicher Figur und Restfläche des Bildes, in der der Strauß dominiert, in allen Teilen bestimmt. Bazin[30a] nimmt m.E. zu Unrecht eine Anlehnung an Millets "Le Bouquet de marguerites" (Abb. I) aus der ehemaligen Sammlung Rouart an. Millet porträtiert von vornherein einen Strauß Margeriten; so kann bei ihm die in Degas Bild ausformulierte Spannung zwischen Porträtmodell und den es verdrängenden Chrysanthemen gar nicht aufkommen. Schon eher ist, wie Shinoda[31] vermutet, der Einfluß japanischer Druckgrafik bei der Umwälzung der Malweise Degas anzunehmen. Vor allem bei Hokusai, den Degas sehr schätzte, wird das primäre Motiv zu den es verdrängenden Sekundanten in Spannung gesetzt und eine für alle Bildteile gleichwertige Wirksamkeit erzielt.[32] Resultat solcher unerwarteter Präsentation ist bei Degas eine gegenüber den Doppelbildnissen noch gesteigerte Vergegenwärtigung des Dargestellten. Dabei geht der Eindruck der Präsenz zu Lasten der Porträtwirkung, wenngleich Präsenz nur unter der Bedingung von Porträthaftigkeit erscheinen kann. Der Kontrast zwischen der vollen sinnlichen Präsenz der Chrysanthemen und der psychischen Abwesenheit der tagträumenden Mme Hertel spielt noch einmal darauf an. Die in dem scheinbar willkürlichen Bildausschnitt eingefangene Momentaneität und die Modernität des Sujets antizipieren als in Degas Malerei immer stärker hervortretende Bildqualitäten wichtige Momente seines späteren künstlerischen Konzepts. Die <u>Authentizität</u> wird zur <u>Präsenz</u> gesteigert. Momentaneität als Ausdruck unmittelbarer Situationserfassung und Modernität als korrelierende Zeitgenossenschaft des Sujets koinzidieren dabei in dem die Betrachtererfahrung bestimmenden direkten Präsenzerlebnis.[32a]

Es leuchtet ein, daß die Bewegung diesen Vorstellungen in besonderem Maße entgegenkommt. So fing Degas mit ihrem Studium an und begann sich in der Kenntnis ihrer Mechanik zu vervollkommnen. Die letzten Jahre des Jahrzehnts zwischen 1860 und 1870 beschäftigte er sich erstmals, dann immer ausgiebiger mit Darstellungen aus der Oper, seit 1872 mit Ballettszenen. Dies Sujet kam seinen Intentionen sehr entgegen und er gab es nie mehr auf. Stellvertretend für andere kann hier das 1872 als eines der ersten Ballettbilder entstandene "Le Foyer de la Danse a l'Opéra de la Rue Le Peletier: L'Examen de Danse" (L 298)[33] (Abb. 3) stehen. Der gewisse statische Charakter des Bildes, hervorgerufen durch die dominierenden Vertikalen der Architektur, macht deutlich, daß Degas erst am Beginn seiner erschöpfenden Erprobung der Möglichkeiten der Darstellung bewegter Szenen steht.

In einem großen Saal[34] sind zehn Balletteusen bei der Abnahme des Examens zu sehen. Unter ihnen, auf der rechten Bildseite, befindet sich ihr Lehrer, der Tänzer und Choreograph L.F.Mérante, der einer Tänzerin links im Vordergrund Anweisungen gibt. Neben ihm sitzt vor einem mächtigen Notenpult der Violinist. Auf die vortanzende Ballerina konzentriert sich die Aufmerksamkeit aller, sofern sie nicht mit Übungen am Barre beschäftigt sind und ausgenommen eine durch eine geöffnete große Tür im Nebenraum sichtbare Tänzerin. Interessant ist, wie Degas die Menge in der Gegenüberstellung von Einzelfigur und

Gruppe ordnet. Später perfektioniert er dieses Verteilungsprinzip, demzufolge er selbst fordert, die Masse nicht mit fünfzig, sondern mit fünf Personen darzustellen![35] Ein großer Spiegel an der hinteren Wand vertieft die Raumwirkung, unterstrichen noch im Kontrast des ganz im Vordergrund plazierten Stuhls. Die verhaltene Farbigkeit des ganz aus ockergrau-Tönen, die teilweise ins Graugrün spielen, aufgebauten Bildes wird sparsam im Rot oder Orange einer Schleife, eines Fächers akzentuiert. Licht flutet gleichmäßig von rechts ins Bild und belebt das weißgrau der Ballettröcke. Das Bild ist extrem durchkomponiert. Beherrschend ist die gleichförmige Rhythmisierung durch die Vertikalen der Türkante links, der Zimmerecke, der Kanten der Pilaster, sowie der Vertikalen im Spiegel. Dazu kommen das Notenpult und der Stock des Choreographen. Der Stuhl wird für das Bild zu einem Kraftzentrum formaler Energien. Er entwirft das Raumkonzept. Er vermittelt die Gruppen rechts und links in den idealen Verlängerungen seiner Streben, wobei die eine nach rechts ins gestreckte Bein der sitzenden Tänzerin übergeht, die andere genau am Fußpunkt des Türrahmens links auf den Bildrand trifft. Die idealen Verlängerungen des linken und der beiden mittleren Stuhlbeine gehen in die Pilasterkante, beziehungsweise die Spiegelung der Architektur über. Degas schafft in der formalen Korrespondenz des räumlich nächsten mit dem räumlich fernsten in der Spiegelung einen Repoussoireffekt. Repoussoir und Spiegelung changieren mit einer Tendenz zur Verflachung, die sich in der Iteration der Vertikalen, im Suggerieren einer die Raumbeziehungen ignorierenden Horizontalen (Übungsstange; Isokephalie der Tänzerinnen) und zuletzt in den formalen Korrespondenzen räumlich divergierender Bildpartien ausdrückt. Kurz: in den aus dem bestimmten Blickwinkel gewonnenen überraschenden Korrelationen von Linienwerten hinterfängt Degas die heterogene Gruppe. Der Bewegungsausdruck ist reduziert, keine Tänzerin wird mitten im 'Pas' gezeigt, auch die vortanzende Ballerina links befindet sich erst in einer vorbereitenden Stellung für die atrieme derriere'. Degas arbeitet an der Vervollkmnung der Organisation der Fläche, in die er später noch die kontingenteste Szene zu bannen wußte. Klar bleibt der an der "Femme aux Chrysanthèmes" zuerst beobachtete Verlust normativer Bestimmungskraft der Figuren für das Bildkonstrukt erhalten: So zeigt sich die Entporträtierung als Konsequenz der Authentizität.

Jetzt, Anfang der siebziger Jahre, gibt es einen Einschnitt im Leben des Großbürgers Degas. Der Krieg mit Preußen, die Belagerung und Eroberung von Paris - Degas erlebt sie als Artillerist - und die Commune lassen ihn seine Arbeit verständlicherweise vergessen. Im Werk hinterlassen die Ereignisse keine Spuren. Vielleicht aber regte dieser Einschnitt Degas zu einem Resümee seines bisherigen Weges an.

2.4 Die Akzentuierung der Komposition als Regulativ motivischer Divergenz: "Le Bureau de Coton"

Welche ausschlaggebenden Anstöße Degas durch die Auseinandersetzung mit der impressionistischen Bewegung, der japanischen Holzschnittkunst und der Fotografie erhalten hatte, kann die exemplarische Analyse eines weiteren Bildes zeigen. Sie kann die mit der seinem Charakter entsprechenden Konsequenz des Kalküls vorangetriebene Erneuerung seiner Malerei erweisen.

Im Oktober 1872 segelte Degas in Begleitung seines Bruders Rene mit der 'Skotia' über Liverpool nach New York - die Reise dauerte zehn Tage. Von New York aus führen sie mit dem Zug nach New Orleans, wo ihr Onkel Michel Musson mit Edgars Brüdern Achilles und Rene zusammen Baumwollkontoreien besaß. Fünf Monate blieb Degas bei seiner Verwandtschaft; erst Mitte Februar 1873 kam er nach Paris zurück.

In New Orleans entstanden eine Reihe Bilder, ausschließlich Porträts seiner Verwandten. Unter diesen ist das bekannteste wohl "Le Bureau de Cotons", zuerst 1876 auf der 2. Impressionistenausstellung gezeigt und schon 1878 als erstes Werk Degas für ein öffentliches Museum angekauft. "Le Bureau de Cotons", das im vollständigen Titel "Portraits dans un Bureau à la Nouvelle-Orléans" (L 320)[36], entstand 1873. Es zeigt vierzehn männliche Personen in einem großen Innenraum, der als Baumwollkontor durch eine ganze Reihe verschiedener Einrichtungsgegenstände, wie Schränke mit Stoffballen, Schreibpulte etc. unschwer zu erkennen ist. Das wichtigste, von seiner Position her auffälligste und raumbeherrschende Möbelstück ist ein großer, dunkelbrauner Tisch, der mit Baumwollproben bedeckt ist. Durch große, unterschiedlich weit geöffnete Fenster wird der Blick in neben dem Kontor liegende abgetrennte Büroräume frei. Eine am äußersten hinteren Ende des Raumes befindliche Glastür hellt den Hintergrund des Bildes auf.

Der Raum ist betont schlicht gehalten; man wird nichts überflüssiges, d.h. nicht von der Funktion des Raumes als Arbeits- und Geschäftsplatz her Legitimierbares, in ihm finden, wenn man einmal von dem Gemälde am rechten Bildrand absieht.

Die vierzehn Personen sind zum allergrößten Teil identifizierbar. Es handelt sich, wie der vollständige Bildtitel, der weniger bekannt ist, schon sagt, um Porträts. John Rewald, der in Nachforschungen in New Orleans selbst wichtige Detailkenntnisse zum Aufenthalt von Edgar Degas in den USA zusammengetragen hat[37] und ebenso ausführlich über die damals dort lebende Verwandtschaft des Künstlers informiert, unternimmt es, die abgebildeten Personen zu identifizieren. Im Vordergrund des Bildes sitzt ein älterer Herr mit Brille auf einem Stuhl, der Gruppe der übrigen im Raum Versammelten den Rücken zukehrend. Er prüft ein Teil der Baumwolle, die neben ihm auf einem zweiten Stuhl ausgebreitet ist. Es handelt sich hier eindeutig[38] um Michel Musson, den Onkel von Edgar Degas und den Inhaber des dargestellten Baumwollkontors.

Am rechten Bildrand sind zwei Männer an Schreibpulten tätig. Sie beschäftigen sich mit der Post, den Rechnungen und den dort liegenden Kontobüchern. Denn der vordere der beiden wird von Rewald als John Livaudais, Kassierer bei Michel Musson, identifiziert. In der Mitte sitzt René de Gas und liest Zeitung; Rewald meint, er könne sie als das Lokalblatt "The Times - Picayune" bestimmen. Hinter René sitzt auf einem hohen Hocker James Prestidge. Er unterhält sich mit einem Käufer oder Zollbeamten, der sich derweil Notizen in ein Buch macht. James Prestidge und auch John Livaudais waren Partner Mussons.

Auf dem das Zentrum des Raumes beherrschenden Tisch mit den Baumwollproben sitzt William Bell, ein Schwiegersohn Mussons und überreicht einem Kunden eine Baumwollprobe. Der Kunde stützt sich auf die Tischkante auf und betrachtet die Probe lediglich. An der äußersten Linken, lässig an die Fensterbank eines der großen zu den äußeren Büroräumen gehenden Glasfenster gelehnt, finden wir Achilles de Gas, den zweiten Bruder Edgar's. Zwei weitere Männer betrachten aus dem Hintergrund die Tätigkeiten der Anwesenden, während ein Dritter an einem Schreibpult tätig ist. In den äußeren Büroräumen sind zwei andere Männer sichtbar.

Die anwesenden Personen sind, bedingt durch die starke Raumstaffelung, zum großen Teil nicht vollständig sichtbar. Außerdem fällt sofort auf, daß sie isoliert voneinander agieren, worauf noch zurückzukommen ist.

Die Farben des Bildes beschränken sich auf eine stumpfe Tongebung in ocker-grau. Lediglich die Hose eines der im Hintergrund stehenden Männer und der Inhalt des Papierkorbes rechts im Vordergrund, sowie ein Brief auf den Kontobüchern beleben als blaue und rote Farbflecken die Tonigkeit des Ganzen, ohne ihr zu widersprechen.

Von der Anschauung her scheint zunächst einsichtig, daß es sich um ein Gruppenporträt handelt. Das muß, da sich Degas zu dieser Zeit immer stärker an den Vorstellungen der Impressionisten orientiert - soweit sie schon entwickelt sind - aber auffallen. Sofern man ihn dazu rechnet, nimmt Degas als Figurenmaler von Beginn an in der französischen impressionistischen Malerei - vielleicht neben Manet und Bazille[39] - eine Ausnahmestellung ein. Und gar Gruppenporträts, die eine Anzahl Personen in einen übergeordneten Zusammenhang einbinden wollen, widersprechen sonst gerade der impressionistischen Malweise. So konstatiert Richard Hamann: "Der Impressionismus ist (...) am unfähigsten, mehrere Personen zu einer Einheit zusammenzubringen, zu gruppieren, es widerspricht dem ganzen Stil."[40] Und weiter: "Vor allem aber ist in impressionistischen Bildern verpönt, Handlungen, Anekdoten zu malen, also Auszüge aus einem Vorgang, den die Phantasie durch Ergänzung des Vorangegangenen und Nachfolgenden erst kombinierend oder gar durch ein Wissen um die Geschichte verstehen muß."[41] Beide Aussagen scheint Degas zu widerlegen. Aber wenn es sich um eine Gruppe handelt, was konstituiert ihre Einheit? Und weiter: Wohl provoziert Degas teilweise die Ergänzungstätigkeit des Betrachters, aber nur um sie desto sicherer leerlaufen zu lassen. Degas malt keine Anekdote.

Zweifellos handelt es sich in "Le Bureau de Cotons" um die Wiedergabe eines zufälligen, beliebigen, momentanen Sinneseindrucks, aber nur unter der Bedingung, daß diese Zufälligkeit wieder nach dem Kriterium der Maximierung des bildlichen Potentials geordnet wird. Ebenso zweifellos handelt es sich um ein Gruppenporträt, bei dem die Einheit der erscheinenden Personen schon durch den Ort, an dem sie sich befinden, determiniert ist. Es handelt sich um Geschäftsräume, in denen die Möglichkeit eines zufälligen Beieinanderseins von vornherein stark eingeschränkt sein muß. Hier halten sich die Geschäftsführer und deren Angestellte und Arbeiter auf, allenfalls noch die Kundschaft der Firma. Ihr Jetzt-und-Hier-Sein ist bestimmt durch die Arbeit oder den Handel, ihre Tätigkeiten sind nicht zufällig, sondern ziel- und zweckgerichtet, der Ablauf ihrer Handlungen ist bestimmt durch die Gesetzmäßigkeiten solchen Handelns.

In allen Punkten ist die Möglichkeit von zufälligem Auftreten oder Agieren ausgeschlossen oder eingeschränkt; trotzdem ist der Eindruck von Zufälligkeit nicht von der

Hand zu weisen. Jede Person ist zwar klar als Handlungsträger zu bestimmen, aber aus den unterschiedlichen Handlungen der Einzelnen läßt sich nicht zwingend auf eine Einheit im Sinne einer Gruppenhandlung folgern. So zeigt sich die Divergenz der Personen als hervorstechendstes Merkmal des Bildes. Bei der auch kompositorisch im Detail akzentuierten evidenten Beziehungslosigkeit, in der die Personen zueinander stehen, kann es nicht darum gehen, die Einzelnen und ihre Tätigkeiten in eine Gesamthandlung einzubringen, wo jeder an seiner Stelle einen Teil der Gesamthandlung verdeutlicht. Es gibt keinen Hinweis, nach dem die Tätigkeiten in eine sich dann wieder als Einheit konstituierende Gesamttätigkeit eingebracht werden könnten, wo sie etwa in eine beliebige Reihung oder gar zwingende Reihenfolge eingeordnet werden könnten. Thematisiert ist nicht diese potentielle Einheit, thematisiert ist die Divergenz. Wenn die Personen in "Le Bureau de Cotons" zusammengebracht sind, ohne andrerseits in einen offensichtlichen Gesamtablauf integriert zu sein, dann widerspricht das dem Charakter der Gruppenporträts im klassischen Sinne - etwa Rembrandt's "Staalmeesters" (1662). Denn das prinzipielle Problem aller Gruppenmalerei war immer die Schwierigkeit, den Einzelnen sowohl als Einzelnen darzustellen wie als Mitglied der Gruppe und schließlich die Gruppe als Ganzes. Keine Seite sollte die andere unterdrücken. Formale Absicherung dieser Bildstrategie konnten 'äußere' und 'innere Einheit'[42] leisten. Die Notwendigkeit der äußeren Einheit bei Rembrandt negiert Degas in der Zufälligkeit des Beieinanders. Die Personen sind gewissermaßen zusammengekommen ohne wirlich zusammen zu sein, in dem Sinne, daß sie in eine Verbindung untereinander getreten wären, die über das rein Äußerliche hinausginge.

Hieraus ergeben sich eine Reihe von Widersprüchen. Im Folgenden wird versucht, aufzuzeigen, wie der thematisierte Unzusammenhang kompositionell unterstrichen und auf die Bildeinheit rückbezogen wird. In diesem Sinne gelingt es Degas sogar, auf dem Weg über die Komposition den notwendigen Charakter des von ihm dargestellten Unzusammenhangs zu erweisen. Ist die Divergenz als Thema einmal erkannt, und zwar als im Widerspruch stehend zum Gruppenporträt, so gilt es nach den Mitteln des Malers zu fragen, mit denen der Unzusammenhang dargestellt wird und ob die in der Divergenz gefährdete Bildeinheit zurückgewonnen wird.

Jean Bouret schreibt in seiner Degas-Monographie[43] über "Le Bureau de Cotons": "Kann man sich eine kältere, akademischere Komposition vorstellen als dieses eiskalte Bild." Wenn auch nicht einzusehen ist, was "Le Bureau de Cotons" mit dem Akademismus gemein haben soll, so ist es in der Tat ein eiskaltes Bild. Weder spürt man in ihm etwas von den verwandtschaftlichen Beziehungen des Malers zu den Dargestellten, noch gibt es überhaupt einen Kontakt zwischen den Personen im Bild und dem Betrachter. Ebensowenig ist die persönliche Verbindung der Dargestellten dem Bild zu entnehmen. Das sind Differenzen zu den uns schon bekannten Bildern, die auf eine forcierte Divergenz hinauslaufen. Im Bild ist jeder ganz mit sich und seiner momentanen Tätigkeit befaßt, wodurch der Eindruck dieser merkwürdigen Atmosphäre der Kontaktlosigkeit entsteht, die die zitierte 'Kälte' des Bildes hervorruft. Alle Beziehungen werden hier durch die Atmosphäre sachlicher Geschäftigkeit, die sich in Kontaktverweigerung sinnfällig ausdrückt, überlagert und unterschlagen.

Auch bei den in ihren sichtbaren Handlungen direkt aufeinander bezogenen Figuren, W.Bell etwa und dem ihm zugeordneten Kunden, dem Bell Baumwolle zur Überprüfung anbietet, die dieser aber nicht annimmt, fällt der Charakter einer unterbrochenen oder verweigerten Verbindung auf. Ähnliches gilt für weitere Personenpaare in unterschiedlich starkem Ausmaß. Die beiden Kassierer am Bildrand sind unmittelbar nebeneinander tätig, ohne irgend aufeinander bezogen zu sein. Ihr Voneinandergetrenntsein ist noch herausgestellt in dem vom restlichen Körper scheinbar radikal 'abgeschnittenen' Kopf des hinteren Kassierers. Zudem trennt die Vertikale eines

Türrahmens die Köpfe beider. J.Prestidge und der Zollbeamte sitzen ebenfalls unvermittelt beieinander, obschon sie offensichtlich miteinander zu tun haben müßten. Vielleicht kann man sogar soweit gehen und die Thematisierung des Voneinandergetrenntseins in den beiden Männern, die sich in den äußeren, architektonisch abgetrennten Büroräumen aufhalten, in einem metaphorischen Sinne wiederaufgenommen sehen. Sie sind von den übrigen Personen räumlich getrennt und innerhalb der Bildplanimetrie akzentuieren die breitbalkigen Fensterrahmen ihre Isolation.

Der in alledem thematische Widerspruch von faktischem Beieinandersein und der in der Beziehungslosigkeit der Personen zueinander aktualisierten Möglichkeit des gleichzeitigen Voneinandergetrenntseins kann in einem Gedankenexperiment verdeutlicht werden. Ohne Schaden für die Gruppe und ihre Erscheinung, ihre Haltung, ihre Gestik, ihren Ausdruck könnte jeweils jeder Einzelne aus "Le Bureau de Cotons" entfernt werden. So wenig ist da ein Zusammenhang!

Doch läßt sich das realisieren? Bedeutet das nicht, daß das thematische Voneinandergetrenntsein im Zusammensein die Einheit des Bildes sprengen würde? Die Bildfläche fiele auseinander, wenn die Notwendigkeit seiner bestimmten formalen Organisation negiert wäre. So sichert Degas das Zusammensein der Personen gegenüber dem inhaltlichen Unzusammenhang formal ab. Er setzt eine Dialektik von Zufall und Notwendigkeit in Gang. Zu fragen bleibt, wie es ihm gelingt, durch den Einsatz bestimmter Techniken ein makrokompositionelles Gleichgewicht zu erreichen, wobei für ihn die Schwierigkeit darin besteht, den Unzusammenhang stets auch thematisch bleiben zu lassen. Denn auch "die Komposition bei Degas frappiert zunächst durch die scheinbar ganz zufälligen Bedingungen, unter denen das Hauptmotiv auftaucht."[44] Dieses Problem ist im Werk Degas nicht neu, wir haben es relativ zugespitzt schon in der "Femme aux Chrysanthèmes" kennengelernt. In "Le Bureau de Cotons" ist es weiterentwickelt.

Das Sujet und seine formale Organisation fallen nicht auseinander, in dem Sinne, daß die Gruppe hier nur durch ein formales Korsett in eine Einheit mit dem Bild gezwungen würde. In der Bildplanimetrie gibt die Isokephalie, beginnend links bei Achilles de Gas über eine Reihe Personen im Bildmittelgrund bis hin zu James Prestidge, dem Bild den bestimmenden Horizontalwert der Komposition. Sie widerspricht nur bedingt der Raumillusion: Der horizontale Richtungswert fügt sich in das Strahlensystem der perspektivischen Fluchtlinien exakt ein. Andrerseits reduziert die Isokephalie, wie in "Le Foyer de la Danse..", als akzentuiertes formales Element, die Räumlichkeit. Erneut artikuliert sie die Zufälligkeit: Aus der Position verschiedener Personen, die sich in den unterschiedlichsten Raumzonen des Bildes befinden, ergibt sich die Isokephalie mit Notwendigkeit, da 'zufällig' der und kein anderer Betrachterstandpunkt vom Maler gewählt wurde. Dieser Betrachterstandpunkt ist zudem exzentrisch, wodurch Degas sich die Möglichkeiten dezentralisierter Komposition eröffnet. Daneben sind die den Unzusammenhang motivisch betonenden sehr unterschiedlichen Raumpositionen planimetrisch in die Komposition rückgebunden.

Mit der Horizontalen der Isokephalie korrespondiert die Vertikale, die durch die linke Regalwand im Hintergrund und, in ihrer Verlängerung, durch den Rücken des Kassierers gebildet wird. Erneut wird, in diesem Fall durch eine Repoussoir-Figur, in der nahe und weit entfernte Raumpositionen auf eine Achse gebracht werden, räumliche Distanz planimetrisch eingebunden. Das ist kein Widerspruch zur Zufälligkeit, denn was für die Isokephalie galt, muß auch für die Vertikale gelten. Beide Hauptachsen sind genau ausponderierte, das ganze Bild in einer bestimmten Position fixierende Elemente der Makrokomposition.

Am Beispiel weiterer Bildelemente läßt sich die Ambivalenz der Komposition, d.h. ihre einheitsstiftende Rolle als Regulativ motivisch thematisierter Divergenz wie die auch von ihrer Seite erfolgende Bestätigung und Verstärkung des Zufälligen, Willkürlichen, weiter erhellen. Michel Musson, der weit im Vordergrund auf einem Stuhl sitzend Baumwollproben untersucht, ist durch die weit vorgerückte Position - seine Beine werden vom unteren Bildrand abgeschnitten - sowie durch seine konzentrierte, ganz auf sich gestellte Tätigkeit von der übrigen Gruppe isoliert. Zuerst vermittelt er durch seine Position zwischen Betrachter und Bild: seine Figur führt uns ins Bild ein. Der direkte Kontakt zwischen Bildfigur und Betrachter ist aber nicht gegeben. Die Verbindung Mussons zu der restlichen Gruppe wird von dem neben im stehenden großen Stuhl hergestellt, auf dem sich ein Behältnis mit Baumwollproben befindet. Stuhl und Gestalt des Michel Musson bilden eine Kontrastfigur: Zum einen durch den Gegensatz von Leerform und Körperform, dann durch die in der unterschiedlichen Stellung sich artikulierenden entgegengesetzten Richtungswerte von 'Nach-Innen' und 'Nach-Außen'. Mit Einschränkung wird die extreme Vordergrundposition Mussons dadurch relativiert; er wird ins Bild 'zurückgeholt'. Der Stuhl neben ihm steht im übrigen offensichtlich nicht an seinem normalen Platz. Er wurde fortgerückt - und dies ist eine in die Willkürlichkeit seiner Position verschränkte Legitimation seines Standortes - um Musson als Ablage seiner Baumwollproben zu dienen. Die Willkürlichkeit der Position des Stuhles auf der einen Seite und die unbedingte formale Notwendigkeit, nach der er sich unter den Bedingungen der Gesamtkonzeption des Bildes auch dort befinden muß, sind in Einklang gebracht. Wenn dann noch die Beziehung Stuhl - Musson, unter Berücksichtigung der Tatsache, daß Musson der Inhaber des gezeigten Baumwollkontors ist, als Beziehung Herrschaftssymbol (Thronsessel) - Herrscher interpretiert, so ist die Ununterscheidbarkeit formaler und inhaltlicher Argumentation im Bilde evident. Die gleiche Unterscheidbarkeit läßt sich an der Figur des René de Gas, der hinter seinem Onkel sitzt und Zeitung liest, verdeutlichen. In der Perspektive der inhaltlichen Argumentation läßt sich von ihm sicher ähnliches sagen, wie von seinem Onkel. Er ist in seiner Tätigkeit und seiner Position von der Gruppe dissoziiert; allerdings übernimmt er zugleich eine vermittelnde Funktion zwischen Musson und Gruppe, die gefördert wird durch die Stellung seines gestreckten linken Beines, das einen räumlichen und planimetrischen Richtungswert auf Musson darstellt. Es bildet eine Diagonale, die raumbildende und Raumpositionen vermittelnde Funktionen übernimmt. Weiter alludieren die angewinkelte Stellung seines rechten Beines und der Knick in der von ihm gehaltenen Zeitung auf die obere linke Bildecke. Schließlich nimmt er die Position im Schnittpunkt zweier planimetrischer Diagonalen ein. Die erste vermittelt Musson mit der Gruppe und dem Kreuz der Makrostruktur (Musson - René - Schnittpunkt des Kreuzes der Makrostruktur). Die zweite Diagonale verbindet W.Bell über René mit dem Kassierer rechts. Durch sie sind die beiden am rechten Bildrand isolierten Personen in die Komposition integriert. Im Richtungskontrast von Zeitung und eigener Haltung greift die Figur des René de Gas selbst den Schnittpunkt der Diagonalen auf.

Sicher läßt sich der Nachweis der Verschränkung von Komposition und Willkürlichkeit weiterführen. Ich möchte hier lediglich noch kurz auf Raumkonstruktion und Farbigkeit eingehen.

Die Raumgestaltung ist zwangsläufig ambivalent. Für eine Thematisierung des Unzusammenhangs ist die Frage der Räumlichkeit von einiger Bedeutung. In einem Raum, der sich nicht wie der hier dargestellte in einer solchen Weise dem Betrachter weit öffnet, wäre es schlecht möglich, die Beziehungslosigkeit einer großen Anzahl von Akteuren glaubwürdig zu gestalten. Die Größe des Raumes bietet einer Fülle von differenzierten Positionen Platz, dagegen reduziert die hohe Aufsicht und die hochgezogene Horizontlinie eine effektive Raumillusion. Perspektivische Bedeutung haben wiederum die Kontorfenster, die in ihrer Reihung mit den dabei deutlich betonten Fluchtlinien einen kräftigen Raumzug erzeugen, der an den exzentrischen Betrachterstandpunkt gebunden ist. Auch die starke Verkleinerung der Personen fördert die Raumwirkung. Gut zu beobachten ist das an einem Vergleich des Kassierers Livaudais mit der Person im Hintergrund, die in gleicher Kleidung ebenfalls an einem Schreibtisch tätig ist. Beide haben sich als einzige im Raum ihrer Jacken entledigt. Ihr Bezug evoziert die räumlichkeitsfördernde Bewußtmachung der Größenverhältnisse.

Die räumliche Wirkung der Szene, der große Raum, unterstützen den Eindruck der Verstreutheit der Personen, den Eindruck ihres Voneinandergetrenntseins. Damit aber das Bild nicht in mächtigen Fluchtungen fortströmt, setzt Degas verzögernde Bildelemente ihnen entgegen. Z.B. wird die Zeitung des René de Gas als optischer Ruhepunkt in eine Fluchtlinie eingebaut. Die Isokephalie, Aufsicht und hohe Horizontlinie hatten wir schon als verflachende Elemente genannt. Degas spielt hier das Hintereinander der räumlichen Positionen gegen das Nebeneinander der planimetrischen Organisation aus. In reduzierter Form hatten wir solches Changieren, das durch räumliche Verunsicherungen (Abschneiden der Beine im Vordergrund) verstärkt ist, schon in "Femme aux Chrysanthèmes" und "Le Foyer de la Danse" feststellen können.

Die Farbigkeit unterstützt eher die Verflachung des Bildes. Eine nach hinten kaum dunkler werdende Farbgebung - hier spielt die schon erwähnte Glastür eine Rolle! - und eine minimale Abnahme gegenständlicher Differenzierung entspricht kaum realer Raumerfahrung. Gleichzeitig bleibt die Farbgebung, die im wesentlichen differenzierte Graugrün- und Ockerbraunwerte aufweist, fern aller Buntheit im Sachlichen. Spiegelt sich im Graugrün die Sachlichkeit, Kühle und strenge Nüchternheit des Ortes, bleibt die Farbigkeit zusammen mit der Skala der Brauntöne im Bereich des Wahrscheinlichen, Dokumentarischen. Das wird durch das am stärksten hervortretende Farbpaar Schwarz-Weiß unterstrichen. Auch in der Farbe sucht Degas das Charisma der Authentizität.

Fassen wir zusammen: Ausgehend vom Gruppenporträt wurde das Voneinandergetrenntsein im Zusammensein als Bildsinn sichtbar gemacht. An der exemplarisch, auch an einigen weiteren Bildern dargestellten Entwicklung hatten wir gesehen, wie sich dieses Thema herausprofilierte. In "Les Malheurs de la Ville d'Orléans" waren schon Brüche und Dezentralisierung auszumachen, "La Famille Bellelli" begann mit der Thematisierung der Transitorik und betonte die Defizienz eines Zentrums, "Femme aux Chrysanthèmes" forcierte die Entporträtierung und die Betonung der Komposition, "Le Foyer de la Danse" schließlich wies zwar noch einen thematischen Zusammenhang auf, der aber schon gelockert war und von der Komposition hinterfangen wurde. An "Le Bureau de Cotons" konnte gezeigt werden, wie Degas die Gefahr eines Auseinanderfallens des Bildganzen entschieden ausschließt, indem er Beziehungslosigkeit, Willkür und Zufälligkeit in eine mit dem Motivischen verschränkte Komposition einbindet. Auch dies war der Entwicklung als Tendenz abzulesen. Allerdings konnte besonders am "Le Bureau de Cotons" gezeigt werden, wie die Form nicht ein zugesetztes, einheitsstiftendes Bildelement ist, sondern in ihren Besonderungen, in der Bildplanimetrie vor allem, ebensosehr eine Unterstützung des Bildsinns. Formale Betonung und formale Bezwingung des Unzusammenhangs werden von Degas ineins gebracht. Sie gehören in diesem Bereich zusammen, was die vielen Ambivalenzen zeigen. Die partialisierten Handlungen sind in eine formale Notwendigkeit eingebunden. Motivische Lässigkeit und Transitorik auf der einen Seite sowie formale Notwendigkeit auf der anderen Seite werden zu einer 'coinzidentia oppositorum' verknüpft. Darin erschließt sich Degas das Potential der Divergenz, des Unzusammenhangs. Er bringt alles zu einer Anschauungseinheit von motivischer Desintegration und formaler Notwendigkeit. In der schon zitierten Untersuchung Schumachers steht "Le Bureau de Cotons" als Beispiel für eine "ambivalente Einheit von Genrebild und Gruppenporträt".[45] Zu dieser Wertung kommt Schumacher m.E. durch eine Überbewertung des unter den Bedingungen der Authentizität nolens volens auftretenden Porträtcharakters im Sinne einer physiognomischen Ähnlichkeit. Die weiteren Bedeutungen des Porträts als einer Bestimmung der Möglichkeiten des Menschen werden vernachlässigt; besonders geraten die Auswirkungen motivischer Desintegration für die Bedeutung der Bestimmung von Personen so nicht in den Blick. Im Gegenteil konstatiert Schumacher für "Le Bureau de Cotons": "eine gewisse Hierarchie unter dem Gesichtspunkt des Porträts".[46] Infolgedessen wird die Rolle der Betonung kompositorischer Maßnahmen als Regulativ szenischer Divergenz, wie er im vorstehenden Kapitel entwickelt wurde, nicht erkannt.

Wo der Unzusammenhang als Modus des Zusammenhangs aus der Entwicklung der Malerei Degas sich ablesen läßt und sowohl in der Analyse der Sujets als in der Analyse der Form evident geworden ist, müssen wir uns mit diesem Bildsinn auseinandersetzen. Zunächst aber ist es notwendig, den Einfluß von Impressionismus, Japonismus und Fotografie, der schon punktuell konstatiert wurde, eingehender zu untersuchen.

3 KONTINGENZ ALS HAUPTMOMENT DES EINFLUSSES AUF DIE BILDKONZEPTION E.DEGAS'

3.1 Momentaneität als Kontingenz: Das Verhältnis der Bildkonzeption Degas' zum Impressionismus

Allererst gilt es, in dieser Phase das Verhältnis der Malerei Degas' zum Impressionismus genauer zu bestimmen. Nachdem er Anfang der sechziger Jahre den zwei Jahre älteren Manet kennengelernt hatte, war er durch ihn in den Kreis der Maler im Café Guerbois eingeführt worden. Dort trafen sich allwöchentlich donnerstags jene Maler, die heute mit dem Namen 'Impressionismus' verbunden werden: Manet selbst, Bazille, oft Renoir und eben Degas, zeitweise Alfred Stevens und gelegentlich sogar Cezanne, Sisley, Monet und Pissarro.[1] "Nichts war interessanter", wußte Monet später zu berichten, "als diese Wortgefechte. Sie schärften den Geist, erfüllten uns mit Begeisterung, die wochenlang anhielt, bis eine Idee endgültige Form gewann."[2] Manet war zunächst das Haupt der Gruppe; Degas orientierte sich in jenem Kreis sehr an dem Kritiker Edmond Duranty. In den Diskussionen im Café Guerbois wurde auch schon vor der endgültigen Taufe der Ausdruck 'Impression' häufig gebraucht. Proust zufolge benutzte Manet ihn schon lange, hatte er doch schon 1867 darauf bestanden, daß es ihm allein wichtig sei, "seine Impression wiederzugeben."[3] Im übrigen wurde hier der Kampf gegen Akademie und Salon geplant und diskutiert.

Der deutsch-französische Krieg trennte die Künstler; manche kamen nicht wieder.[4] Nach Ende des Krieges traf man sich erneut im Café Guerbois. Trotz der Erschütterungen im Sozialgefüge durch Krieg und Commune waren die Aussichten, bei Kritik und Salon schlechter denn je. So griffen sie 1874 den Vorschlag Monets auf, eine eigene, selbstfinanzierte Gruppenausstellung zu veranstalten.[5] Degas beteiligte sich führend an der Organisation, da Manet sich aus Rücksicht auf seine Aussichten im Salon weigerte teilzunehmen. Degas war auch später treibende Kraft bei der Ausrichtung weiterer Ausstellungen der Gruppe. Die Ausstellung im April 1874 in den vom Fotografen Nadar zur Verfügung gestellten Räumen brachte der Gruppe den Spottnamen 'Impressionisten' ein. Am 25. April war im 'Charivari' ein Artikel von Louis Leroy erschienen, in dem er unter dem Titel "Ausstellung der Impressionisten" die Arbeiten der Künstler auf das Bösartigste beschimpfte.[6] Obwohl einige Maler, am heftigsten Degas, gegen die Bezeichnung 'Impressionisten' protestierte, blieb sie in Zukunft in der Öffentlichkeit ihr Name.

Was war das Neue dieser Malerei, daß sie heftigste Gegenreaktionen auslösen konnte? Die Frage, was eigentlich der Impressionismus sei, ist so leicht nicht befriedigend zu beantworten, was auch selten versucht wurde.[7] Nicht zuletzt, da die diesem Begriff zugeordneten Maler mit den unterschiedlichsten Mitteln verschiedenen Zielen nachgingen; und selbst "als Begriff hat (der) Impressionismus keine genauen Grenzen."[8] Innerhalb der Gruppe der Impressionisten ist zunächst der Gegensatz von Freilichtmalerei und Figurenmalerei zu beachten. Der ersteren sind die 'eigentlichen' Impressionisten: Monet, Sisley, Pissarro zuzurechnen, während Manet und Degas innerhalb der Avantgarde eine gegenläufige Richtung eröffnen, die, besonders bei Manet, nicht auf eine gesellschaftsrelevante Ikonographie verzichtet.[9] So muß uns die Differenz der Malerei von Manet und Degas besonders interessieren. Zuerst bleibt sein Verhältnis zur Freilichtmalerei, dem bestimmenden Pol innerhalb der Gruppierungen der impressionistischen Malerei, zu deren Problemstellungen und Lösungsangeboten zu untersuchen. Es läßt sich nicht vermeiden, daß dabei zum Teil nur im Vorgriff auf die noch zu beschreibende weitere Entwicklung der Kunst Degas seine besondere Stellung sich festhalten läßt. Ist in gewisser Weise auch allen hier genannten Malern Weg und Ziel gemeinsam - im Kampf gegen Akademie und Salon - so ist dies eine Gemeinsamkeit mit wesentlichen Einschränkungen. Andrerseits kann man die Gruppe in einer gegenseitigen fortschreitenden Ergänzung sehen. Will man, so betrachtet, die jeweiligen Besonderungen schlagwortartig verdeutlichen, wäre Monet als der 'Befreier des Sehens' zu bezeichnen. Degas und Manet als die 'Kritiker' der Bewegung, Seurat als ihr 'Systematiker' und Cezanne als ihr sie transzendierender 'Vollender'. Die entscheidenden Kriterien der impressionistischen Freilichtmalerei - wie sie sich etwa an dem 1872 entstandenen Bild Monet's "L'impression soleil levant"[10] ablesen lassen - können in diesem Zusammenhang nur summarisch behandelt werden. Diese Malerei betont mehr die Farbe und das planimetrische System zuungunsten der Raumillusion. In ihr finden sich keine festgelegten Betrachterstandpunkte, keine einheitlichen Perspektivsysteme. Die Teilung der Fläche und der Räume in Zonen fällt ineins. Eine räumliche Zusammenhangbildung wird aufgegeben; die Flächigkeit des Bildes wird exponiert. Die Mittel ihrer Akzentuierung sind Farbgebung, Reihung und Parallelisierung von Elementen. Unter ihnen steht die Farbe ganz im Vordergrund, sie wird tendenziell Thema des Bildes. Der Kontur wird bis zum Extrem vernachlässigt, die Übergänge von Formen fließen. Reale Materialität wird von der Farbe nur mehr wenig ausgedrückt, allenfalls gibt es ein in Farbgebung und Farbbehandlung angelegtes reduziertes Assoziationspotential von Stofflichkeit. Im übrigen verliert die Farbe immer stärker den Charakter von Lokalfarbe und erlangt zuletzt eine eigene Dinglichkeit. Die verwischte Farbe evoziert zusammen mit der Zufälligkeit der Lichtverhältnisse die Kontingenz der Erscheinung. In der <u>Kontingenz</u>, auf die Monet vermittels der Organisation des Bildes in Farbporen zielt, liegt der entscheidende Berührungspunkt zur Malerei Degas. Allerdings mit sehr differenten Folgerungen. <u>Dominanz der Farbe</u> und formale Dezentrierung führen zu einer Motivauffassung, die die klassische Idealität negiert.[11] Der Mensch findet sich in diesen Bildern auf bloße Sichtbarkeitswerte reduziert. Er wird im Bild zu einem Anlaß für peinture, wie jedes andere beliebige Objekt auch. So überkam selbst Monet Entsetzen, als er merkte, wie sehr er Gefangener seiner Anschauung geworden war, indem er noch die Farbtöne auf dem Gesicht seiner Frau, während sie auf dem Totenbett lag, zu studieren anfing.[11a] Die Motive sind alle gleichrangig und, mit geringfügigen Variationen, immer neu wiederholbar.

Konsequent beginnt Monet Serien zu konzipieren, wie Degas später auch.

Diese Seite der impressionistischen Malerei, so kann man zusammenfassen, will das begrifflich terminierte Bewußtsein von den Dingen restringieren zugunsten einer "appearent nature of appearances".[12] Das abstrakte Wissen sieht sich verdrängt, das eingeengte Sehen wird in Richtung auf das konkret-sichtbare - konkret-sinnliche befreit.[13] So kann man von einer 'peinture retinienne' sprechen, der die Spontaneität, die Schnelligkeit des Malens notwendig wird. Das unmittelbare Folgen des Malens auf den empfangenen Eindruck, ihr potentielles Ineinsgehen, ist einer 'peinture retinienne' vorausgesetzt. Dies ist der Punkt, an dem sich Degas am radikalsten von den übrigen Impressionisten trennt. Bei ihm gibt es unter gar keinen Umständen ein unmittelbares Umsetzen des Gesehenen in Malerei, wie wir schon an der genauen und langwierigen Vorbereitung einiger Bilder gesehen haben. Er selbst hat das nachdrücklich betont. "Keine Kunst ist weniger spontan als die meine. Meine Werke sind das Ergebnis von Überlegungen, des Studiums großer Meister. Inspiration, Spontaneität, Temperament sind mir unbekannt."[14]

Eine ganze Reihe anderer Momente teilt seine Kunst dagegen mit der beschriebenen impressionistischen Malerei und in den kommenden Jahren wird die Identität in der Differenz immer stärker. Die Momentaneität, Modernité und Serialität etwa eines Monet finden sich bei ihm überall. Die Tendenz zur reduzierten Raumillusion, zur Betonung des Flächencharakters des Bildes war seit "La Famille Bellelli" zu beobachten. Zu Beginn der sechziger Jahre gibt er das Lokalkolorit in begrenztem Umfang auf, dann immer stärker. Und war nicht auch der "Femme aux Chrysanthèmes" oder "Le Bureau de Cotons" eine die Hierarchie der Motive negierende Tendenz zur Egalisierung der divergierenden Vorwürfe abzulesen? Allerdings verläßt bei Degas der Mensch nie die Bildfläche. Sicher, auch bei ihm verschwindet wie bei seinen impressionistischen

Malerfreunden - außer vielleicht Manet - der Anthropozentrismus. Das werden wir in zunehmendem Maße noch sehen. Aber Degas muß darum nicht den Menschen aus seinen Bildern verbannen oder ihn gar zum reinen Reflektor von Lichterscheinungen degradieren, sondern er unternimmt den Versuch, bildliche Strategie und Intention zur Deckung zu bringen. Das heißt, in dem Maße, in dem die Vertreibung des Menschen aus dem Zentrum der Kunst - für ihn eine Folge der Vertreibung des Menschen aus dem Zentrum der Weltsicht - in seiner Malerei thematisch ist, wird dieser Vorgang am Menschen im Bild selbst deutlich. Die Menschen werden bei ihm nicht negiert: sie werden an den äußersten Rand des Bildes gedrängt, willkürlich von seinen Grenzen zerschnitten. Mehr und mehr verlieren sie den selbstbestimmten Kontakt zum Betrachter und untereinander; ihre Isolation, ihr Unzusammenhang scheint die einzig mögliche Erscheinungsform ihres Beieinanders (vgl. "Le Bureau de Cotons"). Solchermaßen trifft Degas einen zentralen Bereich der mächtig auftretenden bürgerlichen Industriegesellschaft: den der individuellen Entfremdung.

Betrachten wir nun Manet, der innerhalb der impressionistischen Bewegung einen Degas verwandten, gleichwohl differenten Kurs eingeschlagen hatte. In seinen Bildern findet in der Thematisierung des Scheins (vgl. "Un Bar aux Folies-Bergère")[15] oder der Käuflichkeit (vgl. "Nana")[16] das Thema der Entfremdung Eingang. Schon 1951 sah Jantzen den Zusammenhang zwischen "Un Bar..." und der "Einsamkeit des modernen Großstadtmenschen."[17] Am Beispiel dieses Bildes läßt sich aber gleich zeigen, daß Manet das Thema im Gegensatz zu Degas mehr literarisch faßt. Die Thematik der Vereinzelung, Isolation und Entfremdung ist in Personen, die sich in betonter Abwendung von einer Handlung zum Betrachter hin orientieren (vgl. Manet's "Nana" oder "Un Bar...") ausgesprochen. Die Konfiguration von bewußter Abwendung und suggestiver Betrachterorientierung entläßt das Bewußtsein von Entfremdung gleichsam erzählerisch. Bei Degas ist Entfremdung als Sinn dagegen eher Resultat einer bestimmten Form von Bildlichkeit. Die Differenz dokumentiert sich in beider Verständnis von Bildaufbau. Zwar finden wir in den großen Bildgestalten der "Olympia" (1863), in "Le Balcon" (1868), "Dejeuner dans l'Atelier" (1868), "Nana" (1877) und "Un Bar..." (1881/82) während der ganzen Entwicklung Manets immer wieder die beschriebene Figur, insbesondere diesen leeren Blick[18], gleichwohl nimmt die menschliche Figur ganz im Gegensatz zu Degas[18a] bei ihm stets das Zentrum des Bildes ein. Degas umschreibt die leere Mitte seiner Bilder in den entporträtierten Modellen, den zerschnittenen, an den Rand des Bildes, d.h. an den Rand ihrer (bildlichen) Existenz gedrängten Menschen und niemals mehr, wie in seinen frühen Bildnissen, begegnet dem Betrachter ein Blick aus dem Bild. Er liefert in den Bildern der Boulevards, Cafés und den Arten großbürgerlicher Zerstreuung eine <u>Topologie der Entfremdung</u>.

Und Degas setzt Bild und Betrachter über das Thema hinaus in eine enge Beziehung: er hebt die Rolle des Betrachters in diesem Verhältnis hervor. Wenn er dabei nicht auf das tendenzielle Identischwerden von malerischer Umsetzung und optischem Eindruck setzt, so ist das seine persönliche Antwort auf die Herausforderung der veristisch-authentischen Fotografie, die quasi apperativ-immanent jene Identität erreicht. Monet reagiert auf diese Herausforderung eher mit der Thematisierung der Farbe, einer eindeutigen Reduktion des Linearen. Degas praktiziert eine Befreiung des Sehens' in eine ganz andere Richtung; er setzt nicht auf den Sensualismus, sondern auf eine Erfahrung von Unmittelbarkeit der ihre Destruierung einbeschrieben ist. Mit dem Impressionismus hatte das Zufällige thematisch Eingang in die Malerei gefunden und rasch eine Bedeutung gewonnen, die es seitdem nicht verloren hat. Das hatte weitreichende Konsequenzen für die Konstruktion der Bilder selbst: Die Komposition löst sich aus ihren seit der Renaissance gültigen Konventionen. Nicht mehr bestimmt das Sujet in wesentlichen Teilen Blickpunkt und Aufbau, sondern das Bild setzt seine Einheit. D.h., es stiftet sie in einem ganz anderen, dem Betrachter viel evidenteren Maße, als in der tradierten Kunst. Gerade hier liegen Degas Leistungen, aus dem Impressionismus entwickelt und ihn hinter sich lassend. Degas machte den kalkulierten Zufall zum Gesetz seiner Malerei.

Er befragt in seinen Bildern die bei anderen Impressionisten scheinbar problemlose Unmittelbarkeit. Bei ihm wird die Momentaneität destruiert und für den Betrachter ohne die Notwendigkeit irgendeines literarischen Beiwerks erfahrbar. Das Organ hierfür ist die vom Bild geforderte mitschaffende Aktivität des Auges und Verstandes seiner Betrachter. Erinnern wir uns an das Befremden beim ersten Anblick der "Famille Bellelli", an die Überraschung über die unerwartete Positionierung der Mme Hertel in "Femme aux Chrysanthèmes". Diese und andere optische Irritationen in der bildlichen Präsentation provozieren ein mitwirkendes Sehen, setzen ein Schaffen von Kontextualität in Gang. Das Schaffen von Kontextualität etabliert seinerseits sofort Brüche und Widersprüche, die in der Scheinevidenz der Momentaneität abgedeckt waren: z.B. die Richtungsdivergenzen in "La Famille Bellelli" oder der intrasigente Unzusammenhang in "Le Bureau de Cotons". Das im Bild Vergegenwärtigte verliert im Vollzug des Erschließens den Schein des Zufälligen und wird als Gewordenes, Gemachtes und das heißt Bedingtes erkannt und verstanden. Daß solches Verständnis - von den Bildern nahegelegt - nicht von Dauer, sondern jeweils nur auf den Moment fixiert ist, wird noch zu zeigen sein. Das betrifft auch das Verhältnis von Bild und Betrachter, von Momentaneität des Bildes, seiner scheinbaren Willkürlichkeit und Kontingenz einerseits und der Betrachtererfahrung dieser Momente andrerseits. Man darf die Momentaneität in der Kunst Degas gewissermaßen als Simultaneisierung der 'Bildzeit' mit der Zeit der Bilderfassung durch den Betrachter auffassen und damit im weiteren als Polemik gegen die Narration. Im synthetisierenden Schließen fordert das Bild eine Leistung des Betrachters, eine Überwindung der Kontingenz, die es schließlich selbst darstellt und zugleich im bildnerischen Potential des

Systems der Formen, die immer wieder in neue Beziehungen sich ordnen lassen, verneint und neu einfordert. Degas problematisiert über die formale Organisation seiner Bilder das Verhältnis von Moment und Dauer, das zum Beispiel Monet ganz anders über die Farbe findet. Weiter ist ähnlich in der produzierten Momentaneität - denn im Falle von Degas ist der Schein von Momentaneität immer Resultat eines bestimmten Kalküls - die Differenz von Erscheinung und begrifflicher Gegenstandsqualität thematisiert. Ist das sehende Sehen eines Monet, Sisley oder Pissarro (etc.) ein das 'wissende' Sehen abbauendes Sehen, so ist das entdeckende Sehen eines Degas eines, das sich gewußt in Widerspruch zum 'wissenden' Sehen setzt und dieses Gewußtsein im Bild übermittelt. Es handelt sich um eben diese Gegenübersetzung: Degas geht es um nichts weniger als um eine bloße Wiedergabe beobachteter Wirklichkeit; das nennt er verächtlich "Fotografie".[19] Bei ihm einen rigiden Naturalismus zu vermuten, wäre ein Mißverständnis. Ebensowenig ist er einem Sensualismus verpflichtet, Wirklichkeit ist ihm mehr als ein Stimulus für eine peinture pure. Degas negiert nicht die Dinge und er abbreviiert sie nicht: Er transzendiert die Dinglichkeit in eine forcierte Momentaneität, die als Schein destruiert wird und die Triftigkeit des Dinglichen auflöst. So sind formale Organisation und thematische Entfremdung bei Degas schon immer aufeinander verwiesen. Ausschlaggebend für ihn ist die Tatsache, daß ein Thematisieren von Entfremdung notwendig auf Reflexion angewiesen ist, sozusagen nicht retinal wahrgenommen werden kann. Er mag von einer 'peinture retinienne' nichts wissen, sondern strebt einer 'peinture degagée' nach.

Edgar Degas kann der "raffinierteste Bilderkompositeur des neunzehnten Jahrhunderts" genannt werden.[20] Er setzt über die Komposition, nicht über die Farbe, die Realisierung einer autonomen Bildkonstitution in Gang, die sich tendenziell "nach der Evidenz ihrer rein immanenten Bezüge bestimmt."[21] Diese Tendenz dünnt die Gegenstandsbedeutung der Malerei Degas zunehmend aus - so auf ihre Weise dialektisch mit der Thematisierung der Entfremdung vermittelt. Degas zeigt, daß nicht allein eine Konzentration auf die Thematisierung der Farbe die Entkräftung der Gegenstandsbedeutung ermöglicht. Seine kompositorische Verve birgt einen Impuls zur Auflösung der denotierenden Funktion der Formen, indem sie den formbezeichnenden Linienwerten allererst bildkonstitutive Funktion auferlegt. Dies war im Ansatz schon in "Le Foyer de la Danse" zu sehen, später[22] wird das noch deutlicher. Eingebunden in die kompositorische Notwendigkeit bestimmen jene Linien vor jeder Gegenstandsbezeichnung das Bild als System von Formen, das unabhängig vom Gegenstandssehen - zum Teil ausdrücklich gegen es - die immanente Bildrationalität etabliert. Nur darum kann Degas sagen: "Das Bild ist eine originale Kombination von Linien und Tönen, die sich gegenseitig steigern".[23] Sein Vorgehen bleibt dennoch thematisch einholbar; vor allem mittels der Dezentralisierung des Sujets gelingt es Degas die kompositorischen Notwendigkeiten nicht in Widerspruch zum Schein der Momentaneität geraten zu lassen, beide vielmehr zu verbinden. Folglich ist seine Gegenstandswahl gegen dessen offenkundige Entwertung nicht marginal oder beliebig. Degas reduziert seine Motive nicht auf ihre äußere Erscheinung, sondern gestaltet ästhetisch, was sich an inneren Prozessen hinter ihnen verbirgt. Das ist seine 'Befreiung des Sehens', seine Potenzierung des Wahrnehmungsvermögens.

Was bleibt also vom Impressionismus in der Malerei Degas, nachdem wir so sehr Wert auf die Differenzen legen mußten. Sicherlich hat er eine Reihe der Momente, die den Impressionismus ausmachen, nicht nur mitbenutzt, sondern miterfunden. Aber es gibt doch auch konzeptuelle Differenzen. Degas ist als Aufnehmender und Anreger Teil der Bewegung der Maler, die sich zuerst in der "Société anonyme des artistes peintres, sculpteurs, graveurs (etc.)"[24] zusammenschlossen. Er war Gründungsmitglied dieser Vereinigung, Mentor der Gruppe und oftmals treibende Kraft der Organisation ihrer Gruppenausstellungen. Diese Teilhabe hat seine Kunst entschieden verändert. Dennoch bleibt er in vielem ein Einzelgänger. Sein Verhältnis zum Impressionismus ist mithin am ehesten in der Formel einer <u>Identität in der Differenz</u> beschrieben, die ihren Kern in der <u>Kontingenz</u> als der aller Bildlichkeit hier zugrunde liegenden Struktur hat.

Von den Elementen seiner Malerei, die ohne den Impressionismus nicht denkbar sind, ist zuallererst die bildliche Inauguration der Momentaneität zu nennen, die er jedoch ohne besondere Inanspruchnahme der Farbe mittels der scheinbaren Willkürlichkeit des Bildausschnitts und der Dezentralisierung der Komposition thematisiert. Zu nennen ist ebenfalls das Zeitgenössische des Sujets, die Modernité seiner Bildvorwürfe. Was sie betrifft, wetteifert er mit Manet, der ihm aber nicht radikal genug ist, denn er verwirft, daß jener "keinen Strich gemacht habe, ohne auf die Meister zu schielen."[25] Schließlich bleibt zu nennen die in der Enthierarchisierung der Motive angelegte Möglichkeit der perennierenden Neuschöpfung eines einmal gefundenen Vorwurfs. In einem Brief bekräftigt Degas: "...Man muß zehnmal, ja hundertmal den gleichen Gegenstand wiederholen. In der Kunst darf nichts einem Zufall gleichen, nicht einmal die Bewegung."[26] Wie Monet dasselbe Motiv zu verschiedenen Tageszeiten oder Jahreszeiten und unter den unterschiedlichsten Lichtverhältnissen immer wieder malte, so war vor allem der späte Degas in seinen Serien der Tänzerinnen, der Modistinnen oder der Frauen bei der Toilette der Essenz der Bewegung auf der Spur. In Degas kommen daneben andere Qualitäten zur Geltung, die dem Impressionismus nicht eigentümlich sind. Von den Malern der 2. Hälfte jenes Jahrhunderts ist Degas - neben Seurat und Cezanne, die sich jedoch gleich ihm eher vom Impressionismus distanzierten, als sich ihm zugehörig fühlten - so gut wie der "einzige Franzose, der die Überlieferung tektonischen Gestaltens weiterleitet."[27] Bekanntlich hatte Cezanne über Monet gesagt, er sei "nur ein Auge, aber bei Gott, was für ein Auge".[28] Degas wollte mehr sein als nur 'Auge'. Daher sein Abscheu vor der Pleinairmalerei; und doch war er sich bewußt, daß dieses Mehr nur über das Auge zu erreichen sei. Er wollte auch jene von Cezanne gewünschte "quelque chose de solide" erreichen, etwas Solides und Dauerhaftes wie die Kunst in den Museen.[29] Darin hatte er etwas richtiges erkannt: Daß es nämlich dem Künstler nicht darum gehen könne, von der Natur vorgeschrieben zu bekommen, was auf der Leinwand zu sehen sein wird; daß der Künstler nicht vorwiegend passiv empfangen darf - eine Gefahr, in der er die Pleinairmaler beständig sah - wogegen er die Notwendigkeit des Durchdringens der Natur behauptete. So aposthrophierte er seine Kunst als "Berechnung".[30] Bei aller für seine Bilderfahrung konstitutiven Unsicherheiten und Befremdungen werden Klarheit, Festigkeit, eine gewisse Kälte und ein frappierendes Kalkül zu erstrebten Qualitäten seiner Bilder, ohne daß darum seine Malerei in eine Totenstarre gefallen wäre.

3.1 Kontingenz als 'Dasein der Bewegung': Die Bedeutung des 'Ukiyoe' für die Malerei Degas'

Die Veränderungen der Kunst Degas jener Zeit lassen sich mit seinen Verbindungen zum Impressionismus erschöpfend erfassen. Im Nachhinein ist es schwierig, wenn nicht unmöglich, die einzelnen Einflußstränge klar herauszupräparieren und in ihrer Bedeutung zu werten. Ganz offensichtlich aber ist im Werk Degas spätestens ab 1865 der Einfluß der japanischen Kunst. Schon häufig ist auf diesen Einfluß, besonders der nach 1860 in Frankreich auf immer größeren Widerhall stoßenden japanischen Holzschnitttechniken, hingewiesen worden.[31] Da es sich in der Regel[32] um summarische Verweise oder spezialisierte Einzeluntersuchungen handelt, soll hier versucht werden, über den Nachweis des Einflusses der japanischen Kunst hinaus spezifische Verarbeitung durch Degas deutlich werden zu lassen. Denn die Auswirkungen der japanischen Kunst auf die Malerei Degas liegen weniger im Äußeren, etwa Motivischen, wie das im Werk von Alfred Stevens ("Die japanische Pariserin") oder James McNeill Whistler ("Der Balkon", 1870), Claude Monet ("La Japonaise", 1876) oder gar Edouard Manet ("Portrait Emile Zola", 1868) der Fall ist, die in dieser Beziehung kaum über eine anekdotische Aufnahme des Japonismus oder das Einbringen bestimmter Accessoirs (Fächer, Wandschirm, japanische Kleidung etc.) hinauskamen.[32a]

Im Werk Degas wird der Einfluß der Japaner schon früh evident. Das Beispiel der "Femme aux Chrysanthèmes" hatte dies verdeutlicht. Wie kommt es also zu der - zunächst ja unvermittelt scheinenden - wachsenden Manifestation einer ostasiatischen Einwirkung. Diese Frage ist in den letzten Jahren, nicht nur mit Bezug auf Degas, immer stärker in das Blickfeld der Kunstgeschichtsschreibung getreten. Das weisen nicht nur die vielen Ausstellungen aus, die die Einflußnahme Ostasiens auf die Kunst Westeuropas und besonders die französische dokumentieren[33], sondern auch die Fülle einschlägiger Publikationen.[34] In den meisten Fällen ist dabei die Frage der japanischen Beeinflussung in biographische Ausführungen eingebettet und setzt die Diskussion fort, die mit den zeitgenössischen Kommentaren in unmittelbarer Reaktion auf das Entstehen des 'Japonismus' einsetzte.[35] Heute kann es nicht mehr darum gehen, den Einfluß generell nachzuweisen, wo möglich muß die Wirkung bestimmter Vorbilder im Vergleich geprüft werden und im besonderen die spezielle Form der Verarbeitung jenes Einwirkens durch den jeweiligen Künstler untersucht werden. Denn es steht zu vermuten, daß auf diese Weise die Umorientierung in künstlerischen Grund- und Zielvorstellungen eher nachvollziehbar wird.[36] Das bedeutet eine Theoretisierung der nachgewiesenen Verbindungen, deren bloßes Konstatieren oder additives Aufzählen nicht befriedigen kann.[37] Wenn die vorliegende Arbeit diese Anforderungen auch nicht für die ganze Breite des Problems des Japonismus einlösen kann, so soll doch mit Bezug auf Degas der grundlegende Wandel der Bildauffassung durch die anregenden Erfahrungen jener exotischen Druckgrafik mitmotiviert werden. Damit, und dies wird zu zeigen sein, tritt neben die thematischen und konzeptuellen Veränderungen, die der Kontakt mit den

Impressionisten vorangetrieben hatte, eine Stabilisierung und Verstärkung des strukturellen Wandels seiner Bildauffassung.

Auch in einem kurzen Abriß des Japonismus darf die immer wieder überlieferte Geschichte nicht fehlen, nach der der französische Graphiker Felix Bracquemond mit seiner Begeisterung für den japanischen Holzschnitt als erster seine Zeitgenossen enthusiasmierte und damit die Bewegung initiierte.[38] 1856 soll er bei seinem Drucker Delâtre einen Band der "Mangwa" von Hokusai entdeckt haben. Der junge Bracquemond ist fasziniert von den realistischen Alltagsdarstellungen, den 'freien' Kompositionen und der Verve des zeichnerischen Stils und bittet Delâtre, ihm den Band zu überlassen - vergeblich. Erst ein Jahr später kann er nach intensiver Suche einen anderen Band der "Mangwa" bei dem Holzschneider Lavieille auftreiben und im Tausch gewinnen. Von da an zeigte er seinen Schatz, den er stets bei sich trug, allen Freunden, die er mit seiner Begeisterung anzustecken wußte. Auf diese Weise hat auch Degas - wahrscheinlich 1856 - von der Kunst der Japaner erfahren.[39] Kurz darauf, während der Weltausstellung in London 1862, wurde die japanische Holzschnittkunst einer breiteren Öffentlichkeit bekannt. Die Weltausstellung 1867 in Paris brachte mit eigenen Ausstellungen dieser Holzschnitte den Durchbruch. Ähnliche Ausstellungen fanden dann noch auf den Weltausstellungen 1878 und 1889 statt.[40] Das Ergebnis war ein <u>Exotismus</u>, der mit seiner modehaften Begeisterung für alles Japanische, von Lacken, über Keramiken und Kleidung bis zu Medizinbüchsen etc. nur mit der Chinoiserie des 18. Jahrhunderts vergleichbar ist. Von hier verstehen sich auch die motivischen Übernahmen der Manet, Monet, Whistler etc.; jedoch im Unterschied zur Chinamode des Rokoko setzte nun sofort eine verstärkte Kommerzialisierung des Japonismus ein. Auf der anderen Seite wurde er begleitet von einer Reihe wissenschaftlicher Kommentare, die eine relativ intensive Auseinandersetzung mit der japanischen Kunst zur Folge hatten und eine schnelle

Aufarbeitung - nicht zuletzt für den künstlerischen Bereich - ermöglichten.[41] In einem der vielen Ladengeschäfte, "La porte chinoise", das zwischen 1862 und 1863 in der Rue de Rivoli eröffnet wurde, trafen sich die Goncourts, Baudelaire, Zola, Rouart, die impressionistischen Maler (Manet, Degas) und zuletzt die ganze Pariser Gesellschaft. Der Laden ist unter dem Namen "Jonque chinoise" in die kunsthistorische Literatur eingegangen.[42] Der Japonismus grassierte, selbst in den großen Warenhäusern wie 'Le Louvre' oder 'Le Printemps' wurden billige japanische Holzschnitte zu Tausenden feilgeboten, so daß Raymond Bouyer 1899 schreibt: "Man kann mit Ph.Burty den Japonismus mit dem Alkoholismus vergleichen, und dieser Vergleich ist nicht einmal platonisch, denn man berauscht sich regelrecht an den Formen, die der neuentdeckte Ferne Osten dem modernen Paris als Unterhaltung anbietet."[43]

Von Ph.Burty wurde der Begriff 'Japonismus' schon früh eingeführt, als er eine Artikelserie mit dem Titel "Le Japonisme" 1872/73 in "La Renaissance littéraire et artistique" publizierte[44]; seitdem ist dieser Begriff über die ursprüngliche Bezeichnung lediglich motivischer Übernahmen zum Synonym für den japanischen Einfluß überhaupt geworden.

Um sich die Ausmaße der Wirkung der ersten Bekanntschaft mit der Kunst Japans angemessen zu vergegenwärtigen, muß man berücksichtigen, daß erst mit der erzwungenen Öffnung Japans gegenüber dem Westen - 1854 landete Commodore Perry in Japan - es überhaupt möglich wurde, die künstlerischen Leistungen des Landes kennenzulernen. So mußte die in Abgeschlossenheit entwickelte japanische Malerei und Grafik auf die Westeuropäer wie ein visueller Schock wirken. Zugleich bedeutete die Unkenntnis von Geschichte und Bedeutung dieser Kunst die Möglichkeit zu entschiedenen Mißverständnissen. Baudelaire sprach vom "primitivisme"[45] der Holzschnitte und für Duranty, einen der wenigen engen Freunde Degas, hatten sie den Charakter des Wilden.[46] Die scheinbare Ursprünglichkeit, in der die aus ihrer Geschichte gerissenen japanischen Werke den Europäern erscheinen mußten, schlägt sich in noch einer ganzen Reihe vergleichbarer Äußerungen nieder.[47] Primitivismus und Wildheit waren dabei durchaus als positive Termini zu verstehen, da man in ihnen jene intendierten Qualitäten radikaler Alternativen zu den Konventionen bildnerischer Gestaltung zum Ausdruck gebracht sah.[48] Wir konnten schon am Beispiel des frühen Degas sehen, wie er für seine Kunst in der Auseinandersetzung zwischen den übermächtigen Vorbildern und der Entwicklung eigener Bildstrategien einen Weg suchte. In einer Situation, in der nicht nur Degas rasch klar wurde, wie sehr die traditionellen Gestaltungsmittel aufgebraucht waren, sahen sich die Künstler nun mit einer ganz anderen Bildauffassung konfrontiert. Sie konnten diese, da die vor den Holzschnitten liegende künstlerische Tradition der Japaner erst sehr viel später bekannt wurde, in ihrer Flächenhaftigkeit, der besonderen Raumorganisation und dem konstruktiven Hell-Dunkel für ursprünglich, neu und kraftvoll halten.[49] Dies Mißverständnis war produktiv, da es der Suche der frühen Impressionisten nach einer neuen Ästhetik entscheidende Impulse gab.

Degas hatte die Holzschnittkunst Japans als einer der ersten über Bracquemond kennengelernt, zu einer Zeit, in der er selbst noch an die Möglichkeiten der Historienmalerei glaubte. Es entspricht der überlegten, nicht zu raschen Entschlüssen und plötzlichen Wechseln neigenden Art Degas', daß erst zu Beginn der sechziger Jahre Auswirkungen der Kenntnisnahme der Japaner spürbar werden. Degas kannte die Japaner allerdings nicht allein von Ausstellungen her oder aus der "Jonque chinoise", er war selbst Sammler. Seine Sammlung war recht umfangreich, er besaß Blätter von Kiyonoga, Utamaro, Shunshe, Yeisho, eine Reihe Zeichnungen von Hokusai, Landschaften von Hiroshige sowie ein gutes Dutzend kleiner Alben.[50] An ihnen konnte er sein Auge in den ungewöhnlichen Perspektiven und Stellungen üben; besonders studierte er die asymmetrische Kompositionsweise, das wohl auffälligste Merkmal japanischer Kunst. In der Hauptsache standen Degas somit Beispiele des "Ukiyoe" vor Augen.[51] Der Ausdruck "Ukiyoe" ist wahrscheinlich Ende des 17. oder Anfang des 18. Jahrhunderts allmählich in Japan für eine bestimmte volkstümliche Art Malerei in Gebrauch gekommen und bezeichnet da die "Bilder des fließenden, vergänglichen Lebens".[52] Ursprünglich war er halbreligiöser Bedeutung und bezeichnete die "irdische Welt".[53] Themen des "Ukiyoe" waren Darstellungen des Lebens von Schauspielern, Kurtisanen, Musikanten und Geishas in allen nur denkbaren Situationen: beim Baden, bei der Toilette, beim Spazierengehen oder während der Teezeremonien. Schließlich gab es noch die "Shunga" (Frühlingsbilder) genannten mehr oder weniger eindeutigen erotischen Liebesszenen. Vor allem die Blätter Utamaros (1753-1806) ragen hier heraus: für ihn wurde das Weibliche, dessen Psyche, zuletzt zum alleinigen Thema. Ein weiterer großer Themenbereich des "Ukiyoe" war die Welt des Kabukitheaters, das sich selbst - literarisch relativ anspruchslos - nahezu ausschließlich an das Auge des Betrachters wendete. Von Torii Kiyonaga (1752-1815), einem dieser exzellenten Theatergrafiker, besaß Degas mehrere Blätter. Schließlich öffnete sich die "Ukiyoe"-Kunst auch dem Alltagsleben der Bürger: die Tätigkeiten der Kaufleute, Bauern und Fischern werden in realistischen Szenen festgehalten.

Es bedarf keiner weiteren Ausführung, um zu zeigen, daß die Druckgrafik des "Ukiyoe" Degas in der Thematik ansprechen mußte. Seit er sich von der Historienmalerei gelöst hatte, war es doch gerade der bürgerliche Alltag und die Welt des Theaters, der Oper gewesen, die er als Themen für sich zu erobern gedachte. Auch seine spätere Konzentration auf das Motiv der Frau bei der Toilette mag aus der Beschäftigung mit den "Ukiyoe"-Meistern resultieren. Jene thematischen Übernahmen sind allein lediglich äußere Signale eines Wandels, der zudem durch den entstehenden Impressionismus mitinauguriert und forciert wurde. Umso mehr muß dieser dem Kennenlernen der "Ukiyoe"-Kunst zeitlich parallel laufende Wandel der Bildauffassung interessieren. Dabei werden eine Anzahl der durch den Impressionismus mitinaugurierten Veränderungen erneut auftauchen, was bei der Enge der Verknüpfungen von Impressionismus und Japonismus nicht verwundern kann.

Im wesentlichen sind es die Elemente des Ausschnitts, der Draufsicht, des Nahbildes und der verstärkten Eigenwertigkeit von Horizontal- und Vertikalwerten des Bildes, die Degas aus der "Ukiyoe"-Kunst übernommen und verarbeitet hat. Der Ausschnitt, d.h. die bildnerische Akzentuierung des partialen Charakters des Dargestellten, findet sich ziemlich früh bei Degas (vgl. "Femme aux Chrysanthèmes"). In den achziger Jahren wird diese Eigenart der Kunst Degas noch ausgeprägter. Beispiele vergleichbarer Kompositionsweise hatte er in zahlreichen Drucken Hokusais vor Augen, wie etwa dem "Kaijo no Fuji".[54] Hokusai setzt - wie Degas Mme Hertel und den Chrysanthemenstrauß - den Berg Fuji und eine mächtige Woge in ein Spannungsverhältnis. Die nebensächliche Woge verdrängt den Fuji als den eigentlich gemeinten aus dem Zentrum, Bildsinn und Präsentation treten auf eine luzide Weise einander gegenüber. Ähnliche Wirkungen kannte Degas aus Hiroshiges Zyklus "Edo Hyaku-Kei".[55] Der asymmetrische Bildausschnitt suggeriert, gekoppelt häufig mit starker Nahsicht, den Eindruck des Zufälligen, des willkürlichen Herausgreifens aus einem vom Bild verweigerten Gesamtzusammenhang. Diese für den Westen radikal wirkende Art zu Komponieren war bei den Japanern des "Ukiyoe" eine schon zur Manier gewordene Konvention.[56] Auch Neoimpressionisten und Nabis bedienten sich später ihrer; bei Letzteren bekommt sie jedoch einen ganz anderen Sinn.[57] Wenn es auch übertrieben scheint zu behaupten, daß es möglich sei, "eine Kunstgeschichte des 19. und 20. Jahrhunderts unter dem Aspekt der Einblicksöffnung und der extrem angeschnittenen Figur zu schreiben"[58], so war doch das Bekanntwerden des ostasiatischen Holzschnitts Ursache für eine unerhörte Ausbreitung derartiger Kompositionsprinzipien. Aus ihrer Anwendung folgt die Asymmetrie und Dezentralisierung, die, wie sich an der

Entwicklung Degas ablesen ließe, eine Betonung des Konstruktiven und eine Nivellierung der Gegenstandsbedeutungen nach sich zieht. Darin, neben anderem, sahen sich die Anwender der neuen Kompositionsweise der Verachtung und herben Kritik ihrer etablierten Kollegen ausgesetzt. F.v.Lenbach schreibt beispielsweise 1886 in einem Brief: "Die Impressionisten - diese Hals- und Kopfabschneider - verachten die geschlossene Gestalt des Menschen, wie sie uns die alten Meister gelehrt haben..."[59] Degas zielt allerdings nicht allein auf diesen Aspekt, sondern arbeitet die Ambivalenz der einerseits das Empfinden, die Vorstellungskraft des Betrachters anregenden abkürzenden Anschaulichkeit und andererseits der Akzentuierung der sich vom Dargestellten ablösenden Bildkonstruktion in diesem Kompositionsprinzip heraus.

In den Blättern der späten "Ukiyoe"-Kunst sind oft die Figuren und Gegenstände so nah gesehen, daß nur Fragmente auf der Bildfläche erscheinen.[60] Gerade Hiroshige hat diese Manier gepflegt. Die optische Verringerung der Distanz zwischen Bild und Betrachter führt zur Illusion eines überraschenden, Aktualität und Momentaneität evozierenden Bildeintrittes. Wieder sucht Degas durch die Anregung einer in Japan zur Manier gewordenen Bildstrategie das Bild-Betrachterverhältnis zu dynamisieren. Schon ein Vergleich der frühen Orchesterbilder "L'Orchestre de l'Opera" (1868-1869) (L 186) (Abb. 4) aus dem Louvre und dem Frankfurter "Musiciens a l'orchestre" (1872) (L 295) zeigt[61], wie Degas z.B. die Orchesterloge in den Vordergrund rückt. Im späteren Bild zeigt Degas die Musiker von hinten, sie verlieren ihre Individualität. Die Raumillusion ist durch die annähernde Gleichwertigkeit der oberen und unteren Bildpartie, die nicht mehr wie im ersten Bild durch Instrumente vermittelt werden, weiter reduziert. In der Nahdistanz entdeckt Degas die Möglichkeit, Nah und Fern ineinanderzurücken.[62] Die daraus resultierende Fragmentarisierung vermag das Atmosphärische zu steigern und zugleich den Eigenwert des Linearen zu erhöhen. Merkwürdig genug gehen Fragmentarisierung und Verflachung des Bildes ineinander über;

erstere bedingt keinen zugespitzten Kontrast des Vorne und Hinten im Bild, sondern wird zum flächengestaltenden Faktor. Shinoda zeigt, daß gerade auch die dekorative Flächenfüllung wichtige Intention der japanischen Holzschnittkunst ist. Ihre jeweilige Funktion konnte zum Unterscheidungskriterium verschiedener Schulen werden: "Im Yamatoe war die dekorative Wirkung der Fläche oft das Ziel des Bildwerkes. Beim Ukiyoe stellte die Gestaltung der Fläche ein Mittel dar, um die Nuance des Gefühls auszudrücken."[63] Degas hält die Nahsicht zwischen atmosphärischer Illusion und bildkonstruktiver Flächengestaltung ambivalent.

Verwandte Mittel, das Hintereinander in ein bildbewußteres Nebeneinander zu transformieren, bei gleichzeitiger Steigerung atmosphärischer Illusion, sind die schon beschriebenen Verlagerungen des Dargestellten zu den Bildrändern hin und seine Überschneidungen durch diese, zu denen Degas durch Hokusai[64] angeregt worden sein könnte. Die Grundlage der Komposition der "Femme à la potiche" (1872) (L 305)[64a] im Jeu de Paume könnte ebenfalls von Hokusai initiiert sein. Degas porträtierte seine Verwandte Estelle Musson de Gas seitlich auf einem Stuhl hinter einem Tisch sitzend. Stuhllehne und Tisch verbergen den größten Teil ihres Körpers. Fast die ganze rechte Bildhälfte wird von einer Blumenvase mit einer großen Blüte eingenommen. Obschon Estelle Musson von verschiedenen Gegenständen überschnitten wird, wird sie als Zentrum der Helligkeit im Bild hervorgehoben. So kontrastieren die dunklen Blätter der Blume grell das lichte Kleid der Frau, das sie überfangen. Am auffälligsten aber ist bei näherem Hinsehen, daß Stuhl, Tisch, Vase und Blüte, ja sogar ihr eigener Schatten links an der Wand Estelle Musson einfassen und sie nur in dieser Umrahmung die Porträtbedeutung rückerlangt, die ihr die Überschneidungen zuvor abzusprechen schienen. Das Prinzip der <u>innerbildlichen Umrahmung</u> aber ist schon bei den Meistern des "Ukiyoe" eine beliebte Methode.[65]

Neben Nahsicht und Ausschnitt hatten wir noch die Draufsicht als aus dem Japonismus stammende Kompositionsstrategie erwähnt. Draufsicht, das bedeutet eine Verschiebung der Horizontlinie an den oberen Bildrand und darüber hinaus. Sie war bereits in der vorperspektivischen mittelalterlichen Malerei und Graphik in Europa geläufig. Die steile Niedersicht als eine besonders effektive Gegenstrategie zur akademischen Raumdarstellung wurde zum festen Bestandteil des Repertoire's der impressionistischen Malerei, zumal der Degas'. Wo der hohe Horizont bei ihm den Charakter des Bildes bestimmt, gewinnt die Zweidimensionalität des Bildes. Raumeindrücke werden abgeschwächt. Deutlich zeigt dies das Porträt Eugene Manet's von 1874 (L 339)[66], in dem oberer Bildrand und Horizontlinie beinahe koinzidieren. Die Bildfläche wirft die Figur des Porträtierten dem Betrachter quasi entgegen, dynamisiert den Bezug zu ihm. Auch in "Le Bureau de Cotons" hatten wir die hohe Horizontlinie beobachtet. Die Draufsicht, oder die hohe Horizontlinie ist im übrigen ein gutes Beispiel dafür, wie schwierig es sein kann, die komplexen Fragen der formalen Übernahmen zu klären. Degas kann sie ebensogut seiner Kenntnis der japanischen Holzschnitte wie der Begegnung mit der neuentwickelten Fotografie entnommen haben. In der Kunst des "Ukiyoe" war die Verschiebung des Blickpunktes nach oben aus der Tosa-Schule überkommen.[67] Fotografien aus der Vogelperspektive und perspektivische Verzerrungen fotografischer Innenraumaufnahmen bewirkten denselben Effekt.[68] Das Beispiel erweist, wie müßig es letztlich ist, über Einflüsse zu streiten; es kann allein darauf ankommen, die Elemente als Bestandteile des künstlerischen Verfahrens Degas' zu begreifen und ihre spezifische Funktion jeweils zu bestimmen.

Um es kurz zu machen: Es lassen sich noch eine Reihe Elemente der Malerei Degas aufzeigen, die aus seiner engen Bekanntschaft mit der japanischen Kunst herrühren können. Da ist der immer gewichtiger werdende Kontrast von Leerraum und gefülltem Raum, wie er schon in "La voiture aux courses" (1870-73) (L 281) (Abb. 5)[69] auf der ersten Impressionistenausstellung zu sehen war.[70] Da sind die Veränderungen des Formates unter dem Einfluß des japanischen Pfostenbildes.[71] Oder die 'Vergitterungen' des Bildes für die bei Degas "Un Café Boulevard Montmatre" (1877) (L 419)[72] und die "Danseuses pratiquant dans une salle a colonnes" (um 1882/83)[73] stehen können.[74] Degas erreicht mit der Betonung von Vertikalen und Horizontalen eine Stabilisierung der Bewegungsdarstellungen in Interferenz mit der Akzentuierung des Konstruktiven, der Komposition. Schließlich bleibt die Bewegung als Thema der Malerei Degas zu nennen. Degas meint die Essenz der Bewegung, ihm geht es nicht etwa um das Sichtbarmachen von Geschwindigkeit. Ein Vergleich von Manet's "Courses à Longchamp" (1864)[74a] und Degas' "Chevaux de course à Longchamp" (1873) (L 334)[75] (Abb. 6) kann das belegen. Manet zeigt die auf dem Rennplatz dem Betrachter entgegenpreschenden Jockeys und Pferde frontal und in der Bildmitte. Indem die zentralen Diagonalwerte des Bildes den Raum zur Bildmitte hin öffnen, aus dem zugleich der Pulk der sechs Rennpferde dem Betrachter entgegenstürmt, wie in der weitgehenden Auflösung des Konturs wird die Rasanz des Galopps visualisiert. Degas arretiert die Bewegung dagegen im Vollzug, bei entsprechender Beibehaltung der Linie. Wie das Bildganze ist die dargestellte Bewegung Ausschnitt, von dem aus auf keinen Beginn und kein Ende geschlossen werden kann. Dies "Da-sein der Bewegung"[76] als bildlich umgesetzte Kontingenz konnte Degas den "Mangwa's" von Hokusai entnehmen[77], jedenfalls ebensogut wie den ersten Momentfotografien.

Fassen wir zusammen: Wenn auch zum Teil ungeklärt bleiben muß, ob für bestimmte Momente des künstlerischen Verfahrens Degas ausschließlich Impressionismus, Japonismus oder Fotografie entscheidend waren, so konnte doch im Ganzen gezeigt werden, daß über einen bloß motivischen Japonismus hinaus[78] die Bekanntschaft Degas mit der Druckgrafik des "Ukiyoe" seine Bildauffassung grundlegend beeinflußte. In besonderem Umfang dürfte sich durch sie die Kompositionsweise des Künstlers geändert haben. Asymmetrie und Dezentralisierung und vor allem eine einschneidende Veränderung der Raumdarstellung gehen auf das "Ukiyoe" zurück. So mag die Erfahrung, daß die japanische Kunst den Perspektivismus nicht kennt, am stärksten stimulierend gewesen sein. Berücksicht werden muß hier das Fehlen eines autarken Subjekts im Japonismus als einer Kunst ohne christliche Färbung von Subjektivität. So schlägt der Mangel an Perspektive aus westeuropäischer Sicht sogleich als Depersonalisation (besonders im Porträt) voll durch.

Degas zitiert nicht einfach z.B. die Raumverunklärungen durch Draufsicht, Ausschnittcharakter und Nahbild, sondern bindet sie an seine spezifische, vom Impressionismus und - wie noch zu zeigen sein wird - von der Momentfotografie geprägten Bildkonzeption zurück. Wenigstens kann aber gesagt werden, daß "das Ukiyoe dem französischen Impressionismus näher stand als jede andere Schule der Malerei. Besonders in den Grundprinzipien sollte man den Einfluß der japanischen Malerei auf die französische nie übersehen. Die Entstehung und Entwicklung des Impressionismus in dieser Form hätte man sich ohne ihn nicht vorstellen können."[79] Die japanische Kunst war den französischen Impressionisten bei ihrer Überwindung der akademischen Bildgesetze eine Art Bestätigung, Rückversicherung und Reservoir bildnerischer Ideen. Mit Hilfe einer <u>produktiven Aneignung und Umwendung</u> der ihnen unbekannten kompositorischen Strategien revolutionierten sie das Verhältnis von Raum und Fläche, nivellierten die Hierarchie der Motive und forcierten die Verselbständigung der Linie.[80]

3.3 Die Fundierung der Kontingenz in der Momentfotografie

Der bei Degas thematische Unzusammenhang wird aus dem Reservoir bildnerischer Ideen des Japonismus gespeist, doch nicht ausschließlich von dort. Aus dem "Da-sein der Bewegung"[80a] im "Ukiyoe" wird erst durch den Einfluß der

Momentfotografie der Unzusammenhang. Wie komplex die Einwirkungen sind und welche Schwierigkeiten es bereitet, sie angemessen auseinanderzuhalten, mag die Tatsache veranschaulichen, daß wahrscheinlich Hiroshige bereits selbst Anregungen der Fotografie aufgenommen hatte.[81] Auch mit dem Term 'Impressionismus' war der fotografische Prozeß und seine Bilder zu Beginn untrennbar assoziativ verbunden: Der Gebrauch der Bezeichnung 'impressionistisch' in der zeitgenössischen Literatur bezieht sich gleichermaßen auf fotografische Vorlagen wie auf bestimmte gemalte Bilder.[82]

Während schon immer der Zusammenhang zwischen der Entwicklung des Impressionismus und der Entwicklung der Technik der Fotografie ganz allgemein vermutet und nachgewiesen worden ist[83], ist die ganz anders geartete Rolle, die die Fotografie in der Malerei Degas' spielt, nur selten beachtet worden. Wenn dies aber doch der Fall war, so waren es nur wenige Anmerkungen, mit denen sich die Kritiker meist zufriedengaben. Ausführlichere Ansätze, auf die noch zurückzukommen sein wird, bieten erst Aaron Scharf[84], Otto Stelzer[85] und Max Imdahl[86].

Eine Untersuchung des Verhältnisses von Fotografie und Malerei bei Degas kann im Folgenden zeigen, wie sehr die Übernahme formaler Mittel der Fotografie ihm die Möglichkeit eröffnet, den Zufälligkeitscharakter des momentanfotografischen Wirklichkeitsausschnittes in seine Kunst einzubringen. In der damit erfolgten Skizzierung der aus Impressionismus, Japonismus und Momentfotografie insgesamt eingebrachten Momente seines künstlerischen Verfahrens wäre eine vorläufige Antwort auf die Frage nach der Ursache der Thematisierung des Unzusammenhangs zu sehen. Es bleibt dann noch zu zeigen, ob darin der letzte Grund für den thematischen Unzusammenhang anzunehmen ist. Wenn hier von der Übernahme formaler Mittel der Fotografie die Rede ist, so ist damit gemeint, daß sich aufgrund einer immer größer werdenden Kenntnis von Fotografien in der Erfahrung der Künstler sich die kennzeichnenden Elemente einer Ikonologie der Fotografie als brauchbare

Mittel festsetzen, um Wirkungen zu erzielen, die zunächst nur der Fotografie selbst erreichbar schienen. Dabei konnten viele Künstler auf eigene fotografische Erfahrungen zurückgreifen - auch Degas besaß als einer der ersten eine Kodak-Kamera.[87]

Die Bedeutung der Entstehung der Fotografie als Mittel der Darstellung kann nur ermessen werden, wenn man sich bewußt macht, daß die Malerei bis zu diesem Zeitpunkt das einzige Medium gewesen war, das es ermöglichte, beliebige Szenen im statischen Beieinander zu visualisieren. Jetzt bricht die Fotografie mit ihrer mechanischen Darstellungsweise das jahrhundertealte Monopol der Malerei. Das, was ein Bild war oder sein konnte, war nicht mehr dasselbe wie zuvor.

Zunächst orientierte sich aber die Fotografie an der in der Hierarchie der gesellschaftlichen Werte höher rangierenden Malerei: Die Normen der Malerei wurden unkritisch ins neue Medium transferiert. Exemplarisch läßt sich diese Durchdringung an der komponierten Fotografie H.P.Robinsons "Women and Children in the Country" (1860)[88] nachweisen. Robinson war neben Oscar Gustave Rejlander der bekannteste derjenigen Fotografen, die aus verschiedenen Negativen gestellter fotografischer Aufnahmen ein 'fotografisches Gemälde' übereinanderkopierten.[89] Robinsons Aufnahme lehnt sich schon motivisch als "Dejeuner sur l'herbe" an malerische Konventionen an und ist in ihrer offenkundigen Gestelltheit einer Reihe Kompositionsprinzipien des Akademismus nachempfunden. Deutlich ist als Ziel der Darstellung eine gewisse Ausgewogenheit der einzelnen Gruppen abzulesen. Robinson bedient sich dazu einer Kombination von Dreiecksschemata, und zwar eines umfassenden Dreiecks mit der Bildunterkante als Basis und dem Kopf des mittleren der drei lagernden Mädchen als Spitze, sowie eines kleineren, zum Teil das größere überlagernden Dreiecks, dessen Spitze der hochgereckte Arm und der Hut eines Mädchens und dessen Basis die untere Linie der Rocksäume der vier sich vor ihr befindenden Mädchen ist. Weiter wäre die Diagonale von rechts unten nach links oben zu nennen - vom rechten Kontur der

Mutter bis in den zum Gruß erhobenen Arm - , die die Gruppe der schon Lagernden von den erst Ankommenden trennt. Schließlich fällt das Kontrastschema der beiden Elternfiguren im Bildvordergrund auf, in dem auf die Barriere zwischen Bildinnerem und Bildäußerem reflektiert wird. In dem Maße, in dem das Bild eindeutig einem kompositorischen Kalkül unterworfen ist, wirkt es nicht mehr wie die zufällige Aufnahme eines so wirklich stattgehabten Sachverhalts, sondern eher wie der Versuch einer formenden Dar-Stellung dieses Sachverhalts oder Ereignisses. Fotografie - schon gar Momentfotografie - wird nicht in den ihr eigenen Gestaltungsmöglichkeiten freigesetzt, im Gegenteil, der Fotograf wendet alle Mühe auf,über tradierte kompositorische Schemata mit seinem Bild der Malerei nachzueifern.

Auf der anderen Seite nahm die Malerei Aspekte der durch die Fotografie innovierten Sehweise auf: Die impressionistische Bewegung ist davon, auch wo es nicht immer gleich offenkundig ist, betroffen. Hier sei nur die 'Unschärfe' beispielsweise der Bilder Monets genannt: Ein Bild wie der "Boulevard des Capucines" (1873), das die flanierenden Menschen nurmehr als verschwommene Pinselspur wiedergibt, ist ohne Zweifel von den Unschärfen der noch auf lange Belichtungszeiten angewiesenen frühen Fotografien von Großstadtszenen mit rückführbar.[90]

Bei Degas spielt der Einfluß der Fotografie eine über das bei seinen Zeitgenossen übliche Maß hinausgehende Rolle. Die fotografische Sichtweise wird, soweit sie sich im bildnerischen Ergebnis niederschlagen kann, zum konstitutiven Bestandteil seines Bildkonzepts. Die meisten seiner kompositorischen Innovationen, auf die wir schon hingewiesen haben, konnten nur im Bruch künstlerischer Konventionen gewonnen werden und haben ihren Ursprung weder allein im Programm des Impressionismus, mit dem Degas sich nie vollständig identifizierte, noch ausschließlich in der Kenntnis der japanischen Kunst des "Ukiyoe": Dazu bedurfte es der Momentfotografie neben seiner Einbildungskraft, die alle Einflüsse umbildete und zu einem selbständigen bildnerischen Konzept verarbeitete.

Viele solcher fototechnisch herleitbaren Bildformen lassen sich seit den sechziger Jahren in der Kunst Degas verfolgen, wie besonders die Wahl des Bildausschnittes und das mit dieser Wahl zusammenhängende häufige Auftreten auffällig angeschnittener Figuren. Das früheste Bild mit nachgewiesenem fotografischen Einfluß ist Degas' kleines Porträt der Prinzessin Metternich von 1861 (L 89)[91], das nach der Vorlage einer carte-de-visite von Desderi aus dem Jahr 1860 entstanden ist.[92] Während Disderis carte-de-visite den Prinzen und die Prinzessin von Metternich Arm in Arm zeigt - die Prinzessin blickt ausdruckslos aus dem Bild, während ihr etwas größerer Gatte liebevoll auf sie herabschaut - ist der Prinz bei Degas aus dem Bild verschwunden. Degas war in diesem Fall weniger an einer unerwarteten Perspektive interessiert noch an einem psychologischen Kontrast, sondern an der durch die fotografische Wiedergabe hervorgerufenen Diffusion des Physiognomischen der Prinzessin. Schon Lemoisne hat darauf hingewiesen[93], daß das Familienporträt der Bellellis in seiner die kompositorischen Konventionen verletzenden Präsentationsform auf Fotografien vergleichbarer Art verweist. Scharf[93a] bringt ein Fotobeispiel aus dem Jahr 1859, das noch in der außergewöhnlichen Positionierung des Vaters und Ehemanns der "Famille Bellelli" vergleichbar ist. Jedenfalls muß man annehmen, daß der in der "Famille Bellelli" sich artikulierende Versuch eine mehr natürliche Pose ins Bild einzubringen nicht ohne das Vorbild der Porträtfotografie in dieser Weise zu realisieren gewesen wäre.

Mit dem Wechsel von der Porträtfotografie zur Momentfotografie ändert sich auch der Charakter der Einwirkung auf die Kunst Degas'. In den Bildern von Rennplätzen Anfang der sechziger Jahre tauchen immer häufiger angeschnittene Figuren und Objekte auf. Viele Mitglieder des Jockeyclubs von Longchamp waren Amateurfotografen und schon 1862 hatte Nadar Momentfotografien von Pferderennen publiziert.[94] Von daher mußten Degas noch vor dem Bekanntwerden der momentfotografischen Bewegungsstudien Edward Muybridge's die bildnerischen Möglichkeiten der Momentfotografie geläufig werden. Und es wundert nicht, auf dem Bild "Course de Gentlemen: Avant le depart" (1862) (L 101) (Abb. 7) im Jeu de Paume ganz rechts einen Jockey zu finden, dessen Gesicht (!) hart vom rechten Bildrand durchschnitten wird.

Ferner scheint das Selbstbildnis mit Valernes (1864) unter Benutzung einer fotografischen Vorlage entstanden zu sein; nicht nur wegen der Pose des Valernes und der verwaschenen Farbigkeit des Hintergrunds, sondern vor allem da Degas in einer für Selbstporträts unüblichen Weise direkt aus dem Bild schaut. Ebenfalls ist (nach Angaben Cabannes)[95] die "Femme aux Chrysanthèmes" nach einer Fotovorlage entstanden. Und immer wieder erinnern in seinen Bildern, wie in "Aux Courses en Province: La Voiture aux Courses" (1870-73) (L 281) (Boston) (Abb. 5) die willkürlich an- und durchgeschnittenen Fahrzeuge an zeitgenössische stereoskopische Fotografien[96], die der Karikaturist Cham satirisch verwertete.[97] Schließlich sei an "Le Bureau de Cotons" erinnert: In unserem Zusammenhang muß nochmals der Schnitt des unteren Bildrandes durch die Beine Michel Mussons erwähnt werden. Weiter: Dem rechts im Bild stehenden Kassierer Livaudais trennt der Bildrand den linken Unterarm sowie die rechte Hand vom Körper, obschon er beide offensichtlich bei der Tätigkeit, bei der er dargestellt wird, benötigt. Von der hinter ihm stehenden Person bleibt gar nur der Kopf zu sehen, der radikal vom Rumpf getrennt, auf der Verlängerung des Schreibpultes zu liegen scheint. Insofern mag es hier, wie in den zuvor genannten Beispielen, scheinen, das Abschneiden von Körperteilen, das Durchschneiden von Figuren und Gegenständen durch den Bildrahmen sei unmotiviert. Das Phänomen erklärt sich aber, wenn man die Kenntnis des "Ukiyoe" und die Auswirkungen der Momentfotografie auf die Bildvorstellung Degas' hinreichend berücksichtigt. "Der Schnappschuß mußte zu Zufalls-'Kompositionen', zur Asymmetrie führen, sei es durch die Hast der Aufnahme, sei es durch mangelhafte Zentrierung der Sucher. Daher auch das oft abrupte und brutale Anschneiden der Figuren, die unter Umständen nur ein Bein ins Bild kriegen."[98] Im späten Werk Degas' weisen die Bilder in weit radikalerem Maße dererlei Anschnitte auf. Vom Künstler selbst ist der Satz überliefert: "Viel wegschneiden, das muß der Maler können!"[99]

Die Hinweise auf bestimmte Merkmale der willkürlichen Wahl des Bildausschnitts[100], wie sie in den genannten Beispielen vorliegen, sind allerdings nur ein Indiz für den Zusammenhang von Fotografie und Malerei bei Degas. Dieser Zusammenhang kann hier nicht in alle Verästelungen verfolgt werden, lediglich die Hauptmerkmale und die in unserem Problemzusammenhang noch wichtig werdenden Beziehungen sind aufgeführt. Solche Momente, die mit der Momentfotografie in Beziehung stehen, über die auch im Kontext von Impressionismus und Japonismus schon einiges gesagt wurde, sind die Serialität, die Dezentralisierung und Fragmentierung des Sujets sowie dessen Modernität. Weiter weist Aaron Scharf in "Art and Photography" auf das Merkmal der hohen Horizontlinie hin[101], die in der Fotografie durch technisch (Brennweite) bedingte perspektivische Extremsichten auftaucht und in der Folge auch in der Malerei zu finden ist. Sie fällt besonders in Innenansichten auf, etwa in dem frühen "L'Orchestre de l'opera" (Abb. 4) oder in dem 1874 entstandenen Interieur "Le Viol" (L 348). Wie andere Elemente radikalisierte Degas auch dies Merkmal später, abzulesen schon an dem 1878 gemalten "L'Etoile ou Danseuse sur la Scène" (L 491) (Abb. 8). Bei Scharf sind Robert Tait's Gemälde "Thomas and Jane Carlyle" (1858) und ausdrücklich das hier mituntersuchte "Bureau de Cotons" von Degas die Beispiele. Jene 'falsche Perspektive', wie die mechanische und nicht bewußt veranstaltete Umsetzung von Räumlichkeit in Zweidimensionalität, Resultat der neuen Sichtweise der Momentfotografie, auch genannt wurde, transportiert die mit der Fotografie stets assoziierte Authentizität in die Malerei und wird um dieser Wirkung willen auch übernommen. Der daraus notwendig resultierende Verstoß gegen kompositorische und perspektivische Normen läßt die 'falsche Perspektive' zunächst auf Kritik stoßen.

Und es empörte sich nicht allein ein G.F.Watts, daß die Fotografie "has unfortunately introduced into art a misconception of perspektive which is as ugly as it is false. It is false in so far, that it presents a foreground, which makes it possible for the spectator to see the whole of principle figure without moving his eye, and such a distance the eye must be so far removed from the subject that sharp perspektive becomes an impossibility."[102] Watts beschreibt eindringlich die Folgen der Sichtweise, die durch die Kenntnis der fotografischen Ikonologie möglich wurde, aber er begreift sie nicht als Eröffnung neuer Möglichkeiten für die Malerei. Auffällig ist in seinem Zitat die unbedingte Koppelung von Schönheit an Richtigkeit. Diese Richtigkeit ist aus der Tradition der Malerei gewonnen und schlechterdings unangemessen zur Beurteilung der bildnerischen Möglichkeiten und Konsequenzen, die sich aus der Momentfotografie ergeben. So genau Watts auch die Phänomene beschreibt, so falsch ist doch seine Kritik an der Malerei, die er an überholten Normen mißt.

Die Künstler, die das begriffen hatten, malten nicht wie Watts meinte 'falsch', sondern in einem neuen Sinne 'richtig'. Denn erst durch ihre Malweise erschlossen sie sich Bereiche, in denen sie mit ihrer Kunst aktuelle Problemstellungen überhaupt erst erfassen konnten. Im übrigen wurde schon gezeigt, wie sehr die betreffenden Künstler sich in ihrem Vorgehen durch die Meister der japanischen Druckgrafik bestätigt sehen konnten.

Mit der Momentfotografie stellte sich für die Malerei die Frage nach der Authentizität. Für Degas spielte diese Frage seit der "Famille Bellelli" schon immer eine besondere Rolle. Die Fotografie bot nun ganz andere, die Grenzen der Malerei transzendierende Möglichkeiten zur Detailrepräsentation und Momentaneitätsrepräsentation, die mit einem Objektivitätsanspruch verbunden waren.
Die Maler reagierten unterschiedlich auf diese Herausforderung. Entweder es ging ihnen um nachahmende Suggestion von Augenzeugenschaft, oder sie suchten im Wiederaufnehmen

z.B. der fotografischen Unschärfen authentisch die Kontingenz der wiedergegebenen Szene einzufangen.[103] Degas dagegen überwindet die allein auf Authentizität zielende Bildstrategie und hält die Beziehungen offen: Zwar werden Bildausschnitt, Draufsicht, angeschnittene Figuren (etc.) und die Art des Sujets auch mit Blick auf die Authentizität gewählt, aber bei ihm wird das Verhältnis von atmosphärischer Illusion (d.i. dem authentischen Charakter) und bildkonstruktiver Flächengestaltung thematisch, in dem Maße, in dem er es ambivalent gestaltet. Der Ausdruck von Wahrscheinlichkeit, durch Fotografie mit evoziert[103a], wird in ein Verhältnis zu kompositorischen Notwendigkeiten gesetzt, d.h. mit der Malerei als Medium zusammengebracht. Wie gezeigt wurde, ist jene dialektische Gegenseitigkeit seit der "Famille Bellelli" in der Kunst Degas thematisch. Die vielen Bildern ablesbare Unschärfe des Hintergrundes oder die verzerrte Proportionierung des im Bildvordergrund Dargestellten (vgl. Michel Musson in "Le Bureau de Cotons" werden nicht einfach übernommen, um Authentizität zu suggerieren, sondern jeweils in bestimmten Bezug zur Bildkonstruktion gesetzt. Ihren Ursprung haben sie in der Momentfotografie, deren technische Unzulänglichkeiten - etwa die eingeschränkten Brennweiten - solche Formen der Gegenstandswiedergabe bedingten. "Die Folge waren perspektivische Vergrößerungen der Vordergründe, die beschleunigte, fast ruckartig wirkende Verkürzung der Hintergründe und die nach hinten sehr schnell einsetzende Unschärfe (da die kurzen Belichtungszeiten damals nur bei offener Blende möglich waren)."[104] Schließlich mußte durch die Fotografie notwendig das Verhältnis zur Farbe problematisiert werden. Der Schwarz-Weiß-Charakter der Fotografie des 19. Jahrhunderts ist von zentraler Bedeutung für die Diskussion des Verhältnisses von Malerei und Fotografie. Und "wenn das späte 19. Jahrhundert seine 'Wirklichkeit' in zunehmendem Maße ohne Farben sah und dachte, während schon die Anilinfarben entdeckt waren, so lag es am Einfluß der schwarz-weißen Photographie und an ihren Informationen."[105] Man sah die Welt schwarz-weiß, weil die authentischsten, die am schnellsten und ökonomischsten herstellbaren Abbilder der Welt eben die Fotografien waren: Die schwarz-weißen Fotografien. Darin drückt sich ein Verlust an sinnlicher Erfahrung aus, den die Malerei - etwa in den Bildern Monets - doppelt wettmachte. Zum andern blieb das Schwarz-Weiß farbliches Zitat eines durch die Fotografie inaugurierten Verismus. Bei Degas findet sich dieses Farbpaar häufig am stärksten betont, an bildzentraler Stelle.[106] So in "L'Orchestre de l'Opera" (Abb. 4)[107] oder stärker noch in "A la Bourse" (1878/79) (L 499)[108] und "Femme à la fenêtre" (um 1878) (L 385)[109] und auch in "Le Bureau de Cotons", wo das Weiß der Baumwolle, der Hemden, der Ballen und der Zeitung mit dem Schwarz der Kleidung und dem Dunkel des Mobiliars kontrastiert. Am deutlichsten aber greift Degas in "Repetition de Ballet sur Scene" (1874) (L 340)[110] farblich auf das Vorbild der Fotografie zurück. Der Betrachter kann wie aus einer Loge eine Reihe Tänzerinnen bei der Probe oder während der Pause beobachten. Das ganz auf einem weitgehend unbunten Hell-Dunkel-Kontrast aufgebaute Bild zitiert nicht nur im Gegensatz von VanDyckbraun und Weiß die Schwarz-Weiß-Fotografie, sondern zielt ebenso auf atmosphärische Authentizität einer bei künstlicher Beleuchtung gesehenen Szene: Als Kontrast der grellen Rampenbeleuchtung und der vielfältigen Schatten der leeren Bühne im Hintergrund.

Auf der anderen Seite wurden sich die Maler durch die Herausforderung der Fotografie stärker der Bedeutung der Farbe bewußt. Auf Monet wurde schon hingewiesen. Aber auch bei Degas stellen wir eine gegenüber seinen früheren Porträts und Historienbildern hervortretende Belebung der Farbigkeit fest. In "Femme aux Chrysanthèmes" oder "Femme aux Potiche" und in dem Porträt "Estelle Musson de Gas" (1872/73) (L 313)[111] ist die Farbe nicht länger Akzidens des Gegenstands, löst sich der strenge Kontur weitgehend auf. Es ist wichtig, beide Seiten im Werk Degas zu sehen. Sie haben ihren je bestimmten Stellenwert: Zum einen in der Auseinandersetzung mit gewissen Folgeerscheinungen des Auftauchens der Momentfotografie, zum andern in der Entwicklung einer eigenständigen malerischen Konzeption.

Der Einfluß der Momentfotografie auf Degas ist somit an exemplarischen Punkten nachweisbar: Im Abschneiden der Figuren, in den überraschenden Perspektiven[112], in der Destruktion einer kontinuierlichen Raumwirkung, zuletzt im Verismus der Schärfenrelationen sowie der Farbgebung. Zudem ist schon einiges über die Thematisierung der Verhältnisse von Momentaneität und Komposition gesagt. An dieser Stelle spätestens scheint es angebracht, über Degas hinaus auf das Verhältnis von Impressionismus und Momentfotografie näher einzugehen, mit der Absicht, über die Beschreibung bestimmter aus der Momentfotografie herrührender Elemente in der Malerei Degas hinaus zu einer grundlegenderen Bezugsetzung zu kommen.

Schon früh haben die Kunstkritiker und Kunstwissenschaftler einen möglichen Einfluß der Momentfotografie auf die Malerei diskutiert. Wenigstens sind Hinweise dieser Art häufig in der Kunstliteratur gegen Ende des neunzehnten Jahrhunderts zu finden. Ich habe versucht, die Hinweise auf den Zusammenhang von Phänomenen in Fotografie und Malerei, besonders wenn sie sich auf Degas oder den Impressionismus bezogen, zusammenzustellen und zu systematisieren. Dabei ergab es sich, daß die Frage nach den Einwirkungen der Fotografie auf die Malerei unterschiedlich angegangen wurde und eine Entwicklung in der Behandlung durchgemacht hat, die grob in drei Stufen einteilbar ist.

Die ersten Hinweise beziehen sich häufig auf einzelne Werke und bestimmte Maler. Es kann aber angenommen werden, daß eine Vielzahl von Hinweisen und Fragestellungen in der Frühzeit der gegenseitigen Beeinflussung von Fotografie und Malerei unterdrückt wurden, da in der Regel die Fotografie als unästhetisch galt, der jede künstlerische Wirkungsmöglichkeit abgesprochen werden müsse.[113]

Um diese Grundproblematik drehen sich dann auch die ersten Diskussionen über Fotografie und Kunst. Die Auseinandersetzung ging soweit, daß 1862 in einem Musterprozeß über den Kunstwert der Fotografie juristisch entschieden werden sollte.[114] Ingres engagierte sich damals öffentlich gegen, Delacroix für die Fotografie. Inwieweit die Fotografie und der ihr mögliche Einfluß auf die Kunst als verwerflich anzusehen sei, blieb lange Zeit ungeklärt oder doch wenigstens umstritten. Dementsprechend zurückhaltend mußten sich die Künstler über ihr Verhältnis äußern und dementsprechend vorsichtig waren die Kritiker mit ihren Urteilen.

In der ersten Stufe der hier angenommenen Entwicklungsreihe - wobei im Folgenden in der Hauptsache Urteile über die Kunst Degas' herangezogen werden - wird in der Literatur erst einmal festgestellt, daß auch Degas mit der Kamera gearbeitet hat. Seine Nichte Jeanne Févre kommt als erste mit ihren in übertriebener Geheimnistuerei abgefaßten 'Enthüllungen' einem Drang der kunstinteressierten Öffentlichkeit nach, die darauf bedacht war, solche Künstler, die die Kamera bei ihrer Arbeit benutzten, zu 'entlarven'. Jedenfalls steht fest, daß Degas eine der ersten Kameras mit schnellen Verschlußzeiten besaß.[116] Eine Reihe seiner Fotos sind uns erhalten.[117] Auch kann seine Beschäftigung mit der Fotografie nicht als peripher angenommen werden; seine Nichte bezeugt: "Zu den Hauptbeschäftigungen (principales préoccupations) muß die Photographie erwähnt werden. Eine Zeitlang war er buchstäblich davon besessen. Er hat sehr oft darüber in seinen Briefen gesprochen."[118] Degas sah die Verbindung von Malerei und Fotografie durchaus auch problematisch. Ironisch machte er sich über das Nacheifern der Malerei in der 'Kunstfotografie' und über seinen eigenen Ingres-Kult lustig, wenn er in eigenen Aufnahmen die "Apothéose d'Homer" von Ingres mit Freunden und Verwandten auf der Treppe seines Hauses nachstellt, wobei er selbst den Part des nurmehr mit einem Spazierstock bewaffneten blinden Homer übernimmt.[119] In den ersten Kritiken findet sich allein die Feststellung, daß Degas mit der Fotografie gearbeitet habe, allerdings oft ins Metaphorische abgeschwächt, weil eben kein fundiertes Urteil über deren Wert oder Unwert möglich schien. Der

Zusammenhang zwischen Impressionismus und Momentfotografie ist dann später nachdrücklich ins Bewußtsein der Kunstkritiker zurückgenommen über den Eindruck des Zufälligen, der Momentaneität und Bewegung in dieser Malerei. Expressis verbis hat Max Liebermann in Deutschland den Zusammenhang bei Degas als erster ausgesprochen: "Degas Bilder (...) machen zuerst den Eindruck einer Momentaufnahme. Er weiß zu komponieren, daß es nicht mehr komponiert aussieht. Er scheint das ganze Bild in der Natur gesehen, die Szene, die er darstellt, unmittelbar belauscht zu haben."[120] Wie weit Liebermanns Erkenntnis des Wesens der Malerei Degas' im Grunde geht, werden wir später sehen. Festzuhalten bleibt, daß von nun[121] an die Momentfotografie stets ein Problemkomplex ist, der mit den Fragen nach der Malerei Degas' verbunden bleibt.

Desweiteren stellt Julius Meier-Graefe nach einem Hinweis auf den zitierten Liebermanntext fest: "Degas hat eine Einsicht, die uns durch die Momentfotografie wurde, mit Scharfsinn vorweggenommen. Seine Bilder haben immer irgendwie, auch wenn sie verfehlt sind, eine ans Unheimliche grenzende, anatomische Sachlichkeit, die ihren Eindruck nie verfehlt. Es sind Dokumente."[122] Erwähnt sei außerdem Hans Hildebrandt, der ebenfalls 1924, aber ohne Hinweis auf Liebermann oder andere Quellen, den Zusammenhang charakterisiert. "Man sah, daß eine nie fehlende (!) Hand die Flüchtigkeit festhielt, was ein Auge, vergleichbar einer auf den winzigsten Sekundenbruchteil eingestellten Kamera, an leisesten Schwankungen einer Bewegung erhaschte."[123] Aber es hat nach Hildebrandt bei Degas nicht "der Augenblick das Bild selbst geschenkt."[124] Degas strebt das "vollendete Gleichgewicht" an, "das zufällige kennt (...) er nicht."[125] Liebermann, Meier-Graefe und Hildebrandt analysieren den Zusammenhang von Malerei und Momentfotografie nur ansatzweise. Sie gehen außer in Andeutungen, die zudem in Floskeln oder dunklen Andeutungen den Mangel an Durchdringung zu verbergen suchen - etwa wenn von der 'nie fehlenden Hand' die Rede ist oder die Sachlichkeit ohne weiteres mit dem

Unheimlichen (!) gepaart wird - , nicht weit über die bloße Feststellung eines Zusammenhanges hinaus.

Das ändert sich auf der zweiten Stufe der Analyse der Wechselwirkungen von Malerei und Fotografie. Voraussetzung dafür war, daß man sich inzwischen Gedanken über die Geschichte, die Herkunft und die Bedeutung der Fotografie gemacht hatte und daß das Verhältnis beider Darstellungsmedien zueinander stark entkrampft worden war. Jetzt konnten die Einzelbemerkungen zu Künstlern und Werken zusammengefaßt werden, wobei die Geschichte des Verhältnisses von Kunst und Fotografie herausgearbeitet wurde. Entwicklungslinien wurden aufgezeigt, Besonderungen charakterisiert, die Problematik historisiert, die formalkonkreten Auswirkungen abgeleitet. Hier sind vor allem Aaron Scharf und Otto Stelzer zu nennen.[126] Stelzer untersucht die Verbindung von Fotografie und Kunst von den Anfängen bis zur Gegenwart. Er arbeitet Charakteristika der Fotografie heraus, "Sonderleistungen", die dann in ihren "stilbildenden Möglichkeiten"[127] für schwerpunktmäßig ausgewählte Richtungen der Malerei untersucht werden (Surrealismus; Art informel). Scharf geht ähnlich vor, setzt aber völlig andere Schwerpunkte und verarbeitet auch wesentlich mehr Material. In großen Kapiteln über Landschaft und Genre, Delacroix, den Realismus, den Impressionismus - wobei Degas ein eigenes Kapitel vorbehalten bleibt - sowie in einer Untersuchung der Repräsentation der Bewegung in der Fotografie einerseits und der Malerei andrerseits gelingt es Scharf, die unterschiedlichen Auffassungen und Verwertungen der Fotografie durch einzelne Kunstepochen, Gattungen oder Künstler klar voneinander abzusetzen.

Mit stärkerem Akzent auf den soziologischen Kontext behandelten Thomas Neumann[128], Gisêle Freund[129] und zuletzt Volker Kahmen[130] die Gegenüberstellung. Dabei verfolgt Kahmen am nachhaltigsten von dieser Seite her die Wechselwirkungen durch die Geschichte. Freunds Buch ist die älteste der drei Veröffentlichungen und leistet dafür einen schon weitgehend kompletten Ansatz der Problematik. Schwerpunkte sind bei ihr die kunstsoziologische Analyse der Entwicklung der Fotografie im 19. Jahrhundert und im Verhältnis zu Malerei die Problematik von malerischem und fotografischem Porträt. Neumann entwickelt Anfang der sechziger Jahre einen aktualisierten Ansatz einer Sozialgeschichte der Fotografie. Zuletzt hat Kahmen in kurzen Texten die Problematik, bei intensiver Aufarbeitung der Literatur, auf den aktuellen Stand gebracht. Eine Reihe weiterer Schriften kann nicht berücksichtigt werden.[131] Sie gehören aber auch in diese zweite Stufe. Abschließend sei der Fotograf Karl Pawek erwähnt, der weniger wissenschaftlich als mit stark spekulativen Thesen das Problem anzugehen versucht.[131a]

In dieser Literatur ist ein großer Zeitraum abgedeckt, eine Tatsache, die auf die enormen Schwierigkeiten hinweist, die die Autoren hatten, um verschollene Quellen, die ängstlich verborgen gehaltenen Verbindungen der Malerei zur Fotografie (Lenbach!) aufzudecken und in einer Geschichte der wechselseitigen Beziehungen zusammenzufassen. Die neuere Forschung, die auf jene historischen Darstellungen schon aufbauen kann, untersucht das Verhältnis dabei unter einer betont sozialgeschichtlichen Perspektive. Diese Autoren erweitern das Verhältnis Kunst - Fotografie zum Verhältnis Gesellschaft - "Erscheinungsformen gesellschaftlicher Produktivität".[132] Für sie gilt: "Kunst und Gesellschaft stehen in enger wechselseitiger Beziehung, denn der Künstler, der das Kunstwerk der Gesellschaft vermittelt, ist selbst ein Mitglied eben dieser Gesellschaft, deren Bedürfnisse und Ideologien er in sich aufgenommen hat und denen er nur in verarbeiteter Gestaltung Ausdruck verleiht."[133] Dementsprechend wird die Fotografie verstanden als ein "spezifisches Ausdrucksmittel der zweckbewußten, rational denkenden berufsbürgerlichen Gesellschaft" und zugleich als ein "unschätzbares Werkzeug dieser Gesellschaft."[134] Es bleibt das Verdienst dieser Richtung der Forschung, daß sie versucht hat, nachdem die Geschichte des Verhältnisses von Kunst und Fotografie schon geschrieben schien, mit ihren weiterführenden Fragestellungen eine kritische Einsicht in grundlegende Zusammenhänge ermöglicht zu haben.

Auch für Degas bedeutet diese Sichtweise die Hinzugewinnung einer neuen Komponente des Verständnisses seiner Malerei. Nicht mehr wird die Übernahme von 'Stilprinzipien' der Momentfotografie als sekundär oder tertiär zu bewerten sein, sondern durch die Ergebnisse einer systematisierten Untersuchung der Konnexionen von Malerei und Momentfotografie werden die Feststellungen über den Bildsinn bei Degas zentral und direkt beeinflußt und es eröffnet sich für ihn eine neue Dimension.[135]

Vorerst ist, als der dritten Stufe, auf Max Imdahl einzugehen. Imdahl untersucht das Familienporträt "Le Comte Lepic" (um 1875) (L 368).[136] Er stellt Degas dabei G.Caillebotte gegenüber; die Differenz beider charakterisiert er so, daß Caillebotte von der Momentfotografie her auf die Darstellung der Authentizität ziele, Degas aber darüber hinaus auf den "Ausdruck von Kontingenz"[137] selbst.

Obwohl Imdahl die sozialgeschichtlich akzentuierte Literatur außer Acht läßt, ist ihm von seinem Ansatz aus ein entscheidend weiterführender Schritt möglich. Imdahl schreibt dem Rekurs der Malerei Degas' auf die Momentfotografie die Hervorhebung des bestimmenden Bildsinns zu: "Der eigentliche Bildsinn offenbart sich nicht in der Kühnheit der bildimmanenten Kompositionsbezüge, sondern in der Verdeutlichung eben jener Kriterien des Unzusammenhangs. Diese Kriterien sind: Isolation, Richtungsdivergenz, Ortlosigkeit. Alle diese Kriterien erscheinen im Bilde von Degas thematisiert und radikalisiert: als totale Isolation der nächstbenachbarten Figuren, obwohl es sich um ein Familienporträt handelt; als verweigertes Kontaktverhältnis der Dargestellten zum Beschauer, obwohl es sich um Porträtierte handelt; als sinnlose Richtungsdivergenzen bei Konzentration der Hauptpersonen zu einer Gruppe; als Ortlosigkeit in dem Sinne, daß der Raumort der Figuren nicht exaktifizierbar ist."[138] Die hier aufgezählten Kriterien sind aus den geleisteten Analysen teilweise schon bekannt, wo sie in modifizierter Form, aber auch radikaler (Richtungsdivergenzen/Interieur), aufzufinden waren.

Die totale Isolation, der Unzusammenhang, der von Imdahl exakter als Ausdruck von Kontingenz gefaßt wird, ist demnach bei Degas in jeder Beziehung als Bildsinn exponiert. Die mittels der u.a. durch die Momentfotografie dem Maler verfügbar gewordenen Formfaktoren manipulierte Komposition der Bilder wird letztlich zum Ausdruck der Kontingenz "in deren maximaler Möglichkeit".[139] Bei Imdahl ist die in einer Reihe von Bildern Degas' hier festgestellte, für den Bildsinn konstitutive Zufälligkeit, Beziehungslosigkeit und Willkürlichkeit exemplarisch abgeleitet, und zwar aus den Beziehungen von Kunst und Momentfotografie. Nicht berücksichtigt werden dagegen die für dieselben Elemente des künstlerischen Verfahrens Degas' wesentlichen Anregungen und Übernahmen aus der japanischen Kunst des "Ukiyoe".[140]

Allein, die Kategorien der totalen Isolation oder der Kontingenz bieten jetzt einen Schlüssel zu tieferliegenden Zusammenhängen, die erst im Rekurs auf eine sozialgeschichtliche Betrachtungsweise gewonnen werden können. Es bedurfte zuerst dieser bereitgestellten Kategorien aus der Perspektive von Impressionismus, Japonismus und Momentfotografie, um die weiteren Interdependenzen erkennen zu können.[141]

4 DIE ERWEITERUNG DER BILDKONZEPTION E.DEGAS' VON 1873-1917

4.1 Kontingenz als Aufhebung des Genrebildes

Die vorstehenden Kapitel konnten Kriterien der Analyse und Beurteilung seiner Kunst bereitstellen, die seine Bildkonzeption umschreiben. Es sind dies vor allem die Momentaneität, der radikalisierte Ausdruck von Kontingenz, ein spezifisches Verhältnis von Kontingenz und Komposition, die Systematik seines Vorgehens und die Modernität seiner Vorwürfe.

Mit diesen Kategorien wird bei der weiteren Analyse von Werken zu operieren sein, wenn wir die Entwicklung der Kunst Degas' von den frühen siebziger Jahren an verfolgen. Sie sind dabei zu ergänzen, zu exaktifizieren: Jedes einzelne Werk ist ein neues Korrektiv.

In einer ersten Phase seiner Entwicklung eroberte sich Degas das Porträt und die Themenkreise der Tänzerinnen und Rennplätze. Interessierte ihn an ersterem die Spannung zwischen Authentizität und Individualität, so an letzterem die Polarität von Bewegung und Konstruktion. Während zunächst die Rennplatzbilder oder beispielsweise das "Le foyer de la danse" (Abb. 3) noch seltsam steif wirken, kann er im Bereich des Porträts eigenständige Ergebnisse schon vorweisen. Zuletzt haben wir am "Le bureau de Cotons" gesehen, welche eigenen Lösungen er für das Gruppenporträt erarbeitet hatte. Nach seiner Rückkehr aus den USA stürzt sich Degas mit neuem Eifer auf die Weiterentwicklung der Formulierungen seines damals bevorzugten Sujets, der Foyer- und Tanzprobendarstellungen. Daneben beschäftigt er sich mit Bildern, die naturalistische Auffassungen spüren lassen. Es sind dies "Le Pedicure" (1873) (L323), das große (1.16 x 1.81 m) "Interieur", auch "Le Viol" genannt (um 1874) (L 348) und "La Bouderie" (1873-75) (L 335).

In "Le Pedicure" (Abb. 9)[1] fallen das ungewöhnliche Sujet und die Intimität der dargestellten Szene auf, die der Betrachter quasi durchbricht. Ein junges Mädchen mit umgeworfenem Badetuch ist auf einem Diwan ausgestreckt und überläßt seinen rechten Fuß der fachmännischen Pflege eines älteren Herrn. Rechts vorn im Bild ist ein 'Tub', eine aus England importierte Art Badewanne sichtbar. Der 'Tub' nimmt - wie die Voyeurperspektive des Betrachters die späten Pastelle der sich waschenden Frauen vorweg. Für ein Interieur ist das Bild sehr hell gehalten. Degas sammelt das Licht in den weißen Badetüchern, spielt mit den Effekten der durchschimmernden Helle im Tuch über der Stuhllehne. Der zarte Kontrast des Blau und Grün in Wand, Waschgeschirr und 'Tub' zum verhaltenen Rot des Bodens umspielt den zentralen Schwarz-Weiß Gegensatz. In allem zielt das Bild auf das Situative, das Momentane.

In "Le Viol"[2] blickt der Betrachter aus einer leichten Aufsicht in ein Zimmer, in dem rechts breitbeinig ein Mann mit dem Rücken an der Zimmertür lehnt, die eine Hand in der Tasche. Links sitzt eine Frau mit entblößter Schulter auf einem Stuhl. Zwischen beiden ist ein Bett und ein Tisch zu sehen. Auf dem Tisch befinden sich eine Petroleumlampe, die zugleich die einzige Lichtquelle ist, und ein geöffneter Koffer. Auf dem eisernen Bett mit Fransendecke liegt der Hut der Frau; der Zylinder ihres Begleiters ist im Hintergrund auf einer Kommode zu sehen. Kleidungsstücke, die offenbar der Frau gehören, liegen zwischen den beiden Personen auf dem Boden. Die Frau wendet dem Mann den Rücken zu, den Kopf auf die Stuhllehne gestützt. Das ganze Bild ist auf den Gegensatz zwischen den Figuren hin angelegt: Die Spannung zwischen beiden macht Degas im Gegenüber des kauernden Sitzens und des Stehens sinnfällig. Es ist der latente Kontrast von Ausgeliefertsein und Aggression, gebunden an bestimmte Vorstellungen von Weiblichkeit und Männlichkeit. Der fixierende Blick des Mannes, seine Beine breit auf den Boden gestemmt und mit seinem Körper den Ausweg, die Tür, versperrend, läßt das Ausweglose der Lage der Frau, den objekthaften Zugriff des Mannes deutlich hervortreten. Wiederum ist der Betrachter Zeuge einer intimen Szene; das Indiskrete seines Blicks wird formal durch die leichte Aufsicht akzentuiert.

Nicht so schrill, aber ebenfalls vom Gegensatz zwischen Mann und Frau gekennzeichnet ist das Bild "La Bouderie".[3] Degas soll es nach Fotografien, in denen er sozusagen die Komposition erprobte, gemalt haben.[4] Er hat im Vergleich zu "Le Viol" die - auch weniger handgreiflichen - Dissonanzend des Ehepaars subtiler ausgearbeitet und bildnerisch umgesetzt. Die junge Frau beugt sich ungezwungen über einen Stuhl, wie es scheinen mag, ihrem Mann zu. Aber sie blickt an ihm vorbei schräg aus dem Bild. Ihr Mann sitzt hinter einem mit Büchern und Papieren bedeckten Schreibtisch, zusammengesunken, die Arme verschränkt und demonstrativ den Blick abwendend. Bildbestimmend ist die Figur der Frau, wie auch die von ihrer Körperhaltung evozierte Diagonale die Komposition dominiert. Jener Diagonalwert wird im planimetrischen Wert der Hecke im Bild aufgenommen. Mit Bezug auf die Bildgrenzen ergänzt, ergibt er den idealen Diagonalwert von der Bildecke links unten zur Bildecke rechts oben. Degas bezieht immer, wenn auch unaufdringlich, das Format mit ein: Das Gesicht der Frau z.B. befindet sich exakt auf der Hälfte der Bildbreite. Die vom Kopf des Mannes gebildete Schräge läuft der o.g. Diagonale entgegen und nimmt den thematischen Kontrast kompositorisch auf. Degas setzt seine Mittel immer neu ein: Wieder (vgl. "Famille Bellelli") werden die Figuren von den Orthogonalen der Architektur und der Bilder hinterfangen. Das Bild spielt dabei eine besondere Rolle: Einmal umrahmt es innerbildlich die Köpfe der Schmollenden, dann hebt es deren Kontur hervor, schließlich widerspricht die Bewegungsrichtung der auf dem Bild im Bild dargestellten gallopierenden Reiter den beherrschenden Richtungswerten (Diagonalwert der Haltung der Frau / Blickrichtungen beider Personen) des Bildganzen und bindet - genau zwischen beiden Köpfen - die Gatten aneinander. Die Divergenz ihrer Blickrichtungen, innerbildlich eingerahmt und zugleich von der Bewegung der Pferde 'hintergründig' aufeinander bezogen, diese Figur, die in der Dichte, der Komplexität der Verweise ausschließlich visuell wiederzugeben ist, ist der Nukleus des Bildes.

Nun sind die genannten Bilder merkwürdig unterschieden von den Ballettbildern etc., ja sogar von einem Bild wie dem "Bureau de Cotons". Sie erwecken den Anschein erzählender Bilder, in gewissem Sinne als Fortsetzung der Historienmalerei mit modernen Mitteln gedacht. Wahrscheinlich geht diese Art Malerei auf Duranty zurück, dessen Einfluß auf Degas zur Zeit ihrer Entstehung besonders groß gewesen sein muß. Duranty ist womöglich in "La bouderie" selbst porträtiert. Jedenfalls scheinen sie genaue Umsetzungen der von Duranty in mehreren Publikationen entwickelten Ideen zu sein.[5] Der illustrative, erzählerische Charakter gerade der genannten Bilder hat immerhin Spekulationen über literarische Bezüge ausgelöst. Vor allem im Falle von "Le Viol" ist es zu regelrechten Kontroversen gekommen, die hier nicht nachgezeichnet werden können.[6] Für unseren Zusammenhang ist nur wichtig, daß Degas mit Bildern, denen der literarische Charakter jedenfalls nicht abgesprochen werden kann - wobei es dahingestellt sei, ob und welche Anregung ihn zu seiner Komposition brachte - zu Beginn der neuen Phase seiner Entwicklung gleichsam rückversichernd auf im Grunde von ihm bereits überwundene Bildvorstellungen rekurriert. Zwar sind die Bilder momentan aufgefaßt, befassen sich mit dem zeitgenössischen Alltag, weisen in ihrem indiskreten Blick auf spätere Bildserien voraus; dennoch fehlt z.B. dem im Sujet gar nicht so entfernten "Bureau de Cotons" gänzlich das Genrehafte.

Die Figurenbilder sind, dem Thema "Entfremdung" verbunden, letzte Versuche, eine erzählende Malerei aus den festgefahrenen Bahnen des Akademismus in die Teilhabe am 'vie moderne' zu überführen. Die Modernität des Vorwurfs ist geblieben, die Kontingenz ist allerdings der bloßen Momentaneität gewichen. Bestätigt ist, wenigstens in "Le Viol" und "La Bouderie", die Isolation zwischen den Individuen als Thema, die Entfremdung auch der nahestehendsten Personen untereinander.

Von hier bietet sich noch einmal ein Blick auf Edouard Manet an, im Rekurs auf den schon erwähnten Hinweis

H.Jantzen auf den Zusammenhang der "Bar aux Folies-Bergères" mit der Einsamkeit des modernen Großstadtmenschen. Auch W.Hofmann bezieht Degas und Manet aufeinander, gerade am Beispiel von "La Bouderie" und "Le Viol" unter dem Aspekt der Entfremdung.[7] Manet und Degas sind die Figurenmaler des Impressionismus, und beide greifen die Entfremdung als Phänomen des großstädtischen Lebens auf: Manet geht in der Thematisierung des Scheins ("Bar aux Folies-Bergères"; Jantzen)[8] oder der Käuflichkeit ("Nana"; Hofmann)[9] auf dies Thema aus. Degas dagegen thematisiert die Orte der Entfremdung: Die Boulevards, die Cafés und das bürgerliche Heim. In dem Maße, in dem er dabei den fixierten Augenblick, die Kontingenz thematisch werden läßt, verliert sich der den genannten Figurenbildern noch inhärente Genrecharakter. Die Kontingenz erwirkt die Aufhebung des Genrebildes. Die Bilder werden authentisch, und mehr noch: Entfremdung wird in ihnen nicht mehr erzählt, sie gewinnt Präsenz. "Le Viol", "La Bouderie" und "L'Absinth" dürfen dann ein "imaginäres Triptychon der Vereinzelung des Großstadtmenschen"[10] genannt werden.

4.2 Radikalisierte Kontingenz und Fragmentarisierung: Die Positivierung negativer Bildstrategien in der Perspektive der Entfremdung

"L'Absinth" (Abb. 10) ist wohl das berühmteste Cafébild von Degas und eines seiner bekanntesten überhaupt. Das 1876/77 entstandene Bild (L 393)[11] verursachte 1893 auf einer Londoner Ausstellung einen derartigen Skandal, daß sein damaliger Besitzer beschloß, sich wieder von ihm zu trennen.[12] Erneut bevorzugt Degas einen Einblick in das Café durch eine irritierende Aufsicht, die aus dem Vorbild momentfotografischer Aufnahmen entwickelt sein könnte. Obendrein blickt der Betrachter schräg in den Raum. So werden die zwei Caféhausbesucher, für die Degas zwei Freunde, der Grafiker Marcellin Desboutin und die Schauspielerin Ellen Andrée,Modell saßen, in die rechte

Bildhälfte gerückt. Sie sitzen an einem Tisch, den Absinth vor sich, und blicken abwesend in den Caféraum. Die zickzackförmig angeordneten Tischplatten, auf denen Zeitungshalter liegen, verlaufen vom linken unteren Bildrand nach rechts oben und nehmen die größte Bildfläche ein. Exzentrische Positionierung der beiden und die Zickzacklinie der Tischplatten bewirken den Eindruck des Zufälligen, als würden die Personen sofort wieder aus dem Blickfeld verschwinden, und thematisieren die Leere des Vordergrundes. So scheint das Bild Ausschnitt eines umfassenderen Ganzen zu sein, Fragment eines bestimmten Kontextes. Das scheinbar Undeterminierte bildet für den Betrachter eine Irritation, die Degas in der Spannung zwischen Bildfeld und Bildraum steigert. Links terminiert die Ecke der Tische Bildfeld und Bildraum gleichermaßen, dieselbe Zickzacklinie der Tische öffnet sich jedoch nach rechts und läßt die Raumbegrenzungen offen und unabschätzbar. Infolgedessen befinden sich die Personen im Raumkontinum des Cafés mehr auf der linken Seite, auf der Bildfläche dagegen auf der rechten. Das Verhältnis zwischen Bildfeld und dem Raum ist potentiell, es resultiert aus dem Ausschnittcharakter. Das Paar sitzt offenbar an einer Tischreihe, die verlängerbar ist. Seine Exzentrizität suggeriert zusätzlich die Weite des Raumes nach rechts.

Ein Vergleich mit G.Bellengers "Rose Mignon et Mignon" (1881)[13] erweist das Außergewöhnliche dieses Bildes von Degas. Bei Bellenger übernehmen die Tische nurmehr raumbildende Funktion, während sie bei Degas ineins die Raumflucht radikalisieren und die Bildfläche organisieren. Bellenger ordnet die Figuren zentral an, foliiert von der Rückwand. Degas positioniert die Figuren exzentrisch, bezieht sie dann durch die Spiegelung ihrer Silhouetten in den großen rückwärtigen Wandspiegeln wieder ins Bildzentrum. Diese besondere Art der Spiegelung liegt in der Schrägorientierung des Betrachters wie in der dezentralisierten Position der Gespiegelten begründet und widerruft sie zugleich: latente Zentralisierung läuft der vordergründigen Exzentrizität entgegen.

Bei Bellenger terminieren die Figuren dagegen offen den Bildausschnitt; in ihrer zentrischen Position sind sie für ihn normierend. Zentrale wie dezentrale Position sind in beiden Bildern auch als Aussagen über das Selbstbewußtsein, die Identität, beziehungsweise die Isolation oder Entfremdung der Figuren zu verstehen. In dem Maße, in dem sich der Bildausschnitt fremd zu den Figuren verhält, verlieren sie ihre Identität. Ihre Ortlosigkeit ist zunächst eine der Bildfläche. Das Fragmentarische der Komposition greift auf die Dargestellten über. Zudem fällt die zwischen den Dargestellten bestehende Bezugslosigkeit umsomehr auf, als sie eng nebeneinander sitzen. Blickrichtungen, Farbgebung der Kleidung und ihr jeweils unterschiedlicher Bezug zu verschiedenen Tischen evozieren die Divergenz. Die Frau befindet sich aus der Perspektive des Betrachters zwischen den Tischen, der Mann hinter einem. Die Frauenfigur ist zudem als Sitzmotiv gebrochen: Anatomisch korrekt müßte ihr Oberkörper mehr links auf der Bildfläche erscheinen. Schließlich isolieren sie die dunklen Vertikalen ihrer gespiegelten Silhouetten, wobei das Spiegelbild des Mannes die Kontrastfolie für das Gesicht der Frau bildet.

Schauplatz der Szene war wahrscheinlich das "Café de la Nouvelle-Athènes", dessen Beleuchtungssystem Degas zu den Effekten bläulichgrau- und umbrafarbener Töne inspiriert haben mag. Auch hier ist versucht worden, literarische Bezüge festzustellen, vor allem zu Zola's "L'Assomoir".[14] Diese Versuche sind, im Gegensatz zu "Le Viol" etwa, marginal, ja überflüssig, wenn man die ganz andere, stringentere Verknüpfung von Kontingenz und Komposition berücksichtigt, die hier mit Bezug auf die Entfremdung zu einem Notwendigkeitsverhältnis von Erscheinung und Wesen gestaltet ist. Eher schon ist ein Bezug auf das 1873 im Salon sehr erfolgreich ausgestellte Bild E.Manets "Le Bon Bock" denkbar, gegen dessen beruhigenden Traditionalismus Degas seinen scharfen Pessimismus setzt.[14a] Ganz unmittelbar geht dem Betrachter in den irritierend verunklärten Figur-Raum-Beziehungen, den Spiegelungen und der Betrachterperspektive jede Sicherheit verloren.

Wie viel diese Bildform der Momentfotografie verdankt, macht das zwei Jahre zuvor entstandene Bildnis "Le Comte Lepic" (um 1875) (L 368)[15] klar. Momentfotografie und das impressionistische Straßenbild sind in untrennbarem Zusammenhang zu sehen. Imdahl hat das gerade am "Le Comte Lepic" gezeigt und verdeutlicht, welch ungeheuren Konsequenzen der Wechsel von der Daguerrotypie - deren Einwirkungen auf Degas wir schon kennengelernt haben - zur Momentfotografie für die bildende Kunst gehabt hat. Ich beschränke mich hier auf ein paar ergänzende Bemerkungen zu jener umfassenden Interpretation.[15a] Im "Le Comte Lepic" treten Porträt und Situation in einen strengen Kontrast. Der doppelte Titel - das Bild ist auch als "Le Place Concorde" bekannt - benennt diese Ambivalenz, die auf Kosten der Porträtierten geht. Das Bild ist überwiegend aufs Formale gerichtet. Wie Imdahl zeigt, ist die Komposition die Bedingung für die Evidenz der Beliebigkeit des dargestellten Augenblicks. Bis ins Letzte ist das Notwendige im Schein des Zufalls aufgehoben, wie der Zufall seinerseits in der Notwendigkeit. Isolation intensiviert sich da, wo sie unerwartet auftritt: In der Richtungsdivergenz und Ortlosigkeit von Gruppen (vgl. "Le Bureau de Cotons"). Das trägt zum stärkeren Eindruck der Entfremdung im Vergleich zu "L'Absinth" bei. Im "Le Comte Lepic" ist in der thematischen Leere des Raumes ein visueller Ausdruck für die zeitliche Augenblicklichkeit, für - falls man das sagen kann - äußerste Transitorik geschaffen. Die Leere war auch in "L'Absinth" thematisch, dort aber vermittels eines faktischen (aktuellen) Liniensystems (Tische), während im "Le Comte Lepic" ein ideales (potentielles) Liniensystem[16] die Leere stärker in Erscheinung treten läßt. Auch fehlt in diesem Fall die Milderung der Dezentralisierung durch eine indirekte Rezentralisierung, wie sie in der Spiegelung in "L'Absinth" vorlag. Degas radikalisiert durch Komposition den Zufall[17], die Darstellung von Unzusammenhang und verdichtet sie - alle Einflüsse absorbierend - zur Botschaft der Entfremdung des Menschen. In der Anschauungseinheit von motivischer Desintegration und kompositioneller Stringenz -

die z.B. über alles vom Japonismus Gelernte und alles von der Momentfotografie überhaupt Leistbare hinausgeht - drückt sich jene Botschaft in vielen Punkten aus: In der totalen Isolation der Personen, im verweigerten Kontaktverhältnis zum Betrachter, in den Richtungsdivergenzen innerhalb der Gruppe und der absoluten Ortlosigkeit der Figuren. Im Vergleich zu den Bildern von vor 1875 muß von einer radikalisierten Kontingenz gesprochen werden, die sich in "L'Absinth" oder später in "Six amis à Dieppe" (1885) (L 824)[18] fortführt. Nicht mehr ist am "Le Bureau de Cotons" und am "Foyer de la Danse" festgestellte Unzusammenhang der Modus des Zusammenhangs, vielmehr ist jetzt der Modus des Unzusammenhangs das Auseinander der Dargestellten. Es gibt eine Reihe von Bildern bei Degas, in denen sich dieses Auseinander in einer Gruppe ausdrückt, eben darum eine Intensivierung. Ein solches Bild ist "A la Bourse" (1878/79) (L 499).[19] Einmal fällt auf, daß keine der Personen im Bild einer anderen zugewandt ist; in gewisser Weise zeigen sie alle einander den Rücken. Wo das nicht ausdrücklich der Fall ist, gehen ihre Blicke aneinander vorbei. Dabei ist augenscheinlich eine Szene vor dem Portikus der Börse dargestellt, in der jemand - vielleicht um die Kurse zu erfragen - einen anderen anspricht, indem er ihm aufmerksamkeitsheischend die rechte Hand auf die Schulter legt. Zugleich ist der Fragende allein als Einzelfigur auszumachen, die Gruppe erscheint als indifferente Masse. Kompositionell halten sich Einzelfigur und Gruppe die Waage, wobei die aufgelegte Hand zwischen ihnen eine verbindende Funktion übernimmt. In der Einzelfigur sind so alle in der Gruppe aufgegangenen Einzelfiguren mitangesprochen; in ihr wird erst die dunkle Masse/Fläche rechts im Bild zur Gruppe einzelner Personen. Die strenge Lineatur foliiert die Flächen - denn die Figuren sind bis auf die oft nur teilweise sichtbaren Gesichter extrem flächig angelegt. Das Momentane, die Willkürlichkeit des Ausschnitts wird mehrfach gezeigt: So erscheint oben am rechten Bildrand ein bärtiger Kopf mit Zylinder, dessen ebenso isoliert auftauchende Hand einer anderen Person einen mehr links positionierten

Einzelfigur ein Fuß sichtbar, der allein darauf schließen läßt, daß sich eine weitere Person hinter der Einzelfigur befinden muß: Wahrhaftig nahe am Rebus! In "A la Bourse" greift Degas einen zufälligen Moment heraus, der in seinem thematischen Bezugsrahmen abgesichert ist: Die Verbindung von Kontingenz und Konstruktion ist 'natürlich'. In dem Maße, in dem ein 'literarischer' Vorwurf die Kontingenz absichert, d.h. entradikalisiert, kommt das Genrehafte erneut zur Geltung.

Weitaus zugespitzter geht Degas dasselbe Problem in "Six amis à Dieppe" (1885) (L 824)[20] an. Eine ideale Mittelsenkrechte teilt das Pastell in zwei kontrastive hochformatige Felder. Rechts sind fünf Personen - das Kind Daniel Halévy und sein Vater, Ludovic Halévy, Jaques-Emile Blanche, Gervex und Boulanger-Cavé - turmartig hinter- und übereinandergeschachtelt.[21] Links steht isoliert Walter Sickert. Die beiden Bildhälften kontrastieren zudem im Hell-Dunkel. Schließlich ist eine nicht mehr überbietbare massierte Blick- und Richtungsdifferenz festzustellen. Jede Figur wird in ihrem je eigenen Bezugspunkt individualisiert, um zugleich im gegenseitigen Abgewendetsein das Auseinander anschaulich werden zu lassen. Radikalisiert hat Degas den Gegensatz von Einzelfigur und Gruppe. Nur das rückgestellte rechte Bein Walter Sickerts ist Verbindung zur Gruppe, indem es den Kontur einer der Figuren und damit die Gruppe als Ganzes tangiert. Die Flächendistanz zwischen dem Rücken der Einzelfigur und dem Kontur der Gruppe steigert das szenische Auseinander. Die Gruppe selbst ist auf die Einzelfigur angewiesen, ohne deren Anwesenheit die räumlichen Standorte der Figuren vom Betrachter noch weniger einzulösen wären. Die Einzelfigur wird visuelles Artikulationsmodell für die räumlichen Standorte der Figuren der Gruppe, wenigstens für die Möglichkeit, sie einzulösen. Zuerst hatte Degas diese Bildfigur in der isolierten Position von M.Musson in "Le Bureau de Cotons" erprobt. In der jetzt solchermaßen akzentuierten Gegenüberstellung von Gruppe und Einzelfigur erreicht Degas zugleich eine Separierung des Individuums als es selbst wie die Veranschaulichung seiner zunehmenden Vernichtung.[21a]

Ohnehin fehlt bei diesem Bild ein thematischer Bezugsrahmen, der die Häufung des Auseinander legitimieren könnte. So kann auch das durch die Verschiebung des Betrachterstandpunkts nach oben erzielte Hintereinander der Figuren zum bloßen Übereinander werden.[22] Degas treibt die radikalisierte Kontingenz zu einem Extrem: Die Perspektive ist außer Kraft, jede Figur findet sich in beliebiger Haltung, die Gruppe ist ohne inneren Zusammenhalt. Räumliche Evidenz ist nicht nur durch Irritationen gestört, sondern nurmehr als verweigerte in der Ortlosigkeit der Gruppe erfahrbar. "Six amis à Dieppe" überbietet die Momentfotografie entscheidend. In einer Momentfotografie besteht zwar die Möglichkeit eines zufälligen Übereinanders der Personen[22a], Degas massiert - das künstliche solcher Präsentation herausstreichend - die Türmung und die Kontradiktion von Blick und Haltung. Radikalisierte Kontingenz läßt die Wahrscheinlichkeit hinter sich, wird in künstliche, allen Schein des Natürlichen abstreifende Form transformiert. Hier ist abzulesen, in welchem Umfang Degas seine Erkenntnisse über die Möglichkeiten der Momentfotografie hinaus umsetzt, umformt in künstlerischen Ausdruck. "Six amis à Dieppe" zeigt die Weite der Möglichkeiten einer auf die Visualisierung von Kontingenz gegründeten Malerei. An den Beispielen von "Le Comte Lepic", "L'Absinth", "A la Bourse" und "Six amis à Dieppe" konnte die Weiterentwicklung des künstlerischen Verfahrens Degas' gezeigt werden; ließ sich die Erweiterung seines Bildkonzepts, seine Steigerung zu radikalisierter Kontingenz, seine Erneuerung der Möglichkeiten des Gruppenbildnisses ablesen.

Jene Entwicklung trifft für die alten Themenbereiche der Malerei Degas' ebenfalls zu: Für das Porträt, die Oper und den Rennplatz. Das Porträt "Madame Jeantaud au Miroir" (um 1875) (L 371)[23] im Jeu de Paume demonstriert Degas' Fortschritt als Porträtist. Er flacht durch Verunklären der Zimmerdecke den Raum ab, in dem Mme Jeantaud ausgehbereit vor einem Spiegel sitzt. Das Bild ist von den Vertikalen des Spiegelrahmens und des Mobiliars bestimmt. In die Vertikalen eingebunden sind das Spiegelbild der

Jeantaud und sie selbst. Der Kontur des Spiegelbildes und der Figur der Mme Jeantaud beleben dabei rhythmisch in zweifachem Auf und Ab die vertikal gegliederte Fläche. Aber Degas meidet die platte Verdoppelung: Zunächst ist die Fläche, in der die Figur positioniert ist, um ein deutliches Etwas größer als die Spiegelfläche. Dann sieht man das Gesicht der Mme Jeantaud selbst in hart angeschnittenem Profil, im Spiegel dagegen en face, was bedeutet, daß die Porträtierte nur im Spiegel als solche überhaupt erkennbar ist und dort ist ihr Gesicht über Gebühr aufgelöst. (Überhaupt trennt die malerische Frische dies Porträt von den früheren.) Farblich wird die Kontradiktion von Figur und Spiegelbild ebenfalls aufgenommen: Die Lichtreflexe im Spiegel umflirren eine dunkle Silhouette, während das Dunkel hinter der Figur das Profil der Porträtierten kontrastreich foliiert. Allein: Spiegelbild und Figur differieren deutlich nur in der Behandlung des Gesichts, sonst scheinen sie in derselben Ebene, was nicht gerade zur Klärung der räumlichen Zustände beiträgt. Die Farbe ist, dem Hell-Dunkel subordiniert, sparsam eingesetzt: Aus Schwarzbraun, Schwarzgrau und Weiß, akzentuiert durch die beigefarbene Schleife des Strohhuts und des Blaugrau der Bespannung der Sessellehne, baut Degas das Bild auf. Hier benötigt er keine Gruppe, mit einfachsten Mitteln weiß er Identitätsverlust und Isolation der Porträtierten auszudrücken. Nicht Mme Jeantaud ist wirklich auf uns zu beziehen, nur aus dem Spiegel blickt sie uns an, nur dort ist sie für uns erkennbar. Und lediglich einmal, in "Estelle Musson de Gas" (1872/73) (L 313)[24], einem der malerischsten Porträts Degas', hat er mit noch einfacheren Mitteln die Isolation eines Menschen dargestellt. Die feinsten Nuancen von Weiß, Grau und einem hellen, ins Gelb spielenden Rot sind das farbliche Ambiente für eine entschieden aus dem Bildzentrum gerückten Frau, die ergeben, die Hände im Schoß gefaltet, auf einem Kanapee sitzt und mit toten Augen am Betrachter vorbei ins Leere blickt. Es ist nicht nötig zu wissen, daß die Schwägerin des Künstlers blind war, um ihre tiefe Entfremdung von der Welt der Sehenden anschaulich zu erfahren. Man hat den Eindruck, als schaue sie mit Absicht am Betrachter vorbei, ihn so mit Nachdruck auf den Glanz der farblichen Erscheinung weisend, der ihr selbst immer verborgen bleiben muß. Wie die sichtbare Blindheit der Estelle Musson de Gas ist der verdoppelnde und auflösende Spiegel bei Mme Jeantaud Symbol des unüberbrückbaren Für-Sich-Seins.

Sechs Jahre später zeigt Degas die "Duchesse Montejasi Cicerale avec ses Filles" (1881) (L 637)[25] als alte Frau auf einem Diwan, dem Betrachter zugewandt, während ihre beiden Töchter links, vom Bildrand überschnitten, wohl am Klavier sitzen. Aber ein solcher szenischer Zusammenhang ist nicht unbedingt einzulösen; er ist möglich und vorstellbar, nicht aber eindeutig zu behaupten, da die Zusammengehörigkeit der Personen aufgehört hat zu existieren (Blickrichtungen, Positionen im Bildfeld etc.), und zwar über den Moment hinaus.[25a] Das thematisierte Auseinander der Personen ist zum sinnlich organisierten Sinn geworden. Man kann davon sprechen, daß die Familienmitglieder nicht einander zugeordnet werden, sondern auf der Bildfläche verteilt werden. Sogar die Duett spielenden Mädchen agieren isoliert. Daneben schwindet der Porträtcharakter, die Individuen vermögen sich gegenüber der vereinnahmenden Allgemeinheit der Entfremdung nicht zu behaupten.

Änderungen sind gleichfalls an den Darstellungen der Tänzerinnen und Jockeys auszumachen. In "Danseuses au Foyer" (um 1879) (L 530)[26] sieht man aus extremer Aufsicht auf drei ausruhende Tänzerinnen. Zwei sitzen einander zugewandt, die eine mit untergeschlagenem Bein, neben einer vornübergebeugt kauernden Dritten auf einer Bank, deren diagonale Positionierung zugleich das Raum- und Flächenkonzept des Bildes terminiert. Dabei wird sie von den beschriebenen drei Balletteusen nahezu ganz verdeckt; das ganze Bildzentrum wird vom bauschigen Rosa des 'Tutu' der Dritten eingenommen. Arme und Beine der genannten und einer nicht exakt auszumachenden Anzahl weiterer Tänzerinnen, die fragmenthaft angedeutet werden - nur Teile der Körper, in der Mehrzahl nur die Beine sind sichtbar - beziehen sich auf die dominante Diagonale. Die Aufsicht und die Position der Sitzbank bilden das Raumkonzept, zu dem sich die Figuren beliebig verhalten. Sie bleiben allerdings ins Bildkonzept eingebunden; man denke an die Gegenüberstellung von Zuwendung und Abwendung in den Hauptfiguren, in denen darüber hinaus verschiedene Ruhehaltungen kontrastive und zeitliche Beziehungen eröffnen. Im Ganzen aber stellen die Tänzerinnen (auch die beiden linken Hauptfiguren sind stark angeschnitten) ein beliebiges Etwas in einem Bildkonstrukt dar, das sie nicht mehr normieren. Die einzige als Vollfigur sichtbare Tänzerin übernimmt in diesem Bildkonzept eine den Einzelfiguren aus "A la Bourse" oder "Six amis à Dieppe" vergleichbare Funktion als visuelles Artikulationsmodell für räumliche Positionierung und vollfigurige Existenz der übrigen Tänzerinnen. Dominant ist der fragmentarische Charakter des Bildes, auch darin geht "Danseuses au Foyer" weit über das "Foyer de la Danse" hinaus. Dies Fragmentarische ist kein Einzelfall. In "Le Baisser de Rideau" (1880) (L 575)[27] verdeckt der herabfallende Vorhang der Oper die Tänzerinnen auf der Bühne zum überwiegenden Teil, darunter ist ein dunkler Streifen der Orchesterloge zu sehen, aus der einzelne Violinbögen ins grelle Rampenlicht hineinreichen. Wieder ist der Betrachterstandpunkt anomal hoch, diesmal wäre er jedoch aus dem thematischen Bezugsrahmen deutbar: Der Betrachter kann sich in der Rolle eines Opernbesuchers vorstellen, der aus seiner Proszeniumloge blickt. Die Musiker im Orchestergraben sind radikal vom unteren Bildrand durchschnitten, während die Unterkante des Vorhangs die Tänzerinnen von oben anschneidet. Beide Horizontalen zerschneiden um der Gegenwärtigkeit des Eindrucks willen den Zusammenhang der Bildteile.[28] Zwar spielt die Farbigkeit des Vorhangs auf die Röcke der Tänzerinnen an und greifen die Violinbögen in das Bühnenlicht über, wobei sich die durch sie angegebenen Diagonalwerte kontrastiv auf die Arme der Tänzerinnen beziehen. Allein, das sind keine räumlichen Vermittlungen, höchstens Indizien für die Gleichberechtigung aller Bildteile. Die Tänzerinnen, ihre Arme und Beine, sind den Violinbögen oder den dominanten Horizontalen gleichwertige Formfaktoren der Bildgestaltung. Darin ist mehr gemeint als die Atmosphäre eines Opernabends. Die Figuren sind nicht mehr normativ für das Bild: Das ist zugleich Legitimation und Konsequenz ihrer fragmentarischen Erscheinung. Bedeutungsschwund des Menschen - die schon gar als Einzelne ihre Existenz in der Darstellung nicht mehr behaupten können - geht aber zu Lasten der Entfremdung. Diese rückt in den Ballettbildern auch thematisch ins Blickfeld, etwa in "L'Attente" (1882) (L 698).[29] In diesem Bild ist eine Frau und eine Tänzerin auf einer Bank zu sehen; sie scheinen auf irgendetwas zu warten. Erneut bestimmen die Dinge, nicht die Menschen die Präsentation. In diesem Fall die Bank und der Schirm der Frau, die in der evozierten Potentialität des Raumes an "L'Absinth" denken lassen. Die exzentrische Position der Figuren auf der Bank wie auf der Bildfläche suggeriert Raumweite, die die Stimmung des gelangweilten Wartens unterstreicht. Die Frau scheint mit der Schirmspitze Muster auf das Parkett zu zeichnen. Das Mädchen massiert sich vornübergebeugt das ermüdete Fußgelenk. Beide warten, dennoch spielt Degas wie so oft mit Kontrasten: Im Hell-Dunkel-Gegensatz der Kleidung, im Kontrast von Farbigkeit und stumpfem Schwarz, im Alter der Personen und in der Gegenüberstellung von rundem und eckigem Kontur. Isolation, Entfremdung ist hier vom Sujet selbst her thematisch. Weniger durch Überschneidungen ist das Fragmentarische ausgedrückt, als durch die Exzentrizität der Plazierung auf der Fläche und die schräge Aufsicht.

Bei aller Willkür solcher Feststellungen auf knappem Raum können die an den zuletzt gezeigten Bildern getroffenen Feststellungen als Tendenz der Ballettbilder festgehalten werden. Etwa bis zur Mitte der siebziger Jahre zeigt Degas Balletteusen beim Tanzunterricht oder in Ruhepausen, wie in "Foyer de la Danse" oder "La Classe de Danse" (1874) (L 341) (Abb. 11).[29a] Die Tänzerinnen bleiben individuell fassbar, oft strukturiert ein szenischer Zusammenhang die Darstellung. Die wiedergegebene Szene ist noch als stimmiges Ganzes erfahrbar. In der zweiten Hälfte der siebziger Jahre geht Degas zu extensiven Bewegungsstudien über, die Tänzerinnen in kleineren Gruppen zeigen, in überraschenden Perspektiven aus Logen oder in den Kulissen. Bei radikalisierter Kontingenz werden die Figuren immer mehr entindividualisiert, beliebige Funktoren der Bildgestaltung. Gleichzeitig setzt sich das Pastell gegenüber der Ölmalerei durch und bringt eine neue Farbigkeit in die Kunst Degas'. Von der Bildstruktur her ist die Entwicklung durch eine Fragmentarisierung des Dargestellten gekennzeichnet; so setzt sich konsequent in den letzten Bildern Degas' die Einzelfigur, die selbst nur partiell sichtbar bleibt, durch. Die Raumgestaltung wird zugunsten größerer Flächigkeit, in der Degas die Farbigkeit des Pastells frei entfalten kann, immer mehr aufgebrochen. Daneben gibt er - wie in "L'Attente" - in zahlreichen Bildern eine soziale Charakterisierung der Welt des Balletts, in der Auspowerung, Verschleiß, Isolation in verschiedenen Episoden geschildert sind.

Aufs Ganze gesehen ist die Entwicklung des Themas der Rennplätze dieser Skizzierung vergleichbar. Beispiele dafür können "Aux Courses / Jockeys Amateurs près d'une Voiture" (1877-1880) (L 461) (Abb. 12)[30] oder "Jockeys" (1881-85) (L 680)[31] sein. Wenn wir das erste Bild mit "La Voiture aux Courses" von 1873 vergleichen (Abb. 5), so ist der Betrachter näher an das Geschehen herangerückt. Deutlich ist die Bildkonstruktion auszumachen: Der Kirchturm erweist sich dabei als Angelpunkt zentraler kompositorischer Strategien. Er gibt zusammen mit dem Arm des Jockey unterhalb der Kirche und dem rechten Vorderbein seines Pferdes eine Senkrechte an, die mit den Waagerechten der Zuschauerreihe und der Eisenbahn korrespondiert, wobei zugleich verschiedene Diagonalwerte auf sie bezogen sind. So ist der Kirchturm Endpunkt einer Diagonalen, die von der Linie über den Kopf des Jockey ganz links und der Straße, die den Hügel hinaufläuft, gebildet wird. Der Ausgangspunkt dieser Diagonalen am linken Bildrand ist wiederum Endpunkt einer Diagonalen, die vom Schnittpunkt der Nabe des rechten Hinterrads der

Kutsche mit dem unteren Bildrand ausgeht. In ihr werden die räumlich auf den verschiedensten Ebenen positionierten Diagonalwerte des rechten Oberschenkels des genannten Jockeys sowie das ausgreifende Vorderbein seines Pferdes und das angehobene linke Hinterbein des Pferdes in der Bildmitte wie schließlich eine Radspeiche einbezogen und planimetrisch zusammengebracht. Gleiches vollbringt die Senkrechte für den äußersten Hintergrund (Kirchturm) und den Vordergrund (Pferdebein). Schon bekannten Kontrastfiguren der Ballettbilder vergleichbar, sind Körper- und Kopfhaltung der Jockeys janusartig gegeneinandergesetzt. Die exzentrische Massierung der Figuren in der rechten Bildhälfte verweigert die Bildmitte, steigert die Gegensätze. Im Abschneiden der Pferde, des Wagens und der Figuren forciert Degas das Fragmentarische, auch im Motiv selbst ist die Kontingenz erfaßt. Im Bild "Jockeys" hat der Betrachter dann den Eindruck, daß er sich mitten unter den Reitern befindet. Rechts füllen zwei stark vom Bildrand überschnittene große Pferdeköpfe das Bild, von denen der obere den Kopf eines Jockeys vom Körper 'trennt'. Die übrigen im Bild nur teilweise sichtbaren Pferde haben dafür keine Köpfe. Die Jockeys beherrschen das Bild - das an eine Großaufnahme erinnert - mit ihren primärfarbenen Jacken von der Farbe her. In einer Reihe von Rennplatzbildern bestimmen schließlich, ähnlich wie in "Le Baisser de Rideau", Horizontal- oder Vertikalstreifen von Holzbarrieren den Bildaufbau. Darauf soll hier nicht weiter eingegangen werden, doch ist wohl die analoge Tendenz der Rennplatzbilder zu den Ballettdarstellungen genügend deutlich geworden.[32] Sie lassen neben der weiter beobachtbaren Radikalisierung der Kontingenz, die wir der Figurenmalerei entnahmen, ein weiteres Grundelement des künstlerischen Verfahrens Degas' hervortreten: die Fragmentarisierung. Sie ist als Resultat alltäglicher Erfahrung großstädtischen Lebens zu werten, ist anschaulicher Niederschlag des Erlebens kontingenter Szenen. Baudelaires Gedicht "A une passante" aus dem Zyklus "Tableaux Parisiens" zielt auf eben diese in der der Kontingenz entspringenden Fragmentarisierung gemeinten

Unmöglichkeit eines wirklichen Kontaktes:
"La rue assourdissante autour de moi hurlait.
Longue, mince, en grand deuil, douleur majestueuse,
Une femme passa, d'une main fastueuse
Soulevant, balançant le feston et l'ourlet;
(...)
Un éclair... puis la nuit! - Fugitive beauté
Dont le regard m'a fait soudainement renaître,
Ne te verrai-je plus que dans l'éternité?

Ailleurs, bien loin d'ici! trop tard! jamais peut-être!
Car j'ignore où tu fuis, tu ne sais où je vais,
O toi j'eusse aimée, ô toi qui le savais!"[33]

Das Fragmentarische, in der bildenden Kunst wie in der Literatur, führt die Wirklichkeit als Bruchstück vor Augen. Solche Sichtweise ist als Ausdruck erfahrener Entfremdung und entfremdeter Erfahrung verstehbar, weil sie impliziert, "daß das 'große Ganze' uns überhaupt nur als Bruchstück wahrnehmbar ist, weil das'Ganze' nicht mit dem Menschen übereinstimmt."[34] Zu erinnern ist hier an die "milieu-bezogene Fragmentästhetik"[35] Duranty's. Inwieweit seine programmatischen Plädoyers für das Fragment auf die Anschauung der Bilder Degas' zurückgeht oder inwieweit Degas von ihm gravierende Anstöße erhielt, ist schwer zu bestimmen. Schließlich spielt im Werk von Mallarmé und Valery, wie in ihren theoretischen Äußerungen, der Begriff des Fragments eine ausgezeichnete Rolle. Beide waren Freunde von Degas. Für sie alle ist das Fragment die Eröffnung der Möglichkeit, auf das Nicht-sichtbare, Nicht-sagbare zu verweisen; Degas visualisiert vermöge der Positivierung negativer Bildstrategien (Fragmentarisierung) die selbst nicht sichtbare Entfremdung. Jedenfalls entwickelt er in der kühnen Fragmentarisierung ein zentrales Sprachmittel seiner Kunst. "Viel wegschneiden, daß muß der Maler können"[36], ist eine seiner Maximen. Das Fragment tritt in den Bildern Degas' dem Betrachter als Totalität gegenüber, da die Totalität menschlicher Erfahrungen vom Fragmentarischen geprägt ist: Entfremdung der Welt.

4.3 Radikalisierte Kontingenz und Serialität: Die Konzeptualisierung der Malerei als Regulativ der Entwertung des Motivischen

Die Veränderungen der alten Themen ergänzt das Hinzutreten neuer, die gleichermaßen vom geschilderten Verfahren Degas' geprägt sind, wie sie es thematisch unterstützen. Es sind dies die Gruppen der Bilder von Konzert-Cafés, Büglerinnen, Wäscherinnen und Modistinnen.

Forciert ist der Zusammenhang von radikalisierter Kontingenz und Entfremdung in "Femmes devant un Café / Un Café Boulevard Montmatre" (1877) (L 419)[37]. Die vertikalen Pfeiler, die auch in ihrer Helligkeit optisch dominieren, überschneiden die auf der Caféhausterrasse sitzenden Frauen. Hinter ihnen wird durch eine Scheibe der abendliche Boulevard mit vorbeiflanierenden Passanten und den schon angezündeten Laternen sichtbar. Die Pfeiler laufen einem harmonischen Gesamteindruck entgegen, sie steigern die Ausschnitthaftigkeit des Bildes in ihrer innerbildlichen Fragmentarisierung erheblich.[38] Über den Charakter des Augenblicklichen hinaus ist die Vereinsamung der Dargestellten in Haltung, Gestik und Bildkonstrukt sinnlich umgesetzt. Weitere wichtige Darstellungen aus dieser Gruppe[40] sind "Au Café-Concert: La Chanson du Chien" (1875/77) (L 380)[41] sowie "Le Café-Concert des Ambassadeurs" (1876/77) (L 405).[42]

Mit den Büglerinnen hatte sich Degas schon früher beschäftigt; in der Hauptsache entstehen sie jedoch nach Mitte der siebziger Jahre.[43] Die Komposition der beiden Büglerinnen im Jeu de Paume, "Les Repasseuses" (L 785) (Abb. 13), entstand um 1884.[44] Sie ist zunächst eine Milieustudie, die von einer Kontrastfigur - wie Degas sie geliebt hat - lebt. Hinter einem Tisch sind zwei Frauen sichtbar: links steht eine Mollige, die sich gähnend streckt, die eine Hand hinter den zurückgelehnten Kopf gelegt, die andere fest am Hals einer Flasche. Rechts neben ihr presst eine weitere Frau mit gestreckten Armen, in die sie gespannt ihre ganze Körperkraft legt, das Plätteisen auf die Wäsche. Natürlich ist ein solches

Motiv außergewöhnlich, niemand sonst von den Impressionisten würde es gemalt haben. Auch hier können Anregungen aus der Literatur, etwa aus Zola's "L'Assomoir", stammen, der das Schicksal einer dieser Wäscherinnen und Büglerinnen schildert.[45] Doch das Bild über-formt das Sujet. Die aus der Schrägsicht resultierende Diagonale durchzieht die ganze Breite des Bildes im Vordergrund. Zwei Öfen bilden Vertikalen, die mit den Körpern der Frauen korrespondieren. Degas setzt die Komposition einmal mehr zur planimetrischen Einbindung des dargestellten Auseinander ein; etwa wenn das linke Ofenrohr in die Vertikale des orangefarbenen Halstuches übergeht und in der Flasche auf dem Tisch endet. Zur Flächigkeit des Bildes trägt weiter die Unklarheit der räumlichen Organisation hinter den Büglerinnen bei. Diese selbst sind in die Komposition durch ein Wechselspiel kontrastierender Winkel (Arme, Kleidung) einbezogen. Wenn die Vertikalen der Ofenrohre den Figuren ihren je eigenen Raum auf der Fläche zuteilen, so vermittelt andererseits der gestreckte Arm der linken Büglerin, der diese Vertikale durchschneidet, beide Figuren. Der Kontrast von Arbeit und Entspannung ist aufgehoben in der mehr vertikalen Orientierung (Armhaltung, obere Kante der Schürze) der linken Wäscherin gegen die vertikale Orientierung der Rechten. Verbunden sind beide dagegen erneut in der V-förmigen Anordnung des Halstuchs der Linken, das die gleichförmige Stellung der Arme der Bügelnden aufgreift. Darin ist eine Allusion auf die vorhergehende und folgende Tätigkeit der Ersten zu sehen. Die Konturen sind weitgehend aufgelöst, von Linien im eigentlichen Sinn kann kaum mehr gesprochen werden. Degas hat die Farbe direkt auf die Leinwand gebracht; die Arbeitsspuren wie Teile stehengebliebener unbemalter Leinwand wirken beim Bildeindruck mit. Aus dem Braunton der Leinwand und Rosa, Blauweiß sowie Blaugrau - also Tönen der Palette des Pastells, zu denen Degas übergeht - akzentuiert durch das Gelborange des Halstuchs, dem Grün der Flasche und dem Rot eines Schälchens baut Degas ein Bild in zart miteinander verwobenen Tönen. Motiv und Komposition sind verschränkt, allerdings herrschen Form und Farbe vor. "Die hervorragende Komposition und der Reiz der Farben lassen den Beschauer die mühevolle Art der Arbeit vergessen, während die frühen und verwaschenen Tönungen noch den Eindruck der schweren Arbeit und Ermüdung, die aus ihren Gestalten spricht, unterstreichen."[46]

Auch die Wäscherinnen gehören zu den Themen im Werk Degas', die in zahlreichen Variationen immer wiederkehren. Von ihnen seien nur die "Deux Blanchisseuses portant du Ligne" (1876-78) (L 410)[47] erwähnt. Dieses nach Studien und Varianten ausgeführte Gemälde ist in seinem Verlust eines thematischen Bezugsrahmens und seiner Künstlichkeit mit den "Six amis à Dieppe" vergleichbar. Man blickt auf zwei Wäscherinnen, die einander den Rücken zukehren. Beide tragen in derselben Haltung große gefüllte Wäschekörbe. Haltung und Tätigkeit provozieren einen Bezug, den die Figuren selbst demonstrativ verweigern. Überdies steigert Degas das Fragmentarische durch eine betonte 'Unfertigkeit' der Malerei, die allerdings die Wirkung der Farben - z.B. des Gelb - beträchtlich erhöht.

Eine weitere Gruppe sind die Bilder von Modistinnen, die an 1882 entstanden. Sie sind jetzt alle in Pastellstift ausgeführt und zeigen die Hutmacherinnen bei der Arbeit, wie sie Kunden bedienen oder wie jene die Hüte anprobieren.[48] So ein Bild ist "Chez la Modiste" (1882) (L 682)[49], auf dem die Kundin sich und den neuen Hut in einem Standspiegel prüfend betrachtet. Der Spiegel teilt die Komposition vertikal und durchtrennt die bedienende Modistin derart, daß ein von ihr bereitgehaltener Hut in der Luft zu schweben scheint. Auch ist ihr Gesicht vom Spiegel verdeckt; die ganze Figur ist halbiert. Ein Bezogensein der Personen aufeinander, das ja von der Handlung her besteht, wird anschaulich zunichte gemacht. Wie im Porträt der Mme Jeantaud ist der Spiegel Symbol der Entfremdung, nur daß er hier direkt anschaulich das Aufeinanderbezogensein der Dargestellten brutal kappt. Ist darin die schon oft beobachtete Funktionalisierung der menschlichen Figuren zu Teilen der Bildgestaltung ausgedrückt, so geht Degas in "Chez la Modiste" (1882) (L 683)[50] soweit, daß die Modistin zwischen all den Hüten kaum mehr in Erscheinung tritt. So wird das Bild zum Spiel der Farben der Hüte, ihrer Bänder und Federn. Dies Moment war sicherlich bei der Vorliebe Degas' für dieses Thema bestimmend.

Schließlich bleibt die Serie der Frauen bei der Toilette zu nennen - eine der eigenwilligsten Schöpfungen des Künstlers. Im Jeu de Paume befindet sich eines der Pastelle mit eigenartiger Flächenaufteilung; "Le Tub" (1886) (L 872).[51] Aus starker Aufsicht blickt der Betrachter auf eine im Tub kauernde nackte Frau, die sich mit einer Hand abstützt, um sich mit einem Schwamm in der anderen Hand den Nacken waschen zu können. Rechts neben ihr fällt der Blick auf eine Kommode, auf der verschiedene Toilettengegenstände bereitliegen; die Kante der Kommode zerteilt das Bild radikal. Würde nicht der Henkel einer Kanne und der Stiel einer Haarbürste über die Kante ragen, könnte man zunächst meinen, es handele sich um zwei verschiedene Bilder. Bei genauerer Betrachtung kann man allerdings subtile Bezüge feststellen: So korrespondiert der Arm, auf den sich die Frau stützt, mit der Kante der Kommode; spielt der erwähnte Henkel auf den ihm gegenüberliegenden Kontur des Frauenrückens an und verweist schließlich der im Gelb farblich hervorgehobene Bürstenstiel auf den vom Licht erhellten Fuß der Badenden, womit der einzige Horizontalwert des Bildes gebildet wird. Auch farblich korrespondieren die Bildteile, wenn der glühende Ton des Rotbraun von Haar und Schwamm in der kupfernen Kanne und einem Büschel falscher Haare aufgegriffen ist. Das warme Rot und das schimmernde Inkarnat kommen doppelt zur Geltung, da die übrige Fläche bei aller farblichen Nuancierung von einem feinen Graublau durchsetzt ist.
Die Pastelle waren 1886 auf der 8. Impressionistenausstellung zu sehen und machten dort Furore. Man sah zwar ein, daß Degas versucht hatte, von der glatten, schlüpfrigen Nacktheit der im Salon so beliebten 'Göttinnen' und 'Nymphen' wegzukommen, dennoch fühlten sich die meisten Betrachter beleidigt, ohne damals schon die späteren Pastelle, in denen Degas seine Frauen ohne weiteres auf

dem Bidet zeigt, zu kennen. J.K.Huysmans, ein bekannter zeitgenössischer Kritiker, sprach von der "aufmerksamen Grausamkeit" und vom "geduldigen Hass" des Künstlers.[52] Man darf kaum annehmen, daß Degas seine Betrachter vom Sujet her schockieren wollte; sein eigentliches Interesse in den unermüdlichen Wiederholungen galt der kompositionellen Gestaltung und immer mehr der Farbe. Jedes Thema war ihm unerschöpflich geworden; er gestaltete es von allen möglichen Gesichtspunkten. (Vgl. Abb. 14.) Das macht die Akte der späten Bilder auch so wenig sinnlich. Sie sind in erster Linie Studien-Objekte, erst in zweiter Linie Frauen. Degas beobachtet die Frauen als Misogyn, mit animalischem Blick, und er fragt sich selbst: "Vielleicht habe ich die Frau zu sehr als Tier gesehen."[53] Aber das läßt ihn die Konventionen des Aktes brechen, macht die Frauen zu Objekten, zum Anlaß von Komposition und peinture. Schon Lemoisne sagte: "Ihn interessieren nur zwei Dinge: die Bewegung und das Inkarnat."[54] Und Valery hat die Tendenz zur Entgegenständlichung noch klarer gesehen: "Degas sucht im Nackten... das einmalige System an Linien, das eine bestimmte Gegebenheit seines Körpers mit der größtmöglichen Genauigkeit als auch mit allgemeiner Gültigkeit formuliert."[55] Mit der Intention, die weniger über das Motiv, als die Sehweise provoziert, ändert sich die Präsentation. Nahezu alle nach der Renaissance in Europa entstandenen Bilder, die (u.a.) eine sexuelle Bedeutung haben, sind frontal angelegt.[56] Das ist noch bei Manet der Fall ("Olympia"), für Degas gilt es nicht mehr. In einer Bildwelt, die tendenziell den Anthropozentrismus verläßt, muß auch das Ideal des Nackten verschwinden.

Wenn Lemoisne sagt, Degas komme es auf die Bewegung an, so ist damit noch keine Begründung für diese Präferenz gegeben. Die Bewegung aber ist unausschöpflich: sowohl im Café, in den Läden der Modistinnen, den Kellern der Wäscherinnen und Büglerinnen, natürlich erst recht im Ballett und auf dem Rennplatz. Degas, der die Bewegung sich zum Thema erwählt, erschließt sich ein unermeßliches Formenpotential. Dies erkennend beginnt er seriell zu arbeiten: Er legt sich eine Kartei der Bewegung an. Nicht vollendet hat er zahlreiche geplante weitere Serien, wobei er u.a. auch Serien über Farben (!) - "Die verschiedenen Schwarz" "Serie über die verschiedenen Arten von Gesichtsblässe"[57] - plante, die zeigen, daß sein Interesse über bestimmte Motivreihen hinausging. Das Arbeiten in Serien, die Unabschließbarkeit implizieren, wird für ihn charakteristisch. "Man muß das gleiche Motiv zehnmal, ja hundertmal von neuem machen.", fordert er.[58] Daher war auch die Auswahl der zuletzt angeführten Bilder in gewissem Sinn beliebig, sie werden alle gleichwertig. Zum Teil wirkt sich das serielle Arbeiten dahingehend aus, daß Degas die Entwicklung einer Geste, einer bestimmten Bewegung in einer Bildfolge oder gar in einem einzigen Bild analysiert.[58a] Solche Bewegungsabfolgen (vgl. Abb. 15) erinnern an filmische Sequenzen, Abfolgen von Großaufnahmen mit der fahrbaren Kamera.[59] Degas benutzt den Term 'Serie' ganz bewußt.[59a] So leitet er die Konzeptualisierung seiner Malerei ein, die mit der durch den Bedeutungsschwund des Motivischen und der diesem folgenden Akzentuierung der Formstrategien erzwungenen Serialisierung vermittelt ist. Die Serialität ist eine andere Möglichkeit, neben dem fragmentarischen Charakter der Bilder und ihrer Malweise, die Idee der Vollendung als einer für das einzelne Bild oder Kunst überhaupt notwendigen Qualität zu verabschieden. Darin denkt Degas sehr modern.[60] Man kann sagen, daß seine Bilder zu formalen Variationen eines eingeschränkten Repertoires von Themen werden, die ihrerseits durch die serielle Behandlung entwertet werden.

4.4 Die Farbe als Moment der Autonomisierung der Bildelemente

Bislang war ausschließlich von der Malerei Degas' die Rede. Er hat daneben auch in der Grafik versucht, seine künstlerische Konzeption umzusetzen. Sein Freund Braquemond hatte ihn nicht allein auf die japanische Druckgrafik aufmerksam gemacht, er führte ihn auch in die Technik der Radierung ein und half mit Ratschlägen, z.B. zu den diffizilen Aquatintaverfahren, weiter. Degas hat jedoch nicht sehr viele Blätter entworfen; Delteil weist 66 Radierungen und Lithographien nach.[60a] Das schönste und auch prägnanteste Blatt ist wohl "Au Louvre: La Peinture (Mary Cassatt)" (ab 1876) (Delteil 29)[61], auf das Degas den größten Arbeitsaufwand konzentriert hat. Delteil zählt nicht weniger als zwanzig verschiedene Zustände der Platte.[61a] Das schmale Hochformat des Blattes ist auf Gestaltungsprinzipien der japanischen Grafik zurückzuführen; jetzt entdecken die Künstler es neu.[62] In dem kleinen Blatt betont Degas eine kühne Asymmetrie, wobei die ungewöhnliche Einblicksöffnung die Komposition terminiert. Das Fragmentarische ist forciert, räumlichkeitsbildende Vermittlungen der Figuren vermieden. Die Linien des Parketts werden vom Schirm gegenläufig durchschnitten, die angeschnittene Mauer links macht das Bild noch flächiger.[62a] Die beiden Figuren verschmelzen und stehen gemeinsam silhouettenartig vor dem Grund. In "Au Louvre: La Peinture" bringt Degas die Komponenten seiner künstlerischen Konzeption auf den grafischen Nenner.

Weitaus mehr Arbeiten hat Degas in der Technik der Monotypie hinterlassen. Diese Technik hat einen besonderen Platz im Werk, in der Entwicklung Degas'. Nicht zufällig beginnt er den umfassendsten Gebrauch von ihr zu einem Zeitpunkt zu machen, als seine Kunst sich grundlegend wandelt. Er glaubte auch, der Erste zu sein, der sich dieses Verfahrens bediente.[63] Jedenfalls gibt es fast 350 solcher Monotypien[64] in den unterschiedlichsten Techniken.[65] Begonnen hatte er mit der Monotypie um 1874/75, der größte Teil wurde zwischen 1878 und 1885 geschaffen. Die Monotypie bot Degas ein Experimentierfeld, das ihm Freiheiten erlaubte, die nur bei ihrem sehr privaten Charakter möglich waren. Diese Mischtechnik aus Druckgrafik und Handzeichnung, per definitionem 'einmalig', bot Gelegenheit, die traditionelle Technik der Ölmalerei zu erweitern und zu verlassen. In der Regel sind es ein-

malige Abzüge auf Papier von Kupfer- oder Glasplatten, auf die mittels Fetttusche oder Ölfarbe gemalt war. Das Verfahren kam Degas in der Notwendigkeit zur schnellen Ausführung entgegen, da er die Effekte des Unerwarteten von regelwidrigen Strukturen, halbkontrollierten Zufälligkeiten und unvorhergesehenen Überraschungseffekten für sich auszuschlachten gedachte. Die Blätter waren zunächst in Schwarz oder Braun gedruckt, dann wurden sie häufig mit dem Pastell- oder Bleistift überarbeitet; auch bedruckte er getöntes Papier. Das technische Verfahren (wie die Pastellübermalung) erlaubte ihm ein freies malerisches Improvisieren mit Farbe über einem Hell-Dunkel vorstrukturierten Grund. Vor allem aber bekommt die Farbe in den Landschaftsmonotypien, die nicht mehr in Schwarz oder Braun ausgeführt werden, sondern in mit Malmitteln verdünnten Ölfarben eine überragende Bedeutung. Schon an dem um 1890/92 entstandenen Blatt "Lac et Montagne" (L 1048)[66] fallen die Konsequenzen für die Kunst Degas' auf. Die Landschaft entspricht dem Improvisieren eher als Darstellungen von Tänzerinnen und Badenden oder die Bordellszenen, die er in schwarz-weißen Monotypien ausführt. Einmal malt er in einem Zug achtzig dieser Monotypien, die er "Zustände der Augen"[67] nennt. Betrachten wir "Paysage" (1890/93)[68], "Bourrasque dans la Montangne" (1890/93)[69] oder "Paysage Vert" (1890/93)[70]: In ihnen entwirft Degas bestimmte farbige Gesamteindrücke (vgl. die Titel!), die Technik verbietet ein gezieltes Arbeiten an der Linie. Sie sind lichte Arabesken, die in den verschwimmenden Farbübergängen die Kontingenz der Malerei aufnehmen. Es gibt keine Menschen in den Landschaften Degas'; sie sind empfangene Farbeindrücke von außergewöhnlicher Sinnlichkeit, im Vorübergehen erhascht.[71]
Die Anschauungseinheit von Kontingenz und Komposition der Ölmalerei wird in die Einheit der Technik, die Zufall und Druckverfahren verbindet, übertragen. Dabei interessiert ihn weniger die Wiedergabe von Natur (Landschaft), als die Beziehungen zwischen den Farbtönen, die Qualitäten des Traumhaften freisetzten. Linie und Detail, die soviel in seinem frühen Werk prägen, vergehen in der Entfaltung der Farbe. So gesehen war die Monotypie ein malerisches

Korrektiv zum frühen Werk. Diese Blätter sind schiere Farb-Sensationen: In diaphaner Farbigkeit minimalster tonaler Kontraste lotet Degas die Lichtqualitäten der Farbe aus. Verbunden bleiben sie seinem Werk durch die im Unfixierbaren der Farbe übernommene Kontingenz der Erscheinung und die Destruktion bildnerischer Räumlichkeit im traditionellen Sinn. Raum wird farbig evoziert und ambivalent gehalten, er ist nicht perspektivisch in den Bildern. So vermitteln die Farbmonotypien ein Schweben, mehr gegenstandslose Farbkomposition als im Ernst Landschaft, mehr Verhüllung als Enthüllung, ein Schleiertanz farbiger Nuancen.

Schließlich sind die Techniken nicht mehr exakt auseinanderzuhalten. So wie Degas die Monotypie oft in einem zweiten Schritt mit der Pastellfarbe überarbeitet, verbindet er, um die Grenzen der jeweiligen Medien nicht sehr bekümmert, Pastell und Ölmalerei, Pastell und Gouache. Hatte die Pastellmalerei zunächst ökonomische Gründe - denn sie konnte schneller hergestellt und zudem besser abgesetzt werden - so lernt Degas bald die Potenzen der Farbkreide schätzen.[72] Er überzeichnet das Pastell mit heißem Wasser, den Farbstaub in einen Brei verwandelnd, aus dem er mit einem Pinsel noch die feinste Nuance der Kreide herausarbeiten konnte.[73] Die Pastellskizzen "Etude de Ciel" (L 219) oder "Plage à merée basse" (1869/70) (L 221)[74] erinnern an die Landschaften Turners, die Farbstudien von Bonington, Jonkind oder Daubigny. In den achtziger Jahren verwendet er immer breiter werdende Schraffuren, die er in mehreren Schichten ineinanderarbeitet. Das Verweben der unterschiedlichsten Farben läßt ihn eine an Delacroix geschulte optische Mischung erreichen. Gleichzeitig zeigte sich in der breiten Schraffur ein Spezifikum der späten Kunst Degas': In ihr sind Farbe und Linie vereinigt. Die Farbauffassung Delacroix' hatte er früh studiert: "Für die rote Farbe von Jephtas Gewand an die orangeroten Töne des Greises auf Delacroix' Bild 'Einzug der Kreuzfahrer in Konstantinopel' denken"[75] schreibt er in sein Notizbuch. Später, halb erblindet, läßt er sich von seiner Haushälterin Zoe aus den Tagebüchern Delacroix' vorlesen.[76] In "La Loge au Théatre" (1880) (L 584)[77] läßt sich die Farbigkeit der Schatten deutlich ausmachen. Der Zierrat der weiß-gelben, ockerfarbenen Loge wirft blaue, grüne und grauviolette Schatten. Und die späten Pastelle der 'femmes à leur toilette', der Tänzerinnen - von denen oft genug nurmehr die flirrende Farbigkeit der Röckchen zu sehen ist - zeigen den Versuch, in einem System von dicht überlagerten farbigen Schraffuren Linie und Farbe zusammenzubringen. Man tut Degas mithin Unrecht, wenn man in ihm bloß den Zeichner gegenüber Monet und anderen Impressionisten hervorkehrt. Zu Beginn hatte er mit der Farbe in der Hauptsache konturierte Flächen gefüllt. In den einigen Monotypien hatte er über die Hell-Dunkel-Zeichnung eine farbige Improvisation gelegt, in anderen die Farbe über landschaftliche Assoziationen freigesetzt: Linie und gegenständliche Bindung werden aufgegeben. Aber auch in den noch motivisch geprägten späten Serien versucht er die Möglichkeiten der Farbe im Netz der Schraffuren zu steigern. Farbe wird der Linie gleichgesetzt. Oft werden die Linien mit ablesbarer Wucht ineinandergetrieben.[78] Degas' Diktum: "Je suis coloriste avec la ligne."[79] bekommt angesichts der optischen Farbmischung der Schraffuren, die das Bild verflachen und in farbschimmernde Blöcke und Felder zerlegen, einen präziseren Sinn. Das ist nicht der einzige Unterschied seiner Farbigkeit zur virgulistischen oder pointillistischen Malweise seiner Kollegen. Deren Freilichtmalerei war ihm ein Greuel und natürlich mußte seine Bevorzugung des Interieurs Folgen für die Lichtgebung der Bilder haben. Bei den Impressionisten kommt das Licht von oben, gegebenenfalls diffus von allen Seiten. Bei Degas kommt das Licht häufig als Rampenlicht etc. von unten. Noch darin schöpft er Gelegenheiten des Befremdens der Betrachter aus. Solche Beleuchtung nimmt seinen Figuren oft die Standfestigkeit; sie scheinen dann zu schweben, denn der Boden liegt im Dunkel. Zudem liebt Degas das künstliche Licht der Cafés und Theater, mit deren Beleuchtung er spielen kann. Die Vielzahl der Lichtquellen trägt zur Auflösung des Konturs bei, sie bringt die Formen und Farben zum Vibrieren. Degas' Verdienst bleibt die Verbindung von Farbe und Linie: In der farbigen Schraffur ist die Linie nicht mehr Begrenzung einer Form, gar eines Volumens, sondern in ihrer Breite und dichten Massierung farbige Vibration breiter Flächen. Das ganz Neue, die Farbe betreffend, seines künstlerischen Verfahrens ist, "that in it line went without shape: it was a very broad line that formed color areas or patches, not contours, and these patches did not necessarily become planes that would advance or recede and so create volumes."[80]

4.5 Die späte Bildkonzeption Degas': Ikonische Intensität und Entfremdung

Die Analyse der Entwicklung des künstlerischen Konzepts Degas' seit der zweiten Hälfte der siebziger Jahre konnte erweisen, wie sehr in allen entscheidenden Punkten Degas seine Kunst vorangebracht hat. Die Momentaneität, bzw. Kontingenz radikalisierte er; die Dezentralisierung steigerte er zum forcierten fragmentarischen Charakter seiner Bilder; die Systematik seiner Bildfindung erweiterte er zur Serialität. Schließlich suchte er die Verbindung von Linie und Farbe.

Waren in der Entwicklung bis ungefähr 1875 bei Degas motivische Lässigkeit und Transitorik einerseits sowie formale Notwendigkeit andrerseits zu einer coincidentia oppositorum verbunden, wird die motivische Lässigkeit und Transitorik nun in der Radikalisierung der Kontingenz zur Funktion der formalen Notwendigkeit. Die Kontingenz als Sinnqualität seiner Kunst ändert sich quantitativ, das Potential etwa des "Bureau de Cotons" oder des "Foyer de la Danse" wird maximiert und führt zu einer gesteigerten Verbildlichung der Vereinzelung. Degas vermeidet unter allen Umständen die Konventionalisierung der Momentaneität, wie sie ihm bei seinen impressionistischen Malerfreunden begegnet. Er radikalisiert die Kontingenz, sucht Schocks und Brüche. Seine Bilder sollen das Auge analog der erfahrbaren Kontingenz der Wirklichkeit in gesteigerter anschaulicher Unverfügbarkeit provozieren. Die Trivialität und Alltäglichkeit der Motive geht mit einer kompositorischen Perfektion einher: Das Artistische überspielt das Veristische. Das Dargestellte wird tendenziell auf die Verwendung als Funktionswert kompositorischer und malerischer Operationen reduziert. So kann Waldmann schreiben: "Hier (im "Le Comte Lepic", d.V.) wird das Bildhafte so stark, daß das Bildnismäßige wie zufällig erscheint."[81] Somit eine Steigerung der Entporträtierung. Ferner bringt das Fragmentarische Schocks der ungewohnten Sehweisen mit sich. Die Körpergrenzen werden, wo das Ganze unerkennbar bleibt, wo das Fragment zur Totalität erhoben ist, zu Formgrenzen. Das Fragment ist nicht, wie konventionell, Defizienz, sondern eine in der Perspektive der Entfremdung positivierte Bildstrategie. Totalität der Erfahrung wird - eine in der Geschichte der Moderne folgenreiche Entwicklung - nicht durch Vollständigkeit, sondern durch Intensivierung (d.h. Stärkung der Bildlichkeit und Änderung des Bild-Betrachterverhältnisses) erreicht.

Es kommt zu Änderungen des Formats: Die Bilder werden kleiner. Denn das Verhältnis der Bildgrenzen terminiert die Relationen der Kompositionsmaßnahmen, deren Dichte und deren Überfangen des Gegenständlichen. Der Boden steigt höher und der Hintergrund verschwindet: Der Boden wird zum Hintergrund. Die steile Aufsicht ist mit extremer Nahsicht gekoppelt; beides verkürzt die Distanz des Betrachters. Das muß irritierend wirken. Der Betrachter weiß bald selbst nicht mehr, wo er mit Bezug zum Bild sich befindet, zumal vom Bild aus jeder szenische Bezug auf ihn vermieden ist. Im Bild, dessen Gegenstand näher rückt, rücken Nah und Fern ineinander, was zur weiteren Verflachung des Bildraumes beiträgt. Überdies steigert der Fragmentcharakter die Präsenz. Schließlich ist der Begriff des Fragments - den Degas mit Valery und Mallarmé teilt - Ausdruck der Unmöglichkeit einer angemessenen anschaulichen Wiedergabe der Totalität des

Erfahrbaren. "Er meint die höchstmögliche künstlerische Vergegenwärtigung des Unsichtbaren im Sichtbaren, die eben durch ihren fragmentarischen Charakter, die Überlegenheit des Unsichtbaren und die Unzulänglichkeit des Sichtbaren anzeigt."[82] In der Kunst Degas' steht ohne weiteres auch die Entfremdung für jenes Unsichtbare ein.

Degas' Kunst gewinnt neue Formqualitäten, indem er traditionelle Formstrukturen überwindet und einer Verselbständigung von Formen Spielraum läßt. Denn in dem Maße, in dem die Richtungswerte, wie wir es beobachten konnten, sich vom Gegenstand lösen, gewinnen sie an Eigenwert. Degas schafft ein System, dem die einzelnen gegenständlichen Elemente eingebunden sind. Die durch die radikalisierte Kontingenz bedingten Konstellationen führen zu Konstrukten, die einer formalen Autonomie entgegenstreben. Es ist dies der Beginn einer Tendenz, an deren Ende ikonische Intensität (Autonomie) die alte Idee der Vollendung (Ganzheit) ersetzt. Konsequenterweise kann in einer Reihe von Bildern die gegenständliche Identifizierbarkeit der einzelnen Elemente unter dem Eindruck der Verselbständigung der Form entfallen. Zur Entwertung des Gegenstandsbezuges trägt dann die Serialität entscheidend bei. Sie erweitert die Gleichwertigkeit der einzelnen Bildteile, ohne die eine Fragmentarisierung schlechterdings unmöglich wäre, zur Gleichwertigkeit aller Bilder selbst. Daher sind die Bildfolgen keine Wiederholungen von wenigen Themengruppen, die Serialität ist Bestandteil der Rhetorik der Kunst Degas'. Sie etabliert die Möglichkeit Satzperioden zu bauen, filmische Sequenzen von Bewegungen zu fixieren. Noch einmal verweist sie auf die Unabschließbarkeit der künstlerischen Tätigkeit. Wo Degas erkennen muß, daß die Idee der Vollendung, der er nachstrebte, ausgedient hat, macht er sich konsequenterweise an immer neue Ausformulierungen seiner Bildideen. Mit der Verbindung von Farbe und Linie unternimmt er schließlich eine malerische Vereinheitlichung seiner Bilder. In den Farbmonotypien schuf er Werke, die Farbe nicht länger hintanstellen und doch von der virgulistischen Farbe der Impressionisten unterschieden sind. Sie haben eine ausgesprochene Aktualität. Allen gegenteiligen Äußerungen der Kritik zum Trotz erweist er sich als ein entschiedener Kolorist, der in einer Reihe von Werken die Farbkraft eines Turner erreicht, ja sogar im Meditativen die Farbideen eines Rothko vorwegnimmt oder in der Atomisierung der Farbe einem Olitski vorgreift. Auch die Verbindung von Farbe und Linie ist zukunftsträchtig; sie wird in der New Yorker Schule ein analog strukturiertes Problem. Dazu meint Jerrold Lanes: "It was really these oscillations or ambiguities between line as the relatively fine edge of a volume and as the very broad expanse of a color area, and of color area as patches that sit on the surface of a picture or as surfaces of an illusionistic mass, that henceforward become the subject of Degas work. But here it is time to stop writing about Degas, since what we are talking about are the problems of the New York School."[83]

Gezeigt wurde auch, daß Degas die Entfremdung vielseitig ins Bild bringt. Zum einen mit einer tragischen Komponente, in einer nicht mehr bestimmbaren Umwelt, wie die Figuren auch für das Format nicht länger normativ sind (Porträts; Gruppenbildnisse; arbeitende Frauen); zum anderen entdeckt er die Entfremdung noch im Spielerischen (Ballett; Rennplatz). Wenn in den Bildern große Flächen leer bleiben, die Bildmitte unbesetzt bleibt, dann signalisiert das auch, daß sich nach den Erfahrungen Degas' und der Betrachter seiner Bilder die Mitte nicht mehr erreichen läßt. Der einzelne Mensch ist bei ihm entweder im Kollektiv vereinsamt, oder über ein ihm fremdes Spiel integriert. Die beiden Extreme, sofern es welche sind, werden durch dasselbe künstlerische Verfahren bedient, da es sich ja im Grunde um nichts weiter als verschiedene Erscheinungsformen desselben Phänomens handelt: der Entfremdung. Die Sprachmittel eines Degas erweisen sich immer neu als fähig, Vereinsamung, Entfremdung und Verspieltheit so in sich aufzunehmen, daß beides in Zusammenhang und Gegensatz deutlich wird. Unter den herausgearbeiteten Bedingungen der Anonymisierung der Individuen, der radikalisierten Kontingenz als bestimmender Zeitstruktur, der Fragmentarisierung und Serialität wird die Versachlichung, die Entgegenständlichung zur Konsequenz.

Ich habe bei der Analyse der Entwicklung des künstlerischen Verfahrens Degas' von der Repräsentation kontingenter Szenen zur Radikalisierung der Kontingenz den Kontingenz-Begriff nicht weiter befragt. Es läßt sich aber eine fundierende weitere Bezugsetzung denken, in der der Begriff der Kontingenz pointierter wird, schärfer umrissen ist und die zudem den Vorteil bietet, daß in ihr bildexterne Interdependenzen von Kontingenz und Entfremdung deutlich werden. Auch Max Imdahl konstatiert über das Verhältnis Malerei - Momentfotografie eine mögliche weitergehende Begründung der Kontingenz, wenn er von "kontingenter Wirklichkeit"[84] spricht. "Es läßt sich hier folgern, daß es die Malerei ist, welche die Repräsentationsmöglichkeiten der Momentfotografie erst einlöst, daß die Malerei die charakteristischen Grenzfälle erfindet, in denen die Momentfotografie kategorial sich erfüllt, und das - womöglich - erst durch die Malerei die mittels der Momentfotografie fixierte kontingente Wirklichkeit als eine eben durch dieses Medium repräsentierbare bewußt wird."[85] Hier wird die Kontingenz als ein der Wirklichkeit ursprünglich und zentral zuschreibbarer Wesenszug verstanden - ein Bewußtseinsinhalt erst des späten 19. Jahrhunderts - den herauszuarbeiten und bewußt werden zu lassen dann Möglichkeit und Aufgabe der Malerei wird.

Imdahl fährt fort: "Das Verhältnis zwischen Malerei und Fotografie ist dabei nicht bestimmt durch eine Konkurrenz der Gattung 'Malerei' mit der Gattung 'Fotografie', wohl aber durch das gemeinsame Ziel, die gemeinsame Wirklichkeit als eine selbst kontingente (!) und flüchtige zu erschließen."[86] Damit ist die Kontingenz als Wesensmerkmal der <u>Wirklichkeit</u> erneut betont und der Zusammenhang von Malerei und Momentfotografie über sie, deren Abbild beide sind oder sein können, hergestellt und begründet. Der Zusammenhang von Kontingenz und Wirklichkeit ist somit nicht als Manko zu verstehen: Er bleibt - wie gezeigt wurde - positivierbar in Bildlichkeit. Diesen Gedanken verfolgt Imdahl allerdings nicht weiter.

So läßt sich an dieser Stelle eine alternative Fortführung der Arbeit denken, die in der alternativen Zweiheit des Zugriffs die Einheit der Darstellung beizubehalten sucht. Eine Seite des doppelten Zugriffs besteht nun darin, jene zunächst nur angedeutete Beziehung zwischen Wirklichkeit und der Malerei als Abbild dieser Wirklichkeit freizulegen, ohne sich dabei weiter allein auf die Momentfotografie zu kaprizieren. Die andere Zugriffsmöglichkeit, die nach den sozialgeschichtlichen Exkursen eingeschlagen werden soll, fragt nach den Konsequenzen des künstlerischen Verfahrens Degas' für das Bild - Betrachterverhältnis.

5 EXKURSE ZUR ENTFREMDUNGSPROBLEMATIK BEI E.DEGAS

5.1 Die Interferenz von Sujet und Entfremdung

Unsere Frage lautete: Wie kommt es überhaupt zu einer derartig akzentuierten Thematisierung des Unzusammenhangs im Werk Degas', wie kommt es zur schließlichen Radikalisierung der Kontingenz mit allen ihren Begleiterscheinungen. Es war naheliegend, zuerst auf Einwirkungen der Momentfotografie einzugehen und damit die den Unzusammenhang wie die Kontingenz als Bildsinn exponierenden Formfaktoren in Herkunft und Wirkung zu ergründen.

Wie sich aber auch noch im Ansatz Imdahls, der die Kontingenz bei Degas am nachdrücklichsten herausgestellt hat, feststellen ließ, bleibt mit der Einführung der Kategorie der Wirklichkeit, oder besser: der gesellschaftlichen Wirklichkeit, die letzte Ursache für die Thematisierung der Kontingenz noch offen. Es scheint möglich, diese Begründung aus einer sozialgeschichtlich orientierten Betrachtungsweise, die ihrerseits verschiedene Aspekte zu untersuchen hätte, zu erschließen.

Zunächst soll versucht werden, in Exkursen bestimmte Aspekte einiger Bildinhalte in den Blick zu bekommen, um danach der Verstädterung nachzugehen. Schließlich wird aus der in dieser Weise angedeuteten sozialgeschichtlichen Perspektive noch einmal auf die Fotografie einzugehen sein. Letztlich dienen diese Exkurse dem Versuch, die bislang allein formalanalytisch abgesicherten Kategorien der Interpretation, besonders die der Kontingenz, sozialhistorisch wenn auch nicht 'herzuleiten', so doch zu konturieren. Eine die historische und gesellschaftliche Entwicklung berücksichtigende Interpretation kann dabei an Evidenz gewinnen.

Es gilt, die Kontingenz über ihre formale Konstitution hinaus zu fundieren, denn sie ist historisch thematisch durch Probleme, die eine kunstimmanente Fragestellung aus dem Blick verliert. Der Bildsinn, und das muß jetzt berücksichtigt werden, hat sozialgeschichtliche Prämissen;

das Gleiche gilt für die Sujets als Transmissionsriemen des Bildsinns. Wie sehr Degas auch noch dem entlegensten Sujet den zentralen Aspekt abgewinnen konnte, läßt sich exemplarisch am "Bureau de Cotons" zeigen, das hier stellvertretend für andere Bilder und andere Themen stehen mag. (Vgl. Analyse .) Das Bild hat ein für Europa sehr seltenes Sujet zum Inhalt - allerdings wurde es, wie wir wissen, auch in den USA gemalt. Die Baumwolle spielte in den Südstaaten der USA eine beherrschende Rolle in der Ökonomie. "Der wichtigste Vorgang in der Geschichte der Landwirtschaft während des ersten halben Jahrhunderts des Bestehens der Vereinigten Staaten", so heißt es in einer Wirtschaftsgeschichte Amerikas[1], war unzweifelhaft die Entwicklung des Baumwollbaus." Die Baumwollindustrie wurde zum Motor der Entwicklung für den ganzen Süden der USA. Noch kurz bevor Degas nach New Orleans kam, war die alles überragende Rolle der Baumwolle im Sezessionskrieg von 1861-1865 zum Ausdruck gekommen. Der Süden fürchtete in Verbindung mit dem Verbot der Sklaverei um seinen wirtschaftlichen Ruin, um sein Baumwollmonopol (Cotton is King!). Die maßlose Überschätzung der eigenen ökonomischen Potenz, die sich im Bewußtsein der Südstaatler festgesetzt hatte, läßt sich aus folgendem Abschnitt einer Rede Senator Hammonds vom 4.3.1858, also kurz vor dem Sezessionskrieg, ablesen: "Ohne einen Schuß abzufeuern, ohne einen Degen zu ziehen, könnten wir die ganze Welt (!) vor uns auf die Knie zwingen, wenn sie uns den Krieg erklären sollte. (...) Was würde sich ereignen, wenn wir drei Jahre lang keine Baumwolle lieferten? Ich will nicht erst breit ausmalen, was sich jeder selbst vorstellen kann, aber das ist sicher, England würde elend zusammenbrechen und die ganze Welt in seinem Sturze mitreißen, nur den Süden nicht. Nein, ihr wagt es nicht, der Baumwolle den Krieg zu erklären! Keine Macht der Erde wagt es, ihr den Krieg zu erklären! Die Baumwolle ist die Königin!"[2]
Deutlich kann die Überheblichkeit, das von sich und der unermeßlichen Bedeutung seiner 'Arbeit' überzeugte Bewußtsein der Baumwollproduzenten nicht ausgedrückt werden. Dies Bewußtsein von der eigenen Stärke mußte im Sezessions-

krieg zwar zusammenbrechen, aber noch immer blieb der Baumwolle eine besondere Stellung. Daneben muß ein unmittelbarer Einfluß auf die Lebensweise der Menschen der Baumwollproduktion zugeschrieben werden. Die Auswirkungen der Rationalisierung der Produktionsprozesse, die mit der Erfindung der Baumwollentkörnungsmaschine einen rapiden Fortschritt machte, waren nur zu deutlich. Die Baumwolle wurde die wichtigste Nutzungspflanze des Südens und der größte Exportartikel der Vereinigten Staaten.[3] "Hand in Hand mit der Verschiebung des Zentrums des Baumwollbaus ging eine Veränderung in den Mittelpunkten des Handels, des Reichtums und der politischen Macht. Die Bedeutung von Charleston und Savannah nahm ab, während Memphis, Mobile und New Orleans zu neuen Mittelpunkten des Handels wurden. In dem Jahrzehnt von 1850 - 1860 ging ungefähr die Hälfte der Baumwollernte durch New Orleans."[4]

Die Zahl der Fabriken und Arbeiter schnellte in die Höhe[5], neue Städte entstanden als Zentralen großer wirtschaftlicher und politischer Macht, erst ermöglicht durch die Entstehung einer "standardisierten Textiltechnologie."[6] Und muß betont werden, daß der technologische Progreß nicht zwangsläufig eine soziale Besserstellung der in der Baumwollindustrie Tätigen mit sich führte? Die appellativen Fotografien L.W.Hines jedenfalls zeigen das ganze Elend der Kinderarbeit in den Baumwollspinnereien North Carolina's.[6a] Kurz: Degas, als er "Le Bureau de Cotons" malte, befand sich im Zentrum der Baumwollwirtschaft.

All diese Fakten erscheinen zunächst ohne Zusammenhang zu unserer Analyse des Bildes. Aber der Bildinhalt ist direkt mit den genannten Problemen verknüpft, und da uns die Besonderheit der Baumwolle im gesellschaftlichen Leben des amerikanischen Süden nach dem bisher Gehörten einleuchten muß, ist die Annahme nicht abwegig, daß sich etwas von der Bedeutung des Sujets ins Bild selbst überträgt. Degas war sich der Wichtigkeit der Baumwolle sehr bewußt, so schreibt er an Henri Rouart: "Ich habe Eile, wieder heimzukommen, um in meiner gewohnten Umgebung zu arbeiten. In diesem Klima der Baumwolle lebt man für die Baumwolle und durch die Baumwolle."[7] Aus den detaillierten Nachforschungen John Rewalds[8] ergibt sich, daß Degas von den Erscheinungen des Stadtlebens einer jungen, aufstrebenden Wirtschaftsmetropole ungeheuer gefesselt war. Er schreibt begeisterte Briefe über die amerikanischen Eisenbahnen; er bestaunt die Monumentalität der Städte, "wo Dampfer aus Europa anlegen, wie Busse an Haltestellen" und die Bevölkerung, "die von einer Überfahrt nach Europa redet, wie vom Überqueren einer Straße."[9] Das alles ist ihm, der aus dem Paris des Großbürgertums kommt, einigermaßen fremd und naiv bewundernswert. "Ich beobachte alles..."[10] schreibt er an Rouart, dem er sogar genaue Beschreibungen der neuen Straßenbahnen in New Orleans nach Paris sendet. Wenn Degas so aufgeschlossen für das Neue in der Neuen Welt ist, wenn er sich für alles interessiert, wenn er darüber hinaus das Leben in New Orleans als Leben im "Klima der Baumwolle" so treffend charakterisiert, dann kann es kein Zufall sein, daß dieser Degas ausgerechnet ein Baumwollkontor zum Vorwurf für sein Bild nimmt. Auch die Tatsache, daß es sich im "Bureau de Cotons" um ein Familienporträt handelt, schränkt diese Aussage nicht ein. Schließlich ist hier für den Bildsinn entscheidend der Ort, an dem Degas seine Verwandtschaft malt. Hat Degas auch nie mit der Wirtschaft in diesem Sinne zu tun gehabt, so analysiert er doch sofort mit aller Schärfe die Negation aller Beziehungen, den organisierten Unzusammenhang, die nur von wirtschaftlicher Notwendigkeit geprägten Beziehungen der dargestellten Menschen. Es ist, wie Bouret sagt, ein "eiskaltes Bild".[11]

Degas selbst stellt den für das Thema exemplarischen Charakter seines Bildes in eigenen Äußerungen selbstbewußt in den Vordergrund. Dem befreundeten Maler Tissot schreibt er, noch aus New Orleans: "Ich habe mich einem recht wirkungsvollen Bild verschrieben, welches für Agnew (den englischen Kunsthändler) bestimmt ist und welches er in Manchester (!) ausstellen sollte. Denn wenn ein Mann aus der Textilbranche jemals den Wunsch haben sollte, sich malen zu lassen, sollte er wirklich auf mich stoßen. Das Innere eines Baumwollkontors in New Orleans.(...) Ein ungeschminktes Bild, wenn es je ein solches gab..."[12]

Aus dem, was wir über die Baumwollindustrie erfahren und was wir über Degas' Auseinandersetzung mit dem Neuen, dem er sich in den USA konfrontiert sah, wissen, kann mit einiger Sicherheit gefolgert werden, daß "Le Bureau de Cotons" in Bezug auf Zeit und Ort seiner Entstehung, was das Sujet betrifft, einen exemplarischen Charakter hat. Vor allem das Briefzitat an Tissot belegt, daß Degas vor hatte, was er in den Kontoren und auf den Baumwollfeldern seines Onkels gesehen und begriffen hatte, in einem "ungeschminkten Bild" an uns weiterzugeben.

Degas hat dabei sowohl nach der Natur gearbeitet, als auch nach den Erfordernissen, die ihm, wenn er eine bestimmte, 'ungeschminkte' Bildaussage im Sinne hatte, von seiner Intention diktiert wurden. Das erweist eine Skizze[13], die Degas für das Bild anfertigte und die sehr wahrscheinlich im Kontor entstanden ist. Es findet sich der große, schwarze, baumwollbeladene Tisch wieder; ein Mann, der die Ware prüft, und weitere Personen, die offensichtlich miteinander reden, evtl. verhandeln. Aber nichts ist von der beherrschenden Rolle des Unzusammenhangs im späteren Bild zu spüren. Die Darstellung der Räumlichkeit bleibt unproblematisch. Im Bild ist die Authentizität der Skizze neuen Intentionen untergeordnet.

Daß darum nicht die reine Willkür herrscht und der Eindruck des Verismus nicht zu Unrecht beschrieben worden ist, zeigt eine Fotografie von Michel Musson[14], die nach Vollendung des Bildes aufgenommen wurde. Sie unterstreicht den Porträtcharakter des Bildes und Rewald nimmt an, daß Degas sich von allen porträtierten Personen des Bildes zuvor Zeichnungen angefertigt habe, obwohl keine derartigen Zeichnungen nachweisbar sind.[15] Schließlich sind wesentliche Teile (Baumwolltisch) der wahrscheinlich an Ort und Stelle angefertigten Zeichnung in die endgültige Bildfassung übernommen. Außerdem scheint sich Degas zumindest in einem weiteren Bild mit demselben Thema auseinandergesetzt zu haben, leider ist darüber nichts weiter bekannt.[16]

Alles zusammen rechtfertigt den Schluß, daß es sich um nichts weniger als um eine pittoreske Reminiszenz einer halben Weltreise handelt, sondern daß "Le Bureau de Cotons" ein exemplarisches Bild ist. Degas meidet, in New Orleans so gut wie in Paris, die beiläufige Beschäftigung mit einem zufälligen Thema; er legt Wert auf die authentische, als auch besonders auf die analytische Seite des Exemplarischen.

Nicht anders ist es mit den Themen, die uns bei ihm geläufig sind. Die Bilder der Balletteusen und der Jockeys, der Wäscherinnen, Büglerinnen und Modistinnen sind sehr wohl auch als Verweise auf soziale Zustände zu verstehen und auch so verstanden worden. "Man kann sich heute kaum noch vorstellen, wie schockierend das prosaische Thema der 'Büglerin' auf die meisten Zeitgenossen gewirkt haben muß."[17] Sie war als typische Vertreterin des 'vierten Standes' im Sinne der akademischen Konvention in keiner Weise 'bildwürdig'. Erst Zola in "L'Assomoir" und die Goncourts in "Manette Salomon" greifen sie als Thema auf, Degas folgte 1869, bestärkt durch die Kenntnis japanischer Alltagsszenen im "Ukiyoe". Mit dem Thema der Büglerin kommt bei Degas stärker noch als in seinen Serien der Modistinnen und Wäscherinnen die Entfremdung der Arbeit ins Bild. Im übrigen verstärkt die teilweise Penetranz des Seriellen jene Erfahrung: Immer wieder, ohne Aussicht auf ein besseres Ende, werden die Plätteisen auf die Wäsche gestemmt, wird die Wäsche in Körben zu den Kunden getragen, werden die Damen von den Modistinnen bedient. "Vor der Auflösung der christlichen Ständeordnung durch die französische Revolution war die bildliche Darstellung des berufstätigen Menschen religiös (Schutzpatron der Zünfte), philosophisch-naturwissenschaftlich (Planetenkinder-Zyklen), allegorisch (man denke an die barocken Kinder-Allegorien) oder doch durch moralische Auslegungen motiviert. (...) Erst im frühindustriellen Zeitalter um die Mitte des 19. Jahrhunderts, als das Kapital die

Arbeitskraft zunehmend beherrschte, wurde der vierte Stand künstlerisch darstellungswürdig. Zu seinen typischen Vertretern gehörte auch die Arbeiterfrau, die sich aus Not als Wäscherin verdingen mußte. Sie erscheint auf einer Stufe mit den anonymen Kreaturen der Tänzerinnen, Barmädchen und Dirnen."[18] Das ist zu bedenken, wenn wir die Modistinnen und Büglerinnen auf den Bildern Degas' sehen und wenn wir berücksichtigen, daß er weiter Serien anderer Berufsgruppen geplant hatte.[19] Degas zeigt die Frau in seiner Kunst ohne jede Verbrämung brutal-offen als Objekt.[20] Und zwar ist sein thematischer Schwerpunkt nicht die Käuflichkeit - wie etwa bei Manet - sondern die Frau bei der Arbeit, die auch eine schwere körperliche Arbeit ist, sei es in der Wäscherei oder im Foyer der Oper.

Daneben ist das Verhältnis von Mann und Frau eines seiner variierten Themen, erinnert sei an "Le Viol" und "La Bouderie". Die durch die Entfaltung der kapitalistischen Produktionsweise rasch anwachsende Industrialisierung zerstörte nachhaltig die traditionelle Grundlage der sozialen Stellung der Frau.[21] Die wirtschaftliche Umwälzung durch die weiterentwickelten Produktionsmittel, die neuen Maschinen, nicht zuletzt die Entwicklung der modernen Stadt brachten einen rapiden Funktionsverlust der produktiven Tätigkeiten der Frau mit sich, so daß sich sagen läßt: "Die bürgerliche Frauenbewegung ist (...) das Kind der kapitalistischen Produktionsweise."[22] Die entlastete Bürgerfrau drängt auf Verbesserung der Ausbildungsmöglichkeiten und auf die möglichst uneingeschränkte Beseitigung der Barrieren weiblicher Berufsarbeit. Die proletarische Frau wurde durch die Aufhebung der Geschlechts- und Altersunterschiede im Zuge der ungeheuren Produktionssteigerung massenweise zu Fabrikarbeit gepreßt. Beide Tendenzen vereinigten sich zu einer Bewegung, die sich die volle rechtliche und soziale Stellung der Frau zum Ziel setzte. Die bislang als selbstverständlich angesehene Vorrangstellung des Mannes geriet langsam ins Wanken, wenn sich auch die Veränderungen gesellschaftlich nicht unmittelbar auswirkten. In der Kunst sind gebrochene Reaktionen auf die Veränderungen im Verhältnis der Geschlechter schnell zu spüren. Die patriarchalisch organisierte Gesellschaft findet in der doppelschlächtigen Darstellung der Frau einen entsprechenden Ausdruck für Angst und schlechtes Gewissen. Die Frau wird die Sphinx (schon bei David), die Nymphe (Ingres), die Salome (Regnault), kurz: die femme fatale. Anders Degas, der beim Allernächsten, dem Alltag, bleibt. So konnte ein Kritiker anläßlich einer Ausstellung seiner sich waschenden Frauen schreiben: "Anscheinend brachte ihn der Sinn seiner Umgebung zur Verzweiflung, er wollte zu Repressalien übergehen und seinem Jahrhundert die bitterste Kränkung ins Gesicht schleudern, indem er das ständig verschonte Ideal umstürzte, die Frau, die er herabzieht, indem er sie in ihrem 'Tub' bei ihren intimsten Verrichtungen in den demütigensten Stellungen zeigt."[23] Manet steht dagegen mit seiner "Olympia" und "Nana" ganz in der langen, vornehmen ikonographischen Tradition der käuflichen Liebe.[24] Degas bricht mit allen zeitgenössischen Konventionen der Darstellung der Frau: Er entkleidet sowohl die öffentliche Situation der Frau, wie auch seine privaten Ängste und Neurosen aller filtrierenden ideologischen, mythologischen und historischen Verbrämungen. Hier soll keinem Emanzipationspostulat der Malerei Degas' das Wort geredet werden, lediglich - und das scheint genug, muß auf die Brisanz des Themas in der historischen Situation, in der es vom Künstler aufgegriffen wurde, hingewiesen werden. Wo Renoir ein neues Arkadien sah, zeigte Degas unerbittlich auf die Entfremdung. Allein, der Zusammenhang von Kontingenz und Entfremdung wird nicht nur von den Sujets her untermauert, er wird von bildexternen Daten nachdrücklich unterstrichen.

5.2 Großstadt und Künstlerisolation

Die Verstädterung war ein zentrales entwicklungsgeschichtliches Phänomen jener Zeit und muß einerseits erst als Fundierung der Möglichkeit einer Beschreibung und Analyse kontingenter Szenen verstanden werden, wie andrerseits als Ursache einer ganzen Reihe von Problemen der damaligen bildenden Künstler, die ihrerseits selbstredend enormen Einfluß auf die Themen und Darstellungsformen dieser Künstler hatten. In Europa, nachdem in der französischen Revolution und in der Nachfolgezeit der ersten Hälfte des 19. Jahrhunderts das Bürgertum sich seinen Staat schafft, ist die Tendenz zur Verstädterung allenthalben zu spüren. Diese Entwicklung hängt aufs engste zusammen mit Themenstellung und künstlerischem Verfahren der Kunst Degas'.

"Zwischen 1800 und 1900 verdreifacht oder vervierfacht sich die Bevölkerung der europäischen Hauptkulturstaaten und die ganze Überzahl wird aufgesogen von den großen Gemeinwesen, von den Mittelpunkten der Industrie und des Handels. Unerträgliche Überfüllung jener Berufe, die nur in Städten gedeihen, ist die unabwendbare Folge."[25] So hat die Verstädterung schwerwiegende Folgen auch für die Künstler. Die Stadt wird zum Mittelpunkt, "zieht die Künstler aller Länder an, formt ihre Talente und schmiedet sie bisweilen geradezu um. (...) Hier bilden die Dichter, Schauspieler, Maler und Bildhauer, Musiker einen besonderen Lebenskreis, die Bohéme."[26] Einmal sind sie an die Kunstschulen, Museen und Kunstliebhaber gebunden, zum anderen bietet eben auch nur die Stadt ausreichend Auftragsmöglichkeiten für die 'freien' Künstler. "Der Architekt ist völlig an die Stadt gebunden. Auch der Bildhauer kann sich ihr nicht entziehen. Der Maler, mag er Monate, selbst Jahre hindurch aufs Land flüchten, bleibt ihr doch wirtschaftlich und meist auch kulturell verfallen."[27] Die Künstler leben von der Stadt und mit ihr in einer ständigen Auseinandersetzung. Ihre Werke spiegeln diese Auseinandersetzung mit der Stadt und den das städtische Leben konstituierenden Problemen inhaltlich und formal wider. Das wird wichtig für Degas. Die Isolierung der Menschen voneinander, ihre Vereinzelung ist das Problem des Lebens in den Metropolen. Und der Zusammenhang zwischen dem Angebot kontingenter Szenen auf den großstädtischen Boulevards und seiner Kunst ist oben schon mehr als einmal betont worden. Mit den Umwandlungen, die Paris vor allem durch Haussmann zwischen 1850 und 1870 erfuhr, wurde der Flaneur der Boulevards überhaupt erst möglich.[28]

Die Stadt wurde in jener Zeit zum "Sinnbild des Kapitalismus".[29] Und zwar wegen der Grundstücksspekulation, der Macht der Kaufhäuser, der sozialen Disintegration sowie der sinnfälligen Kontraste zwischen Vorstadt und Zentrum, arm und reich. In der Diskontinuität des großstädtischen Lebens wird die Isolation, die Entfremdung der Individuen zur Regel. So können die Auswirkungen des zentralen entwicklungsgeschichtlichen Phänomens Verstädterung auf die bildende Kunst kaum zu hoch eingeschätzt werden.

Die Stadt bedeutet für die Künstler zunächst eine verschärfte Konkurrenz innerhalb eines ständig wachsenden Zudrangs zum Maler- und Bildhauerberuf, da die Industrie mit ihrer Maschinisierung den ehemaligen Kunsthandwerkern einen Bereich nach dem anderen entreißt.[30] "Die Zahl der Künstler vervielfältigt[31] sich, die Zahl der Kaufenden mehrt sich in bescheidenem Maße. Neue Absatzmöglichkeiten müssen gefunden werden, weil der Verkauf auf Bestellung Seltenheit geworden ist. Die Ausstellungen häufen sich. Ihr Umfang wird monströs. Gegen 1900 sind internationale Jahresausstellungen in Berlin, Paris, München usw. mit 4-5000 Nummern die Regel. Man muß gesehen werden, um auf Verkauf hoffen zu dürfen."[32] So gesehen war der Zusammenschluß der Impressionisten in einer eigenen Gruppe und das Abhalten selbst organisierter Ausstellungen in gewissem Turnus eine bittere ökonomische Notwendigkeit.

Daß die neu entstehende warenproduzierende Gesellschaft auf kapitalistischer Grundlage auch den Bereich der Kunst ihren Gesetzen unterwarf, mußte sich nicht ausschließlich restriktiv auswirken. Das im Entstehen begriffene neue gesellschaftliche Bewußtsein kann durchaus Boden und Material ebenso neuer, weiterführender Wege in der Kunst sein. Dazu meint Hamann: "Was die soziologischen Bedingungen des Zusammenlebens der Menschen betrifft, so findet der impressionistische Lebensstil einen günstigen Boden in der Großstadt. Die äußeren Lebensbedingungen in einer solchen großen Stadt sind wohl geeignet, vieles des impressionistischen Lebens zu erklären."[33] Und man kann hinzufügen, daß die Metropole Paris, die von Walter Benjamin zur "Hauptstadt des 19. Jahrhunderts"[34] ernannt werden sollte, auch eine Antwort auf die gestellten Fragen Degas'scher Kunst anbietet.

Zum einen hatte Degas in vielen seiner Bilder für die Zeit typische Inhalte aufgegriffen; jetzt kommt hinzu, daß er mit den anderen Künstlern dem zentralen Phänomen der jungen kapitalistischen Staaten ausgesetzt ist, der Verstädterung. In den Metropolen wirken die Menschen doppelt abweisend und fremd. Sie kennen nur das entfremdete Beieinander großstädtischer Öffentlichkeit, in den Cafés, den Theatern, auf dem Rennplatz und in der Oper: im Grunde ist das Auseinander und Aneinandervorbei auf den Boulevards ihrer Situation angemessen. Es ist nicht die repräsentative Seite der Metropole Europas, die Degas zeigt; er greift immer wieder neu in seinen Bildern die unerschöpfliche Zufälligkeit des Alltags auf.[34a] So spielt die Stadt einerseits noch in den Inhalt der Kunst Degas' hinein, auf der anderen Seite sind ihre Probleme: Vereinzelung, Isolation[35], Trennung der Menschen untereinander, verschärfter Konkurrenzzwang der Künstler, soziale Probleme des Stadtlebens (Alkoholismus; Prostitution etc.) Angelegenheiten, mit denen Degas sich aktiv oder passiv auseinanderzusetzen hatte. Das alles macht die Problemstellung der Kunst Degas' nur komplexer. Er erweist sich, ganz im Sinne der 'modernité' Baudelaire's, als ein Künstler auf der Höhe seiner Zeit. "Paris bildet Rahmen und Hintergrund, Boden und Atmosphäre für das Werk von Manet und Degas."[36] Die zeitgenössische Kritik spricht vor Degas' Bildern von einer "Chronik des modernen Lebens."[37] Sie sind es mehr gewesen und noch heute, als der Kritiker ahnte. "Degas war Stadtmensch durch und durch. Das unerschöpfliche Thema Paris erklingt in reichen Spielarten von Luxus, Eleganz und theatralischem Schein, in der Atmosphäre kleinbürgerlicher und lichtarmer Interieurs, in den quälenden Räumen dürftiger Fronarbeiter..."[38]

Festzuhalten bleibt, daß die Großstadt als Produkt der Verstädterung der Nationen und die Verstädterung als Ausdruck gewaltiger, fundamentaler gesellschaftlicher Veränderungen gesehen werden muß.

So scheint die Kunst Degas' über die Vermittlungsstationen des Inhaltlich-Exemplarischen und der biographisch sich am nachhaltigsten auswirkenden gesellschaftlichen Tendenz zur Verstädterung mit der allmählich sich als Strukturmerkmal durchsetzenden Warenproduktion auf kapitalistischer Basis verbunden: die verschiedenen Erscheinungsformen konstitutiver Gesetzmäßigkeiten der gesellschaftlichen Entwicklung fließen dergestalt auf unterschiedlichen Ebenen in das Kunstwerk ein. In diesem Fall wirkt das immer mit eine Rolle spielende Moment der Vereinzelung redundant; der Bildsinn wird von verschiedenwertigen Ebenen verstärkt und verschärft.

Von daher war es gerechtfertigt, in sozialgeschichtlichen Exkursen eine Fundierung der Kontingenz zu versuchen. Bildsujet, formale Präsentation und Bildsinn sind auch unter dem Aspekt sozialgeschichtlicher Voraussetzungen zu untersuchen, da von daher der Bildsinn in entscheidendem Ausmaß hinzugewinnt, komplexer fundiert werden kann. Vielleicht kann man bei den meisten Bildern Degas' sogar noch weiter gehen und sagen, das nachgerade ein adäquates Verständnis erst ermöglicht wird.

5.3 Die Momentfotografie als Repräsentationsform der Entfremdung

Diese Bestimmung soll noch abgerundet werden. Auf den Einfluß der Momentfotografie wurde schon eingehend hingewiesen. Da ging es um die Untersuchung einzelner Strukturelemente der Konstruktion der Bildform und die Frage nach dem thematischen Unzusammenhang. Diese Bemerkungen betrafen das Verhältnis Momentfotografie - Malerei. Man kann darüber hinaus eine Verbindung der forcierten Entfaltung der Fotografie in der 2. Hälfte des 19. Jahrhunderts und den herausgearbeiteten Grundtendenzen der gesellschaftlichen Entwicklung jener Zeit herstellen.

Die Geschichte der Entwicklung der Fotografie reicht weit zurück, wenn man so will, bis in die Zeit um 1500, als Leonardo da Vinci die einfache Camera obscura, als Vorläufer des Fotoapparates, beschrieb.[39] Auf eine ins einzelne gehende Darstellung der Geschichte der Fotografie muß hier verzichtet werden.[40] Das Wort 'Fotografie' wurde zuerst "verwendet von dem Berliner Astronomen Johann Heinrich v.Mädler (1794-1874) im Februar 1839, gebildet aus grch. 'phos' - Licht - und 'graphein' - schreiben - im Text gedeutet als Lichtzeichenkunst."[41] Aber da hatte Louis Jaques Mandé Daguerre schon die Daguerrotypie entwickelt, die dann im Herbst desselben Jahres von der Pariser Akademie der Wissenschaften veröffentlicht wurde. Mit dem von Joseph M.Petzval konstruierten lichtstarken Porträtobjektiv wurden ab 1840 auch kurze Belichtungszeiten möglich, die Momentfotografie entstand.[42] Die Momentfotografie läßt sich mit Max Imdahl als "eine zur Zeit ihrer Erfindung ganz neuartige Repräsentationsform kontingenter Szenen - zum Beispiel Straßenszenen als bildliche Fixierung eines kontingenten Beieinanders verschiedener voneinander unabhängig agierender Figuren in beliebigem Zeitmoment und beliebigem Bildausschnitt" bestimmen.[43]

Was uns weiter interessiert, sind etwaige Gründe für die Forcierung der Entwicklung der Fotografie. Es geht speziell um die wechselseitige Bedingung von gesellschaft-

lichem Interesse und spezifischem visuellen Medium.
Nach dem Dictum Gisèle Freunds war die Fotografie als "spezifisches Ausdrucksmittel der zweckbewußten, rational denkenden berufsbürgerlichen Gesellschaft"[44] definiert. So gesehen ergibt sich eine Erklärung der Forcierung der fotografischen Entwicklung, obwohl doch die wesentlichen Elemente der Fotografie schon lange bekannt waren. Die Momentfotografie aber ist an die Herausbildung der modernen Naturwissenschaften, der Chemie, der Physik gebunden. Diese aber fällt unmittelbar und mittelbar mit der Entstehung der bürgerlich-kapitalistischen Gesellschaft zusammen.[45] Zur Zeit ihrer Entstehung ist dieser Kontext für die Fotografie evident. Denn das "aufsteigende Bürgertum hatte mit wachsender sozialer Macht auch sein Bedürfnis nach Repräsentation entwickelt, und das konnte wie seit jeher am eindrucksvollsten durch Kunst, durch Porträtkunst befriedigt werden."[46] Das Porträt stand damit im Zentrum der Bemühungen der Fotografie.[47] Vom Porträt aus, das weite Bereiche der Malerei Degas' bestimmt, kam Degas zur Fotografie, wie sich am Porträt der Prinzessin Metternich oder an "Degas et Valernes" zeigen ließ. So schließt sich der Kreis.

Die Fotografie nahm im Verlauf der Entstehung einer bürgerlichen Gesellschaftsordnung in Frankreich einen enormen Aufschwung. Das brachte ähnlich wirtschaftliche und soziale Veränderungen mit sich, wie sie für die Entstehung der Künstlerbohème genannt wurden. "1849 gaben einzelne Photographen die Anzahl ihrer Porträts mit 2000 - 3000 an. Disdéri, der Erfinder des Visitbildes - der Name des Betreffenden wurde dabei durch eine Art von Paßbild ersetzt - stellte täglich (!) Bildnisse für 3000 - 4000 Franken her. Die Anzahl der Ateliers wuchs ständig. 1850 gab es in Berlin 15 photographische Ateliers, 1852 schon 33, 1853 waren es 46, 1857 war die Zahl 63 und 1860 gar auf 94 gestiegen. Berlin beherbergte 1861 immerhin 382 'Photographisten', die fast die gleiche Zahl Gehilfen und Lehrlinge beschäftigten. In Paris wurden im selben Jahr 23.000 (!!) Personen gezählt, die durch

Herstellen von Photographien ihr Auskommen fanden."[48] Die Fotografie war aus dem Leben der Gesellschaft, mit deren Erstarken sie entstand, nicht mehr wegzudenken. Das gesellschaftliche Ziel aller ihrer Bemühungen aber war es, "die Position des Bürgers als unerschütterlich zu manifestieren."[49] Und daher stellt sich die 'Erfindung' der Fotografie "folgerichtig erst zu einer Zeit ein, die überall auf das Sachliche, den gemeinen Sinnen begreifbare drängte und auch die Kunst an Erde und 'Wirklichkeit' band."[50]

Es läßt sich also, ähnlich wie bei den verschiedenen Themenbereichen der Kunst Degas', wie bei der Verstädterung nun auch bei der Fotografie eine Verbindung mit gesellschaftlichen Entwicklungslinien konstatieren. Bei einigem Nachforschen ergibt sich jedenfalls die sich durchsetzende Warenproduktion auf kapitalistischer Grundlage als Grund aller Problemstellungen, die im bisherigen Verlauf der Untersuchung berührt wurden.

In deren Gefolge prägt sich das Phänomen aus, das bislang unter anderen Aspekten als Vereinzelung, Unzusammenhang, Isolation oder Kontingenz und deren Radikalisierung beschrieben wurde. Die verschiedenen Kategorien entsprechen dabei nur den unterschiedlichen Ansätzen der Analyse, die nicht a priori das künstlerische Verfahren Degas' unter die Herrschaft einer Kategorie stellen konnten, die auf dem Gebiet einer ganz anderen Wissenschaft, der politischen Ökonomie und der Soziologie, gewonnen wurde.

6 KONTINGENZ UND VERDINGLICHUNG

6.1 Zum Begriff der Verdinglichung

Der Versuch, das, was zunächst als Isolation, Vereinzelung und Unzusammenhang bezeichnet worden ist, in sozialgeschichtlichen Exkursen auf seine gesellschaftliche Grundlegung hin zu untersuchen, führt letztlich zum Begriff der Entfremdung.

Die Entfremdungstheorie ist von Karl Marx in der Nachfolge Hegels entwickelt worden.[1] Sie kann hier nicht in ihrer ganzen Komplexität entwickelt werden[2], aber es ist auf die Punkte einzugehen, die zum Verständnis unseres Problemzusammenhanges notwendig sind. Um das Problem der Entfremdung, wie es uns hier interessiert, zu verstehen, muß die Rolle der Arbeit in der Marxschen Theorie begriffen sein. Sie ist, nach Marx, die wichtigste Aktivität des Menschen. Durch seine Arbeit verwirklicht der Mensch seine eigene Natur. Er verändert die Natur und stellt Objekte her, die seine Bedürfnisse befriedigen sollen. Diesen Prozeß, d.h. die bewußte Herstellung von Objekten, zur eigenen Bedürfnisbefriedigung, sowie der Versuch des Menschen, gesellschaftliche Institutionen zu schaffen, durch die Produktion möglich wird, nennt Marx "Vergegenständlichung".

"Nicht jeder Prozeß der Vergegenständlichung jedoch wird als 'normal' betrachtet, d.h. als ein Ausdruck der menschlichen Lebenstätigkeit und als Verwirklichung der Gattung."[3] Das ist allein unter bestimmten Bedingungen der Fall, nämlich wenn die Arbeit schöpferisch ist. Arbeit ist schöpferisch 1. wenn das Subjekt seine Lebenstätigkeit selbst zum Gegenstand seines Bewußtseins, seines Wollens macht, 2. wenn der Mensch durch Arbeit seine Fähigkeiten umfassend verwirklichen kann, 3. wenn er durch Arbeit seine besondere gesellschaftliche Natur realisiert und 4. wenn Arbeit nicht zum bloßen Mittel der Lebenserhaltung eingeschränkt, d.h. rein instrumental ist. "Arbeit im Idealzustand wird daher durch das aktive, bewußt wollende, sich selbst verwirklichende Individuum repräsentiert. Diese Arbeit, die ihr Ziel in sich trägt, vollzieht sich innerhalb eines gesellschaftlichen Produktionsprozesses. Jede andere Tätigkeit ist entfremdete Tätigkeit. Ihre Charakteristika werden von Marx wie folgt dargestellt: 'Ebenso indem die entfremdete Arbeit die Selbsttätigkeit, die freie Tätigkeit, zum Mittel herabsetzt, macht sie das Gattungsleben des Menschen zum Mittel seiner physischen Existenz.'"[3a] Wie kommt es aber, daß die Arbeit immer mehr eine entfremdete wird? Marx sagt dazu: "Alle Produktion ist Aneignung der Natur von seiten des Individuums innerhalb und vermittels einer bestimmten Gesellschaftsform."[4] Die Entstehung der Entfremdung ist daher an bestimmte gesellschaftliche Bedingungen geknüpft. Zusammengefaßt sind es folgende drei: "1. Durch die Tatsache, daß der Mensch und seine Arbeit zur Ware werden, 2. durch die Arbeitsteilung, 3. durch das Privateigentum."[5] Die Folge ist eine Entfremdung des Menschen von seiner Tätigkeit; von den Resultaten seiner Tätigkeit, also von seinen Produkten und zuletzt eine Entfremdung von seiner Gattung. "Er verliert seine eigne Menschlichkeit. Daher wird er auch seinen gesellschaftlichen Beziehungen und den Möglichkeiten, andere Menschen als Kooperationssubjekte zu empfinden, entäußert."[6]

Dieser letzte Punkt ist es vor allem der interessiert. In der späteren Theorie Marxens, in der er das Problem der Entfremdung als Problem der Verdinglichung faßt, tritt der Gedanke noch schärfer hervor. War die Entfremdungstheorie noch weitgehend auf Philosophemen in der Tradition Hegels aufgebaut, so leitet Marx die Verdinglichung aus den ökonomischen Bedingungen ab und aus den Wirkungen dieser Konstituenten auf die Individuen. Die Analyse der Warenbeziehung bildet dabei den Ausgangspunkt. Es ist Georg Lukács[7] zu verdanken, daß dieser Aspekt der Marxschen Theorie in seiner vollen Bedeutung erfaßt und in der Diskussion geblieben ist.[8] Nach Lukács beruht das Wesen der Warenstruktur darauf, daß "ein Verhältnis, eine Beziehung zwischen Personen den Charakter einer Dinghaftigkeit und auf diese Weise eine 'gespenstige

Gegenständlichkeit' erhält, die in ihrer strengen, scheinbar völlig geschlossenen und rationellen Eigengesetzlichkeit jede Spur ihres Grundwesens, der Beziehung zwischen Menschen verdeckt."[9] Dort liegt die Ursache für die Verdinglichung der Beziehungen der Menschen untereinander, d.h. für Erscheinungen des Verlustes einer spontanen Kommunikation; für den immer berechnender werdenden Charakter der Beziehungen und schließlich für die gegenseitige Bewertung der Menschen als Objekte. Diese Phänomene aber, "und das ist einer der wesentlichen Punkte im marxistischen Denken über Verdinglichung - erscheinen dem Individuum weder als anomal noch als etwas, was 'seiner Natur fremd' ist. Stattdessen erhält der Prozeß der Verdinglichung den Charakter einer natürlichen Beziehung."[10] An dieser Stelle lassen sich die Ergebnisse der bisherigen Analysen des Oeuvres Degas' einsetzen. Sein Verdienst in dieser Perspektive ist, den Widerspruch zwischen der Möglichkeit menschlicher Selbstverwirklichung und dem wirklich existierenden, von sich selbst und seiner Gattung entfremdeten Menschen, bewußt gehalten zu haben. Seine Bilder sind - richtig verstanden - sinnlich faßbar gewordene Verdinglichung menschlichen Zusammenlebens. Bekommen nicht unter diesem Aspekt die Aussagen über Degas als 'Chronisten des modernen Lebens' von Bouret[11], Huyghe[12] und anderen einen neuen Sinn?

Hier ist mit einem Wort der Wesenszug der Kunst Degas' getroffen. Kein Maler hat es zu seiner Zeit so genau, in solcher stringenten Einheit von Sujet und Präsentation in seinem künstlerischen Verfahren verstanden, das im Rahmen einer Gesellschaftsordnung immer bedrohlichere Ausmaße annehmende Phänomen der Zerstörung der menschlichen Beziehungen durch die Verdinglichung zu treffen.

Schließlich war Degas von dem Problem selbst betroffen. Seine Biographie zeigt, wie einsam er gewesen ist, wie sehr er unter seiner Isolation gelitten hat.[13] Er selbst hat das neue Verhältnis des Künstlers zu seinen Produkten erkannt, wenn er Arbeiten, die er aus finanziellen Gründen herzustellen genötigt war, etwas verächtlich als "Ware" abqualifizierte.[14] Auch verstand er seine Kunst nicht als durch Intuition oder dergleichen gewonnen, sondern als "Berechnungen".[15] Und er schreibt: "Keine Kunst ist weniger spontan als die meine. Meine Werke sind das Ergebnis von Überlegungen, des Studiums großer Meister. Inspiration, Spontaneität, Temperament sind mir unbekannt."[16] In diesen Details zeigen sich die Auswirkungen des die Gesamtgesellschaft erfassenden Verdinglichungsprozesses. Es kann dabei nur eine sekundäre Rolle spielen, ob dies alles Degas selbst bis ins Letzte bewußt war: Zunächst bleibt festzuhalten, daß die Verhältnisse der Menschen als verdinglichte in der Kunst Degas' ihren adäquaten Ausdruck auf sinnlich-faßbarer Ebene gefunden haben. An einer Reihe von Beispielen von Beginn seiner künstlerischen Tätigkeit an, wenn die Ergebnisse der einzelnen Kapitel rückblickend gesehen werden, konnte das von allen Aspekten, auch sozialgeschichtlicher Art, bis ins Detail bestätigt werden. So könnte die Arbeit an dieser Stelle schließen. Denn haben nicht die Fragen, die zu lösen wir uns zu Beginn vornahmen, eine vorerst letzte Antwort gefunden? Weiter läßt sich nicht auf dem einen Weg, der nach der Analyse der zweiten Phase der Entwicklung eingeschlagen wurde, zurückgehen. Ein Punkt bleibt noch zu klären.

Zuletzt wurde die Frage zurückgestellt, inwieweit Degas das Phänomen der Verdinglichung bewußt gewesen sein kann, d.h. inwieweit er in seinen Bildern intentional einen gemäßen Ausdruck für sie gesucht hat. Die Antwort hierauf ist auch für die Frage nach dem künstlerischen Verfahren Degas' von einiger Bedeutung. Es soll nicht die gewiß überzogene These aufgestellt werden, daß Degas mit seinen Bildern eine in welchem Sinne auch immer materialistische Kritik an der Gesellschaft zu üben vorgehabt hätte. Degas macht Verdinglichung anschaulich, ohne sie zu illustrieren. Damit überbietet er sie zugleich: Bildlichkeit als das prinzipiell unentfremdbare allein kann unbeschadet zum Kern der Entfremdung vordringen. Auch diese Erkenntnis ist in Degas' Kunst aufgehoben. Es bleibt der Eindruck einer immens gesellschaftsbezogenen Kunst, den wir mit einer Reihe anderer, auch zeitgenössischer Kritiker teilen. Es bleibt also die Frage nach der Funktion der Bilder Degas', wie er sie verstand und wie sie seine nächsten Kritiker sahen.

6.2 Die Verdinglichung als Substrat zeitgenössischer Ästhetik: E.Duranty

Es würde zu weit führen, alle Stellen in der Literatur aufzuzählen, die den gesellschaftsbezogenen Charakter der Kunst Degas' hervorheben. Einige wurden im Laufe der Arbeit schon zitiert, andere wesentliche sollen dazugestellt werden.

"Um den Impressionismus aus seinen weichen Illusionen zu reißen und bis zu dem Grauen vor sich selbst vorzutreiben, um ihn auf jenen letzten und steilsten Gipfel zu führen, hinter dem nur der tiefste Abgrund klafft, dazu hat es eines Künstlers von zwiespältiger Begabung bedurft, dessen Auge nicht nur im gleitenden Licht schwelgte, sondern auch das Bedürfnis hatte, sich an feste Linien zu klammern; eines Künstlers, der besonders scharf sah, aber auch besonders scharfsinnig dachte. (...) Nicht zum Bezaubern, sondern zum Enthüllen fühlt sich dieser Geist berufen (...) Wie er als Maler hinter der farbigen Haut der Dinge ihre eckigen und spitzen Knochen fast nie vergaß, so ging er auch als Psychologe den harten Tatsachen zu Leibe und schälte mit Vorliebe aus der Märchenwelt des Theaters den grauen Alltag heraus, der sich nur notdürftig darin verbarg."[17] Weiter beschreibt Bruhns die Malerei Degas' als einen zufälligen Griff "ins allergewöhnlichste Alltagsleben, aber ein Griff mit so eiserner und eiskalter Hand, daß wir im Schmerz zusammenzucken."[18] Was Bruhns zu Emotionen metaphorisiert, ist nichts als der gesellschaftliche Bezug der Bilder Degas'. Liebermann bezeichnet nach einer

Analyse verschiedener Bilder Degas als "erbarmungslos, wie die Natur, von kaltem Skeptizismus."[19] Damit ist das, was Bruhns umschreibend im Vagen läßt, härter ausgesprochen. André Lothe bezeichnet Degas im selben Sinne noch treffender als "schrecklich unbestechlichen Buchhalter".[20]

Edmond de Goncourt trifft in einer Notiz seines Tagebuchs ins Schwarze, wenn er schreibt: "Von allen, die ich bis jetzt gesehen habe, ist es ihm in der Darstellung des modernen Lebens am besten gelungen, die Seele dieses Lebens zu erfassen."[21] In der Tat ist es Degas gelungen mit der Verdinglichung, sinnlich geworden in der radikalisierten Kontingenz seiner Bilder, den nervus rerum der entstehenden kapitalistischen Gesellschaft zu treffen. Schließlich kommt er der Auffassung des Mannes am nächsten, der wohl die künstlerischen Intentionen Degas' am klarsten und in einen knappen theoretisierenden Ansatz eingebracht hat.

Es soll vom Kritiker Edmond Duranty die Rede sein, auf den im Laufe der Arbeit schon mehrfach hingewiesen wurde. Degas hatte ihn im Café Guerbois kennengelernt. Duranty war im gleichen Alter wie Degas und vertrat ähnliche Anschauungen über die Malerei. Beide wurden im Laufe der Zeit sehr enge Freunde. Erst dreiundzwanzigjährig, hatte Duranty 1856 eine Zeitschrift, "Le Realisme", herausgegeben, die jedoch bald ihr Erscheinen einstellen mußte.[22] Er hatte sich dann als Romanschriftsteller versucht, allerdings mit dem realistischen Roman "Le malheur d'Henriette Gerard" (1860) nichts mehr als einen Achtungserfolg erringen können.[23] Darauf ging er zur 'Gazette de Beaux-Arts' und entwickelte eine eigene streitbare Kunstkritik. Von seinen Anschauungen her war er denkbar ungeeignet, den Impressionisten Hilfestellung zu leisten.[24] Seine 1876 bei Le Dentu erschienene Broschüre "La nouvelle peinture" ist daher höchstens auf Degas, nicht aber auf die Impressionisten als Gruppe beziehbar.[24a] "La nouvelle peinture" ist ein Pamphlet mit theoretischem Anspruch, das neue Kunstvorstellungen unterstützte aber auch Konfusionen zustande brachte, etwa, wenn Duranty den Impressionismus als Naturalismus mißverstand.[25] Weil aber in ihm fortwährend auf die Malerei Degas Bezug genommen wird, sei sie erwähnt. Auch soll ein längerer Abschnitt wiedergegeben werden, handelt es sich doch im gewissen Sinne um eine Ästhetik[25a], wenigstens den zentralen Teil einer solchen, die für Degas von Wichtigkeit gewesen ist.

"Was man heute anstrebt, ist nicht die Kalligraphie des Strichs oder des Konturs, ist nicht eine dekorative Eleganz in den Linien, eine Nachahmung der griechischen Figuren der Renaissance... (...) Was uns nottut, ist die besondere Note des modernen Menschen, in seiner Kleidung, inmitten seines gesellschaftlichen Verkehrs, zu Hause oder auf der Straße. Das Grundproblem wird ungewöhnlich schwierig, es bedeutet das Entzünden einer Fackel mit einem Stift, es bedeutet das Studium der geistigen Reflexe auf den Physiognomien und der Kleidung, die Beobachtung der Intimität eines Menschen im Zusammenhang mit seiner Wohnung, des besonderen Zugs den ihm sein Beruf aufdrückt, des äußeren Benehmens, zu dem dieser ihn veranlaßt, der jeweilige Aspekt, unter denen er sich zeigt und am nachdrücklichsten präsentiert. Bei einem Rücken wollen wir, daß sich darin ein Temperament, ein bestimmtes Alter, eine gesellschaftliche Stellung offenbare. Mit einem Händepaar müssen wir einen Beamten oder einen Kaufmann ausdrücken, mit einer Geste eine ganze Folge von Gefühlen. (...) Hände in der Tasche können beredt sein. Der Stift wird in den Saft des Lebens getaucht. Man wird nicht mehr lediglich mit dem Zirkel gemessene Linien sehen, sondern belebte, ausdrucksvolle, logisch auseinander entwickelte Formen..."[26] Ohne groß interpretativ auf die Bemerkungen Duranty's eingehen zu müssen, ist deutlich, daß Degas den Ansatz Duranty's gewissermaßen im Vorgriff in seiner Kunst seit 1865 realisiert hat. Es ist behauptet worden, daß Degas sogar selbst an der Veröffentlichung beteiligt gewesen sei.[27] Das muß aber als ausgeschlossen gelten, obwohl Degas unter den heftigen Reaktionen seiner Freunde auf die Broschüre zunächst zu leiden hatte.[28] Auf jeden Fall fühlt man sich bei der Lektüre der mit programmatischen Intentionen formulierten Zeilen Duranty's sofort unausweichlich an Bilder wie "Le Pedicure", "La Bouderie", "L'Absinth", A la Bourse" oder an das Bild "Le Comte Lepic" erinnert. Mit Sicherheit sind sie unter dem Einfluß der Ideen des Freundes entstanden.

Daß Degas sich zum Teil deutlich um eine Art gesellschaftsbezogener Kunst bemühte, wie Duranty sie beschrieb und forderte, zeigte schon der Brief an Tissot: "Denn wenn ein Mann aus der Textilbranche jemals den Wunsch haben sollte, sich malen zu lassen, sollte er wirklich auf mich stoßen."[29] Doch auch im weiteren lassen sich Belege dafür in den Äußerungen des Künstlers finden. Hier eine Stelle, die in seinen Notizbüchern dem Ton und der Absicht der Äußerungen Duranty's sehr nahe kommt: "Porträts von Leuten in ihrer gewohnten und typischen Haltung machen, vor allem für ihre Mienen denselben Ausdruck wählen wie für ihre Körper."[30] Es ist schon bekannt, daß er ähnlich seinen Serien über Modistinnen und Büglerinnen Serien von Bildern über weitere Berufsgruppen geplant hatte.[31]

Die vorgestellten Aussagen über Degas, seine eigenen Äußerungen wie die Darstellung und Analyse der Genese seines Werkes verdeutlichen, daß der Gesellschaftsbezug seiner Kunst zu keiner Zeit übersehen worden ist. Kaum je aber sind - wie es hier versucht wurde - alle Aspekte seiner Kunst über den Gesellschaftsbezug zusammengesehen worden. Es ist klar, daß, wenn auch nicht die Rede von einem bewußt kritischen Ansatz bei Degas die Rede sein kann, so doch eine Malerei vorliegt, die von ihrem akzentuierten Bezug zur Gesellschaft lebt. Duranty nennt Degas den "Erfinder des gesellschaftlichen Helldunkels"[32] der Malerei. Degas wußte aus einer Unzahl von Erfahrungen die wesentlichen auszuwählen, die für seine Zeit, für eine ganz spezifische geschichtliche und gesellschaftliche Wirklichkeit stellvertretend sein konnten. Er schrieb: "Es ist schon recht zu kopieren, was man sieht, weit besser aber ist es, das zu zeichnen, was man in seinem Gedächtnis bewahrt hat. (...) Man stellt nur das dar, was einen betroffen hat, das heißt das Notwendige. Eindrücke und Empfindungen sind von der Tyrannei der Natur befreit."[33] Nicht die unmittelbare Natur soll sein Vorwurf sein - wie er es an Monet kritisiert - sondern die relevanten Merkmale und Tendenzen einer sich stark verändernden gesellschaftlichen Realität.

Indem Degas Kontingenz und Verdinglichung in eine sinnlich-anschauliche Einheit bringt, ermöglicht er es den Betrachtern, vom Eindruck des Voneinandergetrenntseins im Zusammensein unter den Notwendigkeitsbedingungen der bildnerischen Präsentation auf die entfremdeten Beziehungen der Menschen zu schließen. Über das jeweilige Sujet, über die historische Situation, gekennzeichnet durch Verstädterung, und über die formalen Einwirkungen von Japonismus, Impressionismus und besonders der fotografischen Ikonologie - wobei die Entstehung der Momentfotografie ihrerseits mit der historischen Situation gekoppelt ist- ist die Deduktion auf die und die Verschränkung mit den konstitutiven Kategorien einer Beschreibung der gesellschaftlichen Wirklichkeit auf der damaligen Entwicklungsstufe, nämlich Entfremdung und vor allem Verdinglichung, auf komplexeste Weise gewährleistet. Es geht weniger um ein Abrücken von der Analyse der Form, die nahezu uneingeschränkt in diese Methode integriert werden kann, es geht vielmehr darum, daß Kategorien aus der Kenntnis von Gesellschaft und Kunst für die Beschreibung des künstlerischen Verfahrens Degas' gewonnen und bereitgestellt werden müssen, die Kohärenz kenntlich werden lassen und für beide Bereiche weiterführende Erkenntnisse ermöglichen.

Scheinbar am Ende angelangt, ist zu fragen, ob die Rückführung auf die Sozialgeschichte letztlich befriedigt. Wurden nicht auch ohne die Kenntnis der sozialgeschichtlichen Daten bei der Analyse der Bilder Degas' ähnliche und ganz andere Erfahrungen angesprochen, die in dem zuletzt eingeschlagenen Interpretationsvorschlag notwendig verloren gehen mußten? Zwar konnten profunde Bezüge der Bilder zur gesellschaftlichen Wirklichkeit konstatiert werden, aber kein einziges ist damit in seinem So-Sein, geschweige denn seinen aktuellen Wirkungsmöglichkeiten erklärt. Zwar ließe sich sagen, daß die Bilder heute nur wirken, weil bestimmte gesellschaftliche Daten mit denen der Zeit Degas' eng korrelieren. Aber damit ist die Transmission Basis - Überbau, die jeweilige Vermittlung des oben unterstellten Kausalitätsverhältnisses zwischen gesellschaftlicher Wirklichkeit im Frankreich des 19. Jahrhunderts und der Kunst Degas' nicht genügend geklärt. Ohne damit die Ergebnisse der vorstehenden Analyse in jeder Beziehung revidieren zu wollen, vielmehr um trotz der Zweiheit des Zugriffs die Einheit der Deutung zu erweisen, ist der Weg zu gehen, der nach den Konsequenzen des künstlerischen Verfahrens Degas' für die Entwicklung einer in die Moderne weisenden Bildform, mithin auch nach dem Bild-Betrachterverhältnis fragt.

7 DIE AKTUALITÄT DER BILDKONZEPTION E.DEGAS'

7.1 Radikalisierte Kontingenz als instabile Balance: Degas' Plastik als Kulminationspunkt seiner Bildkonzeption

Ehe der vorerst letzte Satz zu Degas gesprochen wird, noch ein kurzer Rückgriff auf das Werk. Bei seinem Tode, 1917, hinterließ Degas etwa 150 kleine Plastiken. Nur 74 davon waren in einem Zustand, der Bronzeabgüsse erlaubte, z.T. erst nach Reparaturen.[1] Wann Degas genau mit dem Modellieren in Ton oder Wachs angefangen hat, ist unklar: wahrscheinlich schon Mitte der sechziger Jahre.[2] Spätestens seit 1880 aber setzt eine intensive Auseinandersetzung mit dem neuen Medium ein. 1881, auf der 6. Impressionistenausstellung, zeigte Degas zum ersten und einzigen Male eine seiner plastischen Arbeiten nachdem sie schon längere Zeit angekündigt gewesen war: "La petite danseuse de quatorze ans" (Abb. 18) (1880-81)[3]. Die Reaktionen waren sehr heterogen, in der überwiegenden Mehrzahl jedoch negativ.[4] Man sprach vom "Ideal der Häßlichkeit"[5], dem Degas, dieser "Gott der Versager"[6], unbedingt nachstrebe. Denn die Wachsplastik war, und das reizte die Kritiker doppelt, mit einem grau-grünen Gazeröckchen und einem Haarband aus hellgelber Seide bekleidet. Noch heute kann man im Jeu de Paume beobachten, daß das Publikum die "Petite danseuse" - im Gegensatz zu den übrigen Werken des Malers - auffallend meidet. Ihr fehlt das tendenziell die Brüche der Malerei verdeckende Element der Farbe, das bei oberflächlichem Hinsehen den Betrachter vor den Bildern des Künstlers zufriedenstellen kann.

Wie kam Degas zur Plastik? Oft wird der Wechsel von der Malerei und Zeichnung, die Degas beide aber keineswegs aufgab, mit der zunehmenden Erblindung des alternden Künstlers erklärt.[7] Und er selbst hat das Modellieren von Pferden und Tänzerinnen sein "Blindenhandwerk"[8] genannt. Diese Aussage darf man nicht zu wörtlich nehmen, denn derselbe Degas hatte sich über zwei Jahrzehnte seiner besten Schaffenszeit mit der Plastik befaßt und ihr denselben Rang eingeräumt, wie der Malerei und der Zeichnung. "Zeichnen ist eine Art zu denken, das Modellieren eine andere."[9] Degas beherrschte beide, ja, man darf sagen, daß er in der Plastik einen Kulminationspunkt seines Schaffens überhaupt erreicht hat.

Bevor der späte Degas ganz zur Plastik überging, hatte er Malerei und Plastik nebeneinander betrieben. Doch schon das Pastell und die Monotypie, die die konventionelle Ölmalerei bei ihm nach und nach ablösten, waren mehr taktile Techniken. Wenn Degas auch als Maler weitaus bekannter ist, so sind seine erhaltenen plastischen Arbeiten doch von einiger Bedeutung, sowohl mit Hinsicht auf sein Werk, als auch für die Entstehung der modernen Plastik überhaupt. Das klingt überraschend, denn im Zusammenhang mit der Erneuerung der plastischen Rhetorik im 19. Jahrhundert wird allererst und ausschließlich der Name Rodin verbunden. Doch war Rodin als Jemand, der von Haus aus Bildhauer war, eher ein Sonderfall, wenn es um die Innovation der Sprache der Plastik geht. Die Plastik war im späten 19. Jahrhundert an den Akademien das bevorzugte Fach - nicht ohne Folgen. Es ist keine Übertreibung von ihrem Niedergang zu sprechen. Schon 1846 hatte Baudelaire diese Tendenz in einer Besprechung des Salons konstatiert und die Frage, die eher ein Verdikt ist, aufgeworfen: "Purquoi la sculpture est ennuyeuse."[10] Die Langeweile war Folge der an der Akademie bevorzugten repräsentativen Auftragskunst. Dagegen konnten die sogenannten 'Maler-Bildhauer' unbekümmert um den hemmenden öffentlichen Charakter der herrschenden Plastik und unbelastet von den Normen der Akademie wie den einschränkenden Wünschen irgendwelcher Auftraggeber ihre eigenen Vorstellungen entwickeln. Denn es waren eine ganze Reihe Maler, die sich der Bildhauerei zuwandten: Daumier, Renoir, Gauguin und Cezanne (z.B.). Da sie Maler waren, fiel es ihnen leichter, die 'Regeln' der Plastik umzustoßen. "Als erste, die Plastisches geschaffen haben (...) haben sie gewagt, sich alle Formen, ob gestattet oder nicht, alle möglichen Verbindungen des Räumlichen und Rhythmischen anzueignen."[11] Nie genötigt, Konzessionen an Geschmack und Öffentlichkeit machen zu müssen - und welche Kämpfe hatte Rodin da nicht durchzustehen! - suchte Degas die Möglichkeit, die Konzeption seiner Kunst in der Plastik erschöpfend zu ergründen. Die Hauptmomente seines künstlerischen Verfahrens, die wir versucht hatten zu bestimmen, finden sich unter gewandelten Bedingungen wieder: Kontingenz; Fragmentarisierung und Serialität.

Sein Material war Tonerde, Wachs und Plastilin. Er formte es in seinem bekannten systematischen Vorgehen; machte Zeichnungen, Studien und schuf immer neue Ausführungen der Sujets, wobei es keine Überraschung ist, die Pferde von den Rennplätzen und die Tänzerinnen wiederzufinden. Mit den Pferdestudien hatte er seine plastische Arbeit begonnen; in ihnen machte er seine ersten Erfahrungen mit der Dreidimensionalität.[12] Die "Petite danseuse" von 1881[13] bedeutete das Ende der Einstiegsphase, der nur partialen plastischen Betätigung. Ganz unabhängig von der Frage des Realitätsgrades[14] treibt Degas die Vorstellung von Plastik voran; z.B. in der Destruktion der traditionellen Hierarchie der Ansichtigkeit. Den Kopf zurückgeworfen, die Hände hinter dem Rücken verschränkt, die Füße in spitzem Winkel gegeneinander versetzt, steht sie da als Herausforderung an das Auge. Degas baut die Plastik in einer Weise, daß keine dominante Ansicht entsteht, vielmehr jede unvollständig bleibt und die Anschauung der anderen verlangt. Doch erst als Degas nach dem Rückschlag bei der Ausstellung 1881 seine plastischen Ambitionen für die Öffentlichkeit völlig aufgab, schuf er Werke, die, alles Streben nach Naturalismus hinter sich lassend[15], heute in der Plastik des 19. Jahrhunderts neben denen Rodins stehen. In "plastischen Momentaufnahmen" leitet er eine bewußte "Entfeierlichung der Plastik"[16] in die Wege, die der Leistung Rodins nicht nachsteht. Dies ist an "Danseuse regardant la plante de son pied droit" (1896-1911)[17] exemplarisch zu zeigen. Im übrigen hat Degas dasselbe Motiv auch schon früher mehrfach ausgeführt[18], wobei der Vorwurf selbst - wie wir es in der Malerei schon beobachteten - für ihn ganz nebensächlich wird. Die Figur geht in der Torsion auf; sie ist

- wie die anderen Plastiken - keine Frau, sondern ein Gebilde von Gelenken. Degas hat selbst vom "Vorwand"[19] des Motivs gesprochen. Diese Entgegenständlichung ist für das Freisetzen des Potentials der Plastik grundlegend. "Es gilt zu lernen, inwiefern die moderne Plastik die Frage des Raumes direkt zu ihrem Thema erhob, nachdem mimetische Darstellungsaufgaben abgetan waren. Sie vermochte dies, weil sie die Materie der Plastik als ein Potential zu entwickeln verstand, welches die ihm eigenen Formmöglichkeiten hervortreibt."[20] In der Tänzerin, die auf einem Bein balancierend in komplizierter Körperdrehung den eigenen rechten Fuß mit der rechten Hand greift und untersucht, sucht Degas ein im wörtlichen Sinne tragfähiges Verhältnis zwischen Bewegungsdarstellung und plastischer Statik, Kontingenz und Erstarrung. Die Statik übernimmt die Rolle der Komposition, der bildlichen Konstruktion in der Malerei. Degas beginnt in der Plastik nicht neu, er baut auf dem in der Malerei Erreichten konsequent auf. Wie dort, meidet er in der Figur der Tänzerin alle zwanghafte Repräsentation. Gegen die Pose des Akademismus wirkt seine in labiler Balance sich haltende Balletteuse wie in unwirkliche Verrenkungen gezwungen. Balance und damit auch die Schwere sind das Thema der Plastik Degas', kontingente Bewegung und Statik der Plastik werden in ein Notwendigkeitsverhältnis gebracht. Wenn die Tänzerinnen in erstarrten Haltungen des 'pas' die Arme weit ausbreiten, wenn sie die Beine von sich strecken oder in komplexen Torsionen aufgehen: Immer weckt und beantwortet die Plastik die Frage nach dem Ausgleich des Auseinander der plastischen Massen, nach der Umsetzung von Bewegung in Statik und Statik in Bewegung. Denn vermittels des Spannungsmomentes zwischen beiden bleibt eine endgültige Fixierung ausgeschlossen. Das schwebende Gleichgewicht der Figuren verdankt sich der Momentaneität von Licht und Situation: Lichtreflexion der Oberfläche und ihr Verhältnis zum Raum werden zur Intensität des lebendigen Eindrucks. In ihnen setzt Degas eine aus der Malerei entwickelte, im Changieren von räumlichen und planimetrischen Werten erprobte Dynamik der

Raumauffassung. Und weiter: Wo in der Malerei Überschneidungen und forciert ungleichgewichtige Behandlung der verschiedenen Teile des Bildes eine vereinnahmende endgültige Über-Sicht erschweren, wenn nicht verunmöglichten, da leisten dies die Instabilität der Haltung, die krude Oberfläche (Licht) in der Plastik. War das Fragment eine Bildstrategie, das Ganze zugleich zu verweigern und einzufordern, so eröffnet nun die Instabilität jenes Potential. Von daher scheint in der Malerei Degas' schon die Plastik zu stecken. Hausenstein glaubt gar, "die Plastik des Degas verwirklicht erst sein Bild."[21] Dieser Wertung hat sich neuerdings der Bildhauer Tucker angeschlossen, der die Substanz der Kunst Degas' in die Plastik eingefaßt sieht und eine tiefe Verwandtschaft zur Zeichnung behauptet: "Degas sculpture is a triumph of drawing (...)"[22] Wir können an einem anderen Punkt des künstlerischen Verfahrens Degas' gleichsam die 'Erfordernis' zu plastischer Gestaltung ablesen, wenn wir uns an die Feststellung erinnern, daß Degas in seinen Bildsequenzen und Serien die Unabschließbarkeit der Ausschöpfung aller möglichen Ansichten eines bestimmten Objektes erkannt und für sich nutzbar gemacht hat. In einer plastischen Form, die keine Dominanz irgendeiner Ansicht zuläßt und vielmehr ein immer neues Erschließen des Ganzen im Umgehen der Figur einfordert, ist diese Entdeckung schlüssiger - an einem Objekt - umgesetzt.

Das unabschließbare Spiel von Farbe, Komposition und Kontingenz findet sich transponiert in eine Struktur der Verhältnissetzungen von Volumen, Oberfläche und Silhouette. Wenn für Degas die Tänzerin nichts weiter ist als ein gelenkiges Gebilde, so macht er sich auf die Suche nach dem Plan von deren Bewegung. Daher - auch bei unserem Beispiel[23] - der Eindruck, die Figuren erstarrten in der ungeheuren Spanne zwischen angespannten Überdehnungen und latentem Zusammenbruch. Solche Extremgebärden sucht Degas zugunsten der Präsenz der Figuren, die Hausenstein mit dem treffenden Ausdruck des 'Prompten' umschrieben hat[24], in dem das faktische und das potentielle solcher Präsenz gleichermaßen bestimmt ist.

Die Frische solcher Vergegenwärtigung drückt sich auch optisch aus. Die Figuren geben der Beweglichkeit des Lichtes Raum, in Oberfläche und Massenverteilung. Über die 'Sensation' der Voluminaplazierung und die rauhe, den Entstehungsprozeß mit in Anspruch nehmende Oberflächenbehandlung sucht Degas die Optizität in die Plastik einzubringen. "Alle plastischen Aussagen und Sinnevokationen beruhen auf dem Prinzip Oberfläche. Die plastische Oberfläche ist im Unterschied zur idealen Fläche des Bildes die Oberfläche eines jeweiligen Körpers, den sie ausgrenzt, ohne von ihm abhebbar zu sein. (...) sie signalisiert das Potential dieses Materials nach außen."[25] Degas hat das früh gesehen und darum auch, nicht etwa wegen der negativen Kritiken, den vordergründigen Verismus der Gazeröckchen schnell fallengelassen, um sich ganz auf das Potential einer aus Licht (Oberfläche) und Volumina (Schwere / Balance) geschaffenen Situation zu verlassen. Aus der Struktur der Winkel (d.i.: Gelenk)relationen und der Höhlungen und Wölbungen der Oberfläche (vgl. besonders unser Beispiel!) schafft Degas ein Potential von Erscheinungsbildern, das auch nicht im Umkreisen der Figur, geschweige denn im einzelnen Blick sich erschöpft. Und auch nicht im Berühren, das nur an der Oberfläche verharren müßte. Wie das Auge des Künstlers die Hand bis ins Letzte lenkt, überbietet das Sehen, über das ruhige Schauen hinausgehend, den anpackenden Zugriff: feiner als die Hand bringt es noch da Gestaltungen ans Licht, wo die Hand nicht greifen kann. Auch erschließt sich nur dem Auge die Oberfläche als Membran[26], die einen Austausch erlaubt zwischen den ausgrenzenden und einschließenden Bestimmungen des Raumes. In der Malerei hatte Degas immer deutlicher die Bestimmtheit des Konturs verlassen. Die Linie war nicht mehr Grenze; jene Unbestimmtheit ist in der Plastik in abstrahlende Optizität der Oberfläche aufgelöst, das Summarische der späten Bilder und Zeichnungen in die vibrierende Silhouette überführt.

So greifen die Tänzerinnen in den Raum aus, wachsen in ihn hinein. Die Form fixiert nicht, sie setzt frei und manifestiert doch ihre Dauer in der Anschauungseinheit von Kontingenz der Bewegung und physischer Starre. Degas baut seine Plastiken nicht von unten nach oben - wie Rodin. Seine Figuren scheinen um ein virtuelles Raumzentrum herumgebaut; die Achsen und Volumina von diesem ausgehend verschoben und gedehnt, bis eine wie auch immer instabile Balance erreicht ist.[27] Balance, und keine harmonische Idealisierung! Denn instabile Balance und fragmentarische Unabschließbarkeit sind wohl in ein Verhältnis zu bringen, nicht aber Fragment und Idealität. Degas dehnt und zerrt den menschlichen Körper -- wo er ihn mangels Rahmen nicht mehr beschneiden kann - zur Erlangung jener jähen Präsenz auspondierierter Volumina. Die Haltung der Figuren gibt dabei den wie auch immer reduzierten thematischen Bezugsrahmen für den Übergang der Volumina (und deren Oberfläche) zur Struktur (Relationen, Balance, Optizität) ab. Für Degas ist das Modellieren eine Form des Strukturierens, eben eine Form zu denken.

Bewegungsillusion, sofern eine entsteht, bleibt dabei kontrastiert mit der Statik des Materials. Und es scheint wichtig, von welcher Qualität die Bewegung ist. Nie ist sie eine, die sich im Vollzug einer Handlung erschöpft. Gerade wenn Degas den Tanz oder die Motorik des Animalischen aufgreift, sucht er Bewegung, die nicht zum Stillstand kommt. Es ist das Da-Sein der Bewegung, nicht ihr Vorübergehen, das ihn interessiert. Die Haltungen lassen sich nicht in einer endgültigen Position finalisieren, sie evozieren stets neu aufbrechende Veränderungen von Energiebewußtsein.[28] Figuren im Raum, die Übergang sind ins räumliche Ornament. In seinen Plastiken erreicht Degas den Punkt, an dem die Schwere aufhört ein Attribut der Figur zu sein und umschlägt in ein Thema der Plastik selbst. Oder wie G.Boehm es für die 'Iris' von Rodin formuliert hat - genauso gültig hier für Degas - :"Was der Betrachter erfährt, ist die Wandelbarkeit des Körpers über seine Möglichkeiten hinaus, die Überschreitung des Organismus auf ein materielles Potential hin, aus dem die Erfahrung von Bewegung (...) entsteht."[29]

Degas hat sich nahe an die freie Artikulation von Volumen herangearbeitet. Die Aktualität der Problemstellung Degas' in der Plastik ist von da nicht zu bestreiten. "Because of the secrecy which surrounded its making, the objectivity of perception, the formalized subject-matter, but intrinsically because of the perfectly balanced and ordered structure of volume, the sculpture of Degas retains a 'timeless' quality, outside of nineteenth-century naturalism or the conscious archaism of twentieth-century sculpture."[30]
Nicht zuletzt wegen der bewußten Handhabung der Schwere in der Plastik Degas', deren Bedeutung bei der Entstehung der modernen Plastik nicht unterschätzt werden kann.[31] Tucker stellt Degas schließlich sogar über Rodin: "In sculptural terms, Degas' conception of the figure was more original than of Rodin."[32] Ob man ihm da folgt oder nicht, wenn Degas wie in der Malerei auch in der Plastik im Unvollendeten (Un-Voll-Endbaren) die Vollendung zu erreichen sucht, dann bedeutet das nicht allein den Kulminationspunkt in der Realisierung seines eigenen künstlerischen Verfahrens, sondern er steht damit auch am Beginn der modernen Plastik.

7.2 Das 'Non-Finito' der Bildkonzeption Degas' als Vorgriff auf die Moderne

Rückkehr zum Blick auf das Bild. Der Weg hierher, der zu Beginn der Arbeit vorgeschlagen ward, sollte in der Durchdringung der Gegenstände, der Bilder erprobt werden. Die drei Explikationsstufen des Bildsinns wurden durchschritten: der Versuch einer systematischen Analyse der Kunst Degas', ihre Einordnung in den Kontext kunstgeschichtlicher Fragestellungen und ihr Bezug zur gesellschaftlichen Wirklichkeit. Die Problematik des Gegenstands erwies sich dabei als Problematik des Weges; und umgekehrt. Es zeigten sich fundamentale Schwierigkeiten einer sozialgeschichtlich orientierten Interpretation von Kunst, denn diese "droht an dem kategorialen Dilemma zu scheitern, etwas Besonderes durch Rückführung auf etwas Allgemeines verstehen zu wollen."[33] Die Verbindung von Kunst und Gesellschaft kommt aber gerade auf eine Weise zustande, die dem direkten Zugriff sozialhistorischer Interpretation sich entzieht. Auch der hier versuchte Weg über analytische Kategorien eine Kohärenz herzustellen, darf angesichts der völlig ungenügenden Klärung der Transmission als unbefriedigend angesehen werden. Zugleich erwies es sich jedoch als irreführend, an eine Evidenz unmittelbarer Anschaulichkeit unbefragt zu glauben. Ein wie auch immer definierbarer Wirklichkeitsbezug scheint damit aufrecht zu erhalten sein.

Die Suche nach dem Latenten (der nicht sichtbaren Entfremdung) in/hinter dem Manifesten (dem sichtbaren Bild) erwies sich als irrig, in dem Maße wie deutlich wurde, daß das Sichtbare nicht manifest ist. Gerade das spezifisch Visuell-Latente, der sinnstiftende Übergang, die Ambivalenz oder gar Leere in der Kunst Degas' ist für sie genuin; nur vermöge solcher Qualitäten können sich die Bilder gegen die Tradition sprachlichen Wissens behaupten. So galt auch unser letzter Blick der Kunst Degas', um sie in ihren aktuellen Wirkungsmöglichkeiten freizusetzen.

Das Auftreten des Gegenständlichen im Modus der Kontingenz, gar der radikalisierten Kontingenz, bedingt in der Kunst Degas' die Abstraktheit des Bildverfahrens.[34] Die Dinge besitzen keinen eigenen strukturierenden Wert, ihren Zusammenhang gewinnen sie erst durch Zuordnung auf der Bildfläche vermittels des kompositorischen Kalküls: Der Zusammenhang ist ihnen nicht wesentlich und allein durch das Bildverfahren bedingt. Das Erscheinen des dinglich und räumlich Heterogenen, zusammengeschmolzen in der Kontingenz, wird durch den Bau eines starken bildlichen Formzusammenhangs möglich. Dabei treten Diskrepanzen und Übereinstimmungen zwischen Sujet und Bildform auf. Zu letzteren gehört das Häßliche bei Degas.

Es gibt eine gewaltige Kunstgeschichte des Häßlichen.[35] Um zum 'Ideal der Häßlichkeit' bei Degas zu kommen, kann man beim 'häßlichen' Gott im Gerokreuz beginnen. In beiden schwingt ein Verweis auf außerhalb alles Häßlichen stehende Menschenvorstellungen mit: Die zertretene Kreatur ist Hohn auf das Maß, die Harmonie und die Menschenwürde. Wenn die Kritik im Fall von Degas immer wieder den Begriff des 'Häßlichen' ins Spiel gebracht hat, so nicht weil Degas ein bildnerisches Abnormitätenkabinett betreibt. Er sucht den Widerspruch von Wirklichkeit und unerfülltem Anspruch auf. In seiner Kunst werden Gegenbilder des Menschlichen zum klassizistischen Ideal geformt, schon seit den "Jeunes Filles Spartiates". Später nimmt er in seinen Serien der femmes à leur toilette dem Menschen seine Form, seine angebildete Würde und zeigt ihn, wie er offen zu sehen ist: In seiner ganzen Armseligkeit und Unförmigkeit; entstellt. Und keine Komik, wie in der Karikatur, umhüllt die Entblößungen. Degas präsentiert sie uns mit einem Ernst, der Kälte ist; mit einer Nüchternheit, die dem Wunsch nach Form entspringt. Von daher rührt auch ein Gutteil des eigentümlichen Eindrucks von Sinnlosigkeit, Entfremdung, Verdinglichung, der uns in den Darstellungen begegnet ist. Degas zeigt die Menschen wie Marionetten; Automaten einer ihnen fremden Macht. Unversehens geraten sie auf eine Stufe mit den beliebigsten Dingen. Bei alledem hat sein Blick eine "verhaftende Autorität" (!)[36] allem auf seine Bildflächen Gebannten gegenüber: seien es Dinge, seien es die nächsten Verwandten.

Degas nimmt Strukturen der Zerstörung ins Bild, sucht Schocks, arbeitet in Kontrastfiguren Brüche heraus. So gesehen bleibt die Tendenz zum autonomen Formsystem nur eine Möglichkeit des Blicks auf seine Kunst: Zu sehr sind die Formen mit dem Motiv verbunden, als daß sie ohne weiteres sich voneinander trennen ließen. Es wurde ja auch gezeigt, daß die Entgegenständlichung, der Verlust der Bedeutung der Menschen und Dinge in der Kunst Degas' in der thematischen Entfremdung, des Spiels und der Arbeit, ihre Wurzel haben.

Dabei ist gegen ein Mißverständnis anzugehen, das dieser Arbeit möglicherweise z.T. impliziert war: daß die Bilder Degas' auf eine anekdotische Weise manifestierten, was die Analyse in den wissenschaftlichen Diskurs überführt! 'Lediglich' die Lust des Malers an Erkenntnis, sein Bewußtsein, das seine materiale Manifestation auf der Bildfläche gefunden hat, bringt die Entfremdung (als Erfahrung) ins Bild ein und eröffnet dem Betrachter die Chance, sie dieser Erfahrungen, dieser Bewußtheiten zu vergewissern. Das Einzelne ist darin nicht bloßes Exempel für ein allgemeines Gesetz (Entfremdung) - konkrete Inhaltfülle offenbart sich erst in der bewußten Einzelanschauung. So gilt für Degas in besonderem Maße, was Adorno für die Impressionisten konstatiert: "Mit der Entdeckung einer der verdinglichten Welt immanenten Dynamik wollten sie der Verdinglichung widerstehen, die in den großen Städten am sinnfälligsten war."[37] Bei Degas liegt die Entfremdung in der Perspektive seiner Kunst: von seinen Intentionen her wie von den nicht intendierten Implikaten. Er führt Diskontinuität, Entfremdung vor, aber so nüchtern, kalt und berechnet, daß er sie darin decouvriert. Seine Bilder verweisen - als jeweilige Realisationen eines bestimmten Verhältnisses von Mensch und Welt - über sich hinaus auf Sinnbestimmungen, die einzulösen sie vom (aktuellen) Betrachter fordern.

In bestimmtem Maße kann man von einer Zersetzung der Alltagswahrnehmung durch die Kunst Degas' sprechen, wie sie (z.T. in ganz anderer Weise) als Tendenz seit der Romantik vor allem in der Literatur festzustellen war. Mehr noch als übers Sujet, wird Degas über die Zersetzung des Alltags, übers Fremdwerden noch der gewöhnlichsten Perspektive zum 'peintre de la vie moderne'. Weniger über das Ikonographische also, als über das Setzen eines ganz bestimmten Verhältnisses zwischen Bild und betrachtendem Blick.

Degas arbeitet mit kalkulierten Irritationen. Insofern spricht er nicht allein das Auge an, sondern über das Auge den Intellekt. Jenes Kalkül des Irritatorischen produziert Transpositionen der vertrauten Zuordnungsschemata, mit denen der Betrachter sich in der Alltagswelt zurechtfindet. Das immer wiederkehrende Befremden vor den Bildern Degas' ist das plötzliche Bewußtwerden des Versagens dieser Zuordnungsschemata. Wenigstens visualisieren jene evident die Möglichkeit ihres Versagens. Degas läßt uns einen fremden Blick in den eigenen Alltag werfen. "Was der Erfahrung spottet, soll doch noch erfahren, das Entfremdete soll doch Nähe werden."[38] So fördert der Blick auf die Sujets der Impressionisten unerwartet zutage, "daß ihre Landschaften mit allen möglichen Signa der Moderne durchsetzt sind, zumal mit Momenten der Technik."[39] (Vgl. dazu Abb. 16 und 12!) Was sonst, wenn nicht Widerspruch, brächte Degas dazu, hartnäckig die Rennplätze, wo immer sie liegen mögen, mit hohen Fabrikschornsteinen und Eisenbahnen zu bedenken? Die Nähe, von der Adorno spricht, ist doppelt auslegbar: als die überraschende Nähe des Schocks ungewohnter Perspektive und die unverschämte Nähe des Voyeurs. Beide, suggerierte Nähe und fremde Nähe sind Indiskretionen seiner Kunst, die seine Bilder mit einem Energiepotential versehen: Stachel fürs Auge.

Die Übernahmen und Anregungen bestimmten technischen Vorgehens aus Japonismus und Momentfotografie gehen in seinem künstlerischen Verfahren auf; sie werden ins Telos seiner Kunst integriert. Man kann von vollständiger Absorption sprechen. Die Einflüsse waren von den Rändern her dargestellt, solchermaßen die Nahtstellen des künstlerischen Verfahrens in ein Netz von Bestimmungen fassend. Sie ermöglichten Degas spezifische Brüche und Widersprüche zwischen den verschiedenen Strömungen auszunutzen; sie in Interferenzen je nach seinen Intentionen zu verstärken oder zu schwächen. In einer wechselseitigen Verstärkung und Synthetisierung vereinigte Degas in seinem künstlerischen Verfahren ansonsten inkompatible Qualitäten.[40] In der Malerei und in der Plastik arbeitet Degas auch mit jenen Interferenzen: in der Anschauungseinheit von Planimetrie und Raumdarstellung, beziehungsweise im Prinzip der Oberfläche.

In einer ersten Phase, bis in die Mitte der siebziger Jahre lernt Degas sein Material kennen, familiarisiert es. Erst lernt er zu machen, was er kann, dann, was er will. Bewußt setzt er sich mit historisch gewachsenen

Problemen der Malerei auseinander. Er ist kein Doktrinär - da haben es sich viele seiner Biographen zu leicht gemacht. So läßt er sich durch sein Faible für Ingres und die Linie nicht den Blick für die Qualitäten, d.h. die malerischen Notwendigkeiten, eines Delacroix verstellen. Wenn gesagt wird, er sei ein Schüler Ingres' (und gemeint ist damit: ein Nachahmer), dann genügt ein Blick auf die Gestaltung der Oberflächen der Menschen und Dinge in den Bildern beider, um die Differenz zwischen ihnen schlagartig zu beleuchten. Die Leblosigkeit und Glätter ist einer vibrierenden Lebendigkeit gewichen! Wer könnte sich Plastiken von Ingres vorstellen, mit der kruden Oberfläche der Figuren Degas'? Degas will bewußt an der Entwicklung der Geschichte der Malerei partizipieren. Daher seine Auseinandersetzung mit dem Impressionismus, dem Naturalismus, der japanischen Druckgrafik und der Momentfotografie. Er akzeptiert es, seine Arbeit als Maler unter Berücksichtigung der durch die Momente der Entwicklung der Malerei produzierten Erkenntnis zu denken, zu sehen.

In diesem Zusammenhang ist weiter der Aspekt der Zugänglichkeit der Kunst aller Vergangenheit für das späte 19. Jahrhundert zu untersuchen: Die Zunahme der Museen und Kunstgalerien, die wechselseitigen Anstöße in globalem Ausmaß. Der Einfluß von Zeitschriftenillustrationen (sog. Tageskunst) und der Bildwelt der Fotografie gehört ebenfalls in diesen Zusammenhang.[41] Die Flut des jederzeit und überall verfügbaren optischen Materials stieg langsam an. Weiter gehört die entschiedene Ausbildung von Öffentlichkeit zum plötzlichen Ansteigen des Wertes der unmittelbaren Beobachtung und der künstlerischen Wiedergabe der alltäglichen Geschehnisse. Hier wurde die schon erwähnte Revolutionierung der 'Hierarchie der Sinne' immens vorangetrieben und das Auge in seine ausgezeichnete Stellung erhoben.[41a]

In solchem Kontext stellt Degas den Akademismus in Frage, aus dem er sich seine Konzepte zunächst entwickelte. Deren durch seinen Intellekt gefilterte Ergebnisse schreibt er mittels seiner Malerei ein in die weitere

Entwicklung der Erkenntnis. Bei ihm beherrscht von Anbeginn an in wachsendem Maße die <u>kritische Intention</u> das künstlerische Konzept. (Das terminiert die Wahl des Sujets.) Die Kritik - z.B. in der Exzentrizität der Figuren - dominiert die Realisierung. Seine Differenz zum 'Avantgardismus' der Impressionisten (Monet...) versteht Degas in der Ablehnung einer technizistischen Anekdote (Virgulismus) als Differenz - und zwar als Plus - von Erkenntnis. Wenn er bei Monet eine Verdrängung, ja eine Negation apperzipierenden Sehens feststellt, dann muß man bei Degas von einer Befragung des perzipierenden Sehens sprechen. Degas' Wendung gegen den Impressionismus als <u>peinture retinienne</u> in einer <u>'peinture degagée'</u> liegt in der Weigerung einer bildnerischen Reduktion auf den Formalismus begründet. Dennoch haben wir beim späten Degas eine Verselbständigung der Form konstatieren müssen, die man der Entwicklung der Malerei Monets mit Vorbehalt analogisieren kann: Bei Monet führt die transitorische Lichtsituation zu einem <u>Autonomen Farbsystem</u>, bei Degas die kontingente Bewegungssituation zu einem <u>autonomen Formsystem</u>. So unterschiedlich beider künstlerisches Verfahren auch sein mag, mit Bezug auf die Entwicklung einer neuen Bildform sind ihre jeweiligen Ergebnisse sehr vergleichbar unter Berücksichtigung der Differenz von Autonomisierung der Farbe und Autonomisierung der Form. Eine Steigerung der Autonomisierungstendenz war in der Plastik Degas' festzustellen.

Degas kontrolliert die 'Pose' in seinen Bildern, mag sie auch Kontingenz ausdrücken. Die Distanz zum Objekt und die Systematik des Schaffensprozesses, der keiner Spontaneität sich unterwirft, ermöglichen ihm eine höchste Kontrolle der Formen. Degas 'architekturisiert' die Form, nur so zu jenem autonomen Formsystem seiner späten Kunst gelangend. Die formelle Rationalität seiner Kunst ist eine <u>andere</u> Rationalität.

Degas stellt das Verharren dar; Momente größtmöglicher Potentialität - aber nicht im Sinne eines 'fruchtbaren Augenblicks' - sondern Unsicherheit mit Bezug auf den

Bestand (der Dauer) des Dargestellten. Das macht eine strenge Konstruktion notwendig. Degas stellt, indem er den Unzusammenhang als die einzige Möglichkeit des Beieinandererscheinens vorstellt, den Verlust eines allen gemeinsamen Handlungsbezuges, eines allen gemeinsamen Zentrums dar. Das defiziente Zentrum umschreibt er von den Rändern her. Seine Leere wirkt sich in einer eigenartigen, entindividualisierenden und entporträtierenden Weise, die in dieser Weise nur bei Degas vorkommt, für die Dargestellten aus. Ihr Marionettendasein (an den Fäden der Komposition unsichtbar-sichtbar aufgezogen) stellt, als einer der fruchtbaren, provozierenden, aktivierenden Widersprüche Degas', einen eklatanten Gegensatz zum behaupteten Porträtcharakter dar. Entfremdung scheint in der Subjektlosigkeit der Dargestellten auf.[42] Ihr Bezug zu den Bildgrenzen, ihre Position auf der Fläche scheint arbiträr: Degas verstreut 'Identitäten' auf dem Tableau des Bildes.

Von da folgt, daß besonders die Rolle des Betrachters ins Recht zu setzen ist. Degas unterläuft den ersten vereinnahmenden Zugriff der Betrachter mittels überraschender Ansichten, dem Schein der Willkür (der ein Kalkül des Scheins ist!), dem Schock über die Erfahrung ausgesetzter Zeit (Isolation, Verdinglichung). Der Betrachter sieht sich schnell gezwungen, vom Partikularen des Sujets abzusehen und das im Bild Gegebene in einen sinnvollen Zusammenhang zu bringen, seine Bedeutungshaftigkeit zu erschließen. Das geht nur, indem die oberflächlichen Anschauungen des Sujets (Oper, Rennplatz etc.) verlassen werden.

Das Bild wird übers Sujet hinaus Anlaß für ein visuelles Aktivwerden des Betrachters. Es schafft Situationen für es: Unter anderem kann der Betrachter den Spuren der Widersprüche, der Übergangsmomente, der Kontraste der bildnerischen Konflikte folgen, ohne zu einem Abschluß zu gelangen.

Bei Degas gibt es ein Oszillieren zwischen Gegensätzen, die ein ständiges Reservoir an Unruhe darstellen. Die

Potenz dieser Bilder ist es zu einem guten Teil, leere Möglichkeiten bereitzustellen. Sie verweisen auf Sinn, der trügerisch ist (vgl. sozialgeschichtliche Exkurse), insofern er eben nicht zur Fixierung des Oszillierens eingesetzt werden kann. Augenfälligstes Kraftzentrum der Kunst Degas', das solche Oszillation in Gang setzt und hält, ist der Kontrast von thematischer Bewegung und visuell erscheinender Bewegungslosigkeit (Kontingenz : Konstruktion / Statik). Degas geht - metaphorisch gesprochen - immer in medias res. Die Folge ist fragmentarische Präsentation. Da die Bildgrenzen Markierungen der Differenz von Bild und Umraum, Bilderfahrung und Alltagserfahrung sind, insofern sind alle Überschreitungen dieser Grenze sinnrelevant.[43] Die Fragmentarisierung fordert den Betrachter; ohne ihn ist die Darstellung in ganz besonderem Sinn nicht komplett. Degas' Bilder wirken oft wie nachträglich mit dem Messer beschnitten. "Wegschneiden" ist ein zentraler Terminus seines künstlerischen Verfahrens. Gemeint ist damit eine spezifische Vereinfachung der Malerei; eine Art Konzentration. Im Fragment wird die Aufmerksamkeit fokussiert. Das Motiv wird nicht in optimaler Sicht dargestellt. Der Ausschnitt suggeriert Authentizität und potenziert die Manipulationsmöglichkeiten des Malers. Der mit der Authentizität verbundene Fragmentcharakter führt zum Verlust der Möglichkeit, Totalität wiederzugeben (es sei denn unter der Bedingung des Fragments). Wir finden die Thematisierung der bloßen Möglichkeit des Fixierens einer arbiträren Situation im Fragment, mit dem Anspruch die Erfahrung von Totalität (der Verdinglichung) zu leisten. Die im fragmentarischen geforderte Rekonstruktion der Ganzheit provoziert das mitwirkende Sehen des Betrachters. In diesem Sinn bedeutet Fragmentarisierung die Potenz einer den Betrachter herausfordernden Kraft. Dabei bleibt solche provozierte Rekonstruktion, Ergänzung zwangsläufig immer unabgeschlossen. Was außerhalb des Bildes liegt, ist der Beliebigkeit des Betrachters anheimgestellt, die größer und arbiträrer ist, als es die von Degas kalkulierte Kontingenz je sein kann. Doch jene provozierten, undefinierbaren Erfahrungen spiegeln zurück ins Bild und lösen die Figuren aus dem Bann des Kompositeurs Degas, überführen sie ins Changeant. Degas' Bilder sind wie Jemand, der einem ins Wort fällt und ebenso unvermittelt seinen Satz abbricht, wie er ihn aufgenommen hat.

Die Fragmentarisierung ist häufig eine Folge der Nahsicht der Bilder Degas'. Nähe als Verlust des Zusammenhangs. Deren potentielle Energetik weiß Degas in kinetische Assoziationen umzusetzen.[44] In der Plastik evoziert die augenscheinliche Instabilität der Balance die Veränderungen von Energiebewußtsein. Das bringt uns zum Raum.

Die zentralperspektivische Unendlichkeit war in ihrem Fluchtpunkt fixiert, also doch endlich. Sie konstruierte einen meßbaren Raum, angefüllt mit Körpern, deren Festigkeit nie in Frage steht. Die Sehweise Degas', gefördert durch Impressionismus, Japonismus und Momentfotografie, ist nun nicht unmittelbar kontradiktorisch, aber Perspektive läßt sich im alten Sinne nicht mehr finden. Die Weite wird aufgelöst und die Nahsicht dominiert. Die Begrenzungen der Formen werden durchstoßen. Nah und Fern sind ineinandergeschachtelt zu einem Insgesamt mit kulissenartigen Zonen kontrastierenden Charakters; eine Aggregation von Teilen, wechselnd im Ausdruck. Die Folge ist Heterogenität, Blendung über Blendung, Sprünge, keine oder doch kaum Überleitungen von einer Zone in die andere. Sie liegen daher nicht hinter- sondern nebeneinander. In jedem Fall gibt es keine Unterscheidung von Wertigkeit oder des Erlebens unter den verschiedenen Zonen. Das Ganze ist Aggregat kleiner, gleichberechtigter Teile. Alles scheint uns dann auch gleich nah. Die Handlung wird zum Handlungsfragment, die Bewegung geht in Tektonik auf.

Mit der Tektonik, von der schon des öfteren die Rede war, ist der Systemzusammenhang der Bilder gemeint. Es gibt in ihnen einen Totalitätsanspruch der Konstruktion. In ihnen lassen sich, da sie den Ausschnitt thematisieren, Ausschnitte nicht sinnvoll angeben noch betrachten. Und selbst partiale Veränderung trifft die Substanz des Ganzen.[45]

Perspektive ist hier ein 'erarbeitetes Spiel': sie wird aufgebaut, destruiert und neu aufgebaut (in den Überschneidungen, der Farbe, der Abschwächung des Gegeneinander von Fläche und Tiefe). Degas sucht eine Dialektik von Raum und Fläche zu entwickeln, die Ungleichgewicht im Betrachter auslöst. "Die Auflösung des Raumes als einer von Menschen und Geschichte unabhängigen Wirklichkeit heißt Identifizierung von Objekt und Raum in der Fläche."[46] Degas attackiert die Vertrautheiten des Raumes, der Zeit, der geordneten Oberfläche. Keine noch so große kompositorische Kunst kann diese einmal ins Spiel gebrachte Unruhe wieder ganz außer Kraft setzen. Der Raum wird dynamisch, der Betrachter kann durchaus den Raum von mehreren Stand- und Gesichtspunkten aus erfassen. In der Dynamik ein Verwischen fester Raumgrenzen, ein Aufgehen der Raumkontinuität in wechselnden Übergängen. Wohl sind die Raumabschnitte als solche erkennbar, doch sie werden nicht kontinuierlich entwickelt und somit dem Betrachter als geschlossene Raumerfahrung verweigert.

Die Frage ist nun nicht die nach dem Grund für das beunruhigende Voneinandergetrenntsein im Zusammensein, für die radikalisierte Kontingenz, sondern damit zusammen und darüber hinaus, daß es unmöglich scheint zur Terminierung eines stabilen Verhältnisses zwischen den dissoziierenden Teilen zu gelangen, zu einer fixen Beziehung gar zwischen Sujet und Struktur; es sei denn, man akzeptiert die kompositorische Konstruktion als bloße Starre. So destruiert die Unmöglichkeit bildlicher Fixierung der Kontingenz Dauer zu verleihen das Bild als Ort solcher Fixierung. Degas produziert ein räumliches Changeant, permanente Verschiebungen oder Störungen. Perspektive, sofern sie vorkommt, wird blockiert, neu aufgewichtet und wieder kontextual limitiert. Der Zusammenhang von Kontingenz und Ambivalenz ist mindestens so konstitutiv für die Bilderfahrung der Kunst Degas', wie der von Kontingenz und Verdinglichung. Im Übergang, der durch Fragmentcharakter, Nahsicht, Raumchangeant etc. produziert wird, erreicht Degas eine Komplexität, die das Bild fokalisiert und überschreitet. Diese in die Vorstellungskraft des Betrachters anregende abkürzende Anschaulichkeit des Bildes akzentuiert im Übergang das vom Dargestellten sich lösende Bildkonstrukt. Die Zwiespältigkeit der Kunst Degas' - schwierig genug war es, in der Analyse das Ablösen und Verschmelzen von Sujet und Konstrukt zusammenzudenken - ist Zentrum der Kraft, vermöge derer sie heute noch unser Interesse auf Dauer zu fesseln vermag.[47]

Auch die Zeit ist davon betroffen. Monet zeigt in seinen Serien das Vergehen der Zeit, Degas versucht in seinen Serien ein immer neues Einfrieren von Zeit. Die Zeit steht in der Arretierung nach allen Seiten offen. Sie ist der eingefrorene Augenblick. Wie ein räumliches, haben die Bilder und Plastiken Degas' ein zeitliches Potential. Sie sind Momente der stehengebliebenen und der weitergegangenen (Serie) Zeit; Moment im Zustand der Annäherung und des Entfernens; Momente der Bewegung und des starren Augenblicks. Schon darin ist Übergang: daß sie ineins Bewegung und Erstarrung zu sein scheinen. Sie verfremden die Zeiterfahrung. Unmittelbare Reaktion ist in diesen Momenten aufgehoben; eine scheinbare Unmittelbarkeit, die als Zustand der Unmittelbarkeit nur durch Brechungen, durch Kalkül (Komposition) ins Recht gesetzt werden konnte. Momentaneität, Kontingenz als Möglichkeiten von Verfremdung. Verfremdung nicht allein mit Bezug aufs Dargestellte, Sujet, sondern auch und vor allem mit Bezug aufs Sehen. Befremdeter Blick: nahe daran und nie habhaft!

"Immer und immer wieder dominiert das Intervall, die Leere an sich." - das hat schon 1948 Hausenstein für die Kunst Degas' festgestellt.[48] Gleich zu Beginn, an "La Famille Bellelli", hatten wir Leerstelle (Vaterfigur) und Übergang (transitorischer Drang der Giulia) sehen können. Die Defizienz des Zentrums in "La Famille Bellelli" war später bei Degas zur Leere großer Flächen des Bildes selbst geworden, etwa in "Le Comte Lepic". Diese Leere ist in der Kunst Degas' eine Art Reservoir des Bildpotentials. Sie bedeutet viel: verdeutlicht verlorene Zusammenhänge und destruiert die Fiktion von Verständigung. Aus der vertrauten Ferne der Kunst des Klassizismus wird bei Degas vermittels der Leere eine fremde Nähe. Der Betrachter wird vor den Bildern und Plastiken Degas' angesichts der unfixierbaren Intervalle Begriffs-stutzig. Denn das ist das Konkrete der Leere; sie ist vielfacher Übergang: In der Anschauungseinheit von Kontingenz und Komposition oder instabiler Balance und Statik, kurz in der Anschauungseinheit von transitorischem Potential der Bewegung und dem Schein ihrer Arretierung. Sie ist Übergang in der perennierenden Iteration der Serien. Sie ist Übergang im Verweis auf das ganz Andere, der im Fragment steckt. Sie ist schließlich Übergang in der Unabschließbarkeit aller dieser Relationen, die mit Grund für das vorzugsweise Auftreten von Kontrastfiguren oder des Spiegelmotivs[49] im Werk Degas' sind. All das bringt eine anschauliche Unverfügbarkeit ins Spiel der Betrachtung, die ja im Grunde schon mit dem Aufgreifen des Themas der Bewegung, der Momentaneität präformiert ist. In den Übergängen treibt Degas die Gegensätze voran. Er liebt dabei das Risiko (Plastik), kurz: er hasardiert im wörtlichsten Sinne. Jedenfalls kennt die Kunst Degas' nicht den "Mangel an Leere"[50], der zur Selbstaufhebung der Bildlichkeit führt. Perspektivenwechsel, Überblendungen und Schnitte (etc.) führen zu Mehrdeutigkeiten, offenen Schlüssen und Leerstellen der Struktur der Bilder, die in später Malerei und Plastik zu Brüchen werden, welche an der Grenze des Beliebigen (Inkompatiblen) liegen. Hierin kann kein Widerspruch zur Bedeutung der Linie im künstlerischen Verfahren Degas' gesehen werden. Denn das künstlerische Verfahren Degas' kennt nichts Fixes: "Tout est relation dans un tableau"[51] hat Degas betont. Und die Linie als das Trennende ist notwendiges Mittel für den Maler des Unzusammenhanges, wie sie im übrigen - anders als bei Ingres - keine Endgültigkeit der Form umschreibt. Degas hat das axiomatisch so formuliert: "Die Linie ist nicht die Form; sie ist die Art und Weise, wie man die Form sieht."[52] Darin hat er jenseits aller Diskussionen um Rangunterschiede zwischen Farbe und Zeichnung[53] die außerordentliche Stellung der Linie in seiner Konzeption von Kunst bestimmt. Und darin steckt immer noch die Ambivalenz zwischen dem Festen, Unabänderlichen und dem andauernden Übergang: Linie als Grenze und Übergang. Die Kunst Degas' ist der Versuch, die Fülle der "osmotische(n) Energie"[54] der Linie, ihre "Virtualität"[55] zu erschöpfen. Es wurde vom Unvollendeten der Kunst Degas' gesprochen. In einem wohlverstandenen Sinn; denn "Es besteht ein großer Unterschied zwischen einem vollendeten und einem ganz ausgeführten Stück - im allgemeinen ist das, was vollendet ist, nicht bis ins letzte ausgearbeitet und etwas ganz Ausgearbeitetes kann ganz und gar vollendet sein."[56] Degas sucht in vielerlei Hinsicht im nicht Ausgearbeiteten die Volldendung. So läßt sich denn im Begriff des Non-finito, der von J.Gantner entwickelt wurde[57], der Kern der Kunst Degas' fassen.

Alle Momente des künstlerischen Verfahrens Degas' partizipieren am Non-finito: Die unaufgelöste Spannung zwischen Kontingenz und ihrer bildlichen Präsentation, die notwendig ist, um dem Moment Dauer zu verleihen. Und die Auflösung kontinuierlicher Räumlichkeit, da Raum stets Bezugssystem für Zeiterfahrung bleibt, bedeutet da eine konsequente Steigerung der Kontingenz. Die Potenz des unfertig scheinenden im Fragmentarischen Charakter von Malerei und Plastik Degas' wurde schon beschrieben. Auch das Serielle seiner Kunst ist als Unabschließbarkeit formaler Ausschöpfung eines Sujets, Teil des Non-finito. Über den Stellenwert des leeren Intervalls und der Linie in der Konzeption Degas' wurde gerade in diesem Zusammenhang gesprochen. Schließlich ist im Non-finito auch die Tendenz der Entgegenständlichung der Kunst Degas' gefaßt, da das Non-finito praefiguralen Charakter hat: Unter der Schicht gegenständlicher Repräsentation wird einer viel grundlegenderen Bildlichkeit zugearbeitet, definierte doch Degas das Bild als "eine originale Kombination von Linien und Tönen, die sich gegenseitig steigern."[58]

Das Non-finito ist für Degas allerdings kein Begriff wie in der Konvention, der das Ideal nur umso deutlicher herausstellt. Negativität selbst wird, in ikonische Intensität umgesetzt, positiviert. "Bilder machen nun einen Sinn sichtbar, der die Idee äußerer Wirklichkeit überbietet und sich im Niegesehenen zu verjüngen sucht."[59] Degas konnte in seiner Kunst, soviel war in der Analyse seines künstlerischen Verfahrens zu zeigen, von einem bildlichen Diskurs über die Realität zu einem bildlichen Diskurs bildnerischer Realitäten gelangen, der aber den anderen Diskurs nicht zwangsläufig vernichtet.

Wir sehen jetzt Degas' sezierende Kunst mit anderen Augen: In der Visualisierung der Verdinglichung begegnet uns Degas' sarkastische Ironie, wird zugleich der Zusammenhang von Ironie und Bitterkeit spürbar. Ironie aber präsentiert das Gemeinte im Zustand der Gebrochenheit. Dieses beides, die künstlerische Produktion aus der Gebrochenheit heraus und die Positivierung der Negativität in ihrer Transzendierung in die Autonomie des Ikonischen, zeigt Degas als bildenden Künstler im Sinne der Moderne.

Degas' Kunst, anders und stärker als andere jener Zeit, widersetzt sich einer Verbegrifflichung. In all ihrem Übergang, ihrer Leere, Offenheit, Unabschließbarkeit, kurz dem Non-finito, trifft sie das Unmeßbare der Übereinstimmung und Differenz von Wahrnehmung (Sehen) und sprachlichem Wissen. Darüber hinaus fordert sie denjenigen, der sich auf sie einläßt, zu eben solchen Verbegrifflichungen heraus. D.h.: Dem Versuch, sich über das klar zu werden, was die Betrachtung eines Werkes in uns auslöst, kann kaum derjenige widerstehen, der die von ihr ausgehende Faszination verspürt. Die Kunst Degas' ist ineins Verweigerung und Provokation. Vorerst kann über ihre Leere, Offenheit und Unabschließbarkeit, über ihr Non-finito, nicht mehr gesagt werden. Daß da schlecht ein Ende finden ist, will nichts besagen. Wir halten es mit Max Raphael und dessen Wort: "Kunst und Abschluß bedeuten einen Widerspruch in sich."[60]

A N H A N G

1 H I N W E I S E

Die Anmerkungen sind nach Kapiteln geordnet, um eine bessere Übersicht zu gewährleisten. Die Literaturangaben sind der Lesbarkeit halber in Kurzform aufgeführt, die vollständige Angabe läßt sich in der Bibliographie leicht finden.

Anmerkungen zur Vorbemerkung

1 Vgl. dazu in der Bibliographie die Literatur zu Degas. Umfangreiche Literaturangaben auch in:
Rewald,John: Geschichte des Impressionismus (Zürich 1957),pp. 401-415 und pp 425-429
Cabanne,Pierre: Degas (München 1960) pp 135-137

2 Vgl. dazu: Reff,Th.: Degas and the literature of his time,I; Burlington Magazine 11,Sept.1970, pp 575ff

3 Die grundlegende chronologische Darstellung bleibt immer noch:
Lemoisne,P.A.: Degas et son oeuvre, Paris 1946-49 (4 Bde.) Zu den Abbildungen werden hier stets die Katalognummern Lemoisnes mit angegeben. (L)

4 Vieles, das dabei in den Blick kommt, kann nur partiell behandelt werden. So wird der Impressionismus nur aus der Perspektive Degas' untersucht. So bleibt das Problem der Ballung von innovativen bildnerischen Konzeptionen gegen Ende des 19. Jahrhunderts in Frankreich ausgespart. (etc.)

5 Vgl. Anm. 3

6 Die mit dem Sigel C angegebenen Abbildungstafeln beziehen sich auf Cabanne; Degas (München 1960)

7 Die mit dem Sigel R angegebenen Abbildungen beziehen sich auf Russoli; Degas (Mailand 1970)

8 Zum Entwurf einer Art historischer 'Hierarchie der Sinne' vgl. Febvre; Rabelais (Paris 1942) Febvre belegt die Wichtigkeit des 'Hörensagens' und zeigt, welch geringe Rolle die Augen im 16. Jahrhundert spielten.

Anmerkungen zu Kapitel 1

1 Die Angaben müssen hier exemplarisch bleiben; eine ausführliche Darstellung der Rezeption kann nicht gegeben werden. Im einzelnen wird auf Probleme der Rezeption im Verlauf der Arbeit noch an den entsprechenden Stellen eingegangen.
hier vgl. zeitgenössische Kritiken im Anhang von Cabanne; Degas (München 1960) und die Darstellung bei Rewald; Impressionismus (Köln 1965) pp 195ff. Grundlegend wären einmal die Fragen des Zusammenhangs von Rezeptionsgeschichte und Kunstgeschichtlicher Wertung sowie der Kunstkritik als Faktoren, die die Problemstellungen der Kunstgeschichtsschreibung vorstrukturieren, zu diskutieren. Die Frage nach der Rezeption betrifft dann gleichermaßen die Wirkungsgeschichte in der Kunst selbst wie auch in der Öffentlichkeit. Der erste Punkt zielt auf die Frage der Aktualität der Bildkonzeption Degas' in der Gegenwart. Davon zu trennen ist die Begründung von Motivgenealogien. Der zweite Punkt fragt nach dem Zeitpunkt und den Gründen des Eindringens der Kunst Degas' in die Trivialrezeption, die einerseits durch ikonographische Mißverständnisse, andrerseits durch das Unverständnis der sog. gegenstandslosen Kunst gegenüber bedingt scheint. Diese für die Kunstgeschichte wissenschaftsgeschichtlichen Kapitel von aktueller Brisanz sind noch ungeschrieben. (Vgl. auch Anm. 6)

2 Etwa Meier-Graefe; Degas (München 1920)

3 Stellvertretend dafür Scheffler; franz. Maler (München[2] 1949), Schmalenbach; Impressionismus (Köln 1966) und Zahn; Impressionisten (London 1952). Scheffler zählt Degas zwar einerseits zu den vier Hauptmeistern des Impressionismus (aaO., p 13), betont aber dann seinen Status als 'Sonderling' (ebd., p 51). Schmalenbach (aaO., pp 145f) billigt Degas zwar impressionistische Methoden zu, seine Kunst als Ganzes ist für ihn jedoch etwas ganz Unimpressionistisches. Zahn (aaO., p 11) hält Degas gar für einen latenten Klassizisten.

4 Vgl. die "Enthüllungen" seiner Nichte: Fevre; Degas (Genf 1949)
Siehe auch die Darstellung bei Stelzer; Photographie (München 1966) p 36f

5 Mantz streicht schon in zeitgenössischen Kritiken die Häßlichkeit heraus: "Monsieur Degas hat von einem Ideal der Häßlichkeit geträumt. Als Mann mit einer glücklichen Hand hat er es verwirklicht." (Cabanne; Degas (München 1960) p 94
Rich dagegen geht in seinen Anmerkungen zu den Farbtafeln der Bilder Degas auf das Verspielte ein. Rich; Degas (Köln[2] 1960)

6 Gilbert; Degas (New York 1952)
Gilbert will alle Kritik der Kunst Degas' auf zwei Zuordnungsschemata reduzieren (aaO., p 218), die des Realismus, unter den Gilbert offensichtlich auch den Impressionismus subsumiert, und die des Klassizismus.
Ein noch ungeklärter, gleichwohl überaus wichtiger Aspekt der Wissenschaftsgeschichte der Kunstgeschichte ist das Verhältnis von Kunstkritik und Kunstwissenschaft. Zu fragen ist nach der Beeinflussung der Fragestellungen durch eine erst im 18. Jahrhundert sich institutionalisierende Kunstkritik, die ihrerseits immer massiveren Einflüssen (Sammler, Auftraggeber) unterliegt.
Inwieweit die Kunstgeschichtsschreibung, sofern sie sich mit zeitgenössischer oder doch neuerer Kunst überhaupt auseinandersetzt, von den Vorgaben der auf Aktualität angewiesenen Kunstkritik zehrt, wäre z.B. am Kritiker Meier-Graefe zu untersuchen, der für das Verständnis der Kunst Degas', des Impressionismus überhaupt, von nicht zu unterschätzender Bedeutung gewesen ist.

7 Das hier nur angedeutete Modell, nach dem das Bild der Kunst Degas' zunächst im Zeichen des Klassizismus (als Ingres-Nachfolger) aufgebaut wird, er in der Folge, sobald seine Malerei dem Impressionismus zugerechnet wird, mit diesem verurteilt wird, um zu Beginn dieses Jahrhunderts dann an dessen Kanonisierung teilzuhaben und schließlich als Maler der Ballerinen in die Trivialrezeption abzusinken, ist dabei im einzelnen nachzuweisen.

Anmerkungen zu Kapitel 2

1 Zur Biographie vgl. im einzelnen:
Graber; Degas (Basel[2] 1942)
Cabanne; Degas (München 1960)
Rewald; Impressionismus (Zürich 1957) (Köln 1965)
Bouret; Degas (Gütersloh 1965)

2 Lamothe malte vorwiegend Bildnisse und religiöse Darstellungen. Louis Lamothe (1822-1869)
Vgl. Thieme-Becker, Bd. XXII (Leipzig 1928) p 268

3 Er kopierte Bilder von Signorelli, Uccello, Ghirlandaio, Botticelli, Filipino Lippi, Pontomoro, Giovanno Bellini, Leonardo, Raphael und Michelangelo. (u.a.)
Vgl. dazu Graber; Degas (Basel[2] 1942) pp 32-34
Abbildungen vgl. R 1 - 61
Zu den Kopien vgl. auch Rewald, Notebooks (1976), das mir erst nach Abschluß der Arbeit zugänglich wurde. Für die künftige Diskussion der Arbeit Degas' wird es unumgänglich sein.

4 Vgl. Graber; Degas (Basel[2] 1942) p 32
Abb.: R 73, eine Radierung dazu in Delteil; Degas (Paris 1919)
L 34
Das Bild wird auch 'Dante und Vergil' genannt.

5 Vgl. Cabanne, Anmerkung zu Tafel 7; Cabanne; Degas (München 1960) p 104f

5a Zur Historienmalerei vgl. Bildende Kunst Bd. 3 (Hg. W.Hofmann) (Ffm. 1966) pp 136-139
Pool,Phoebe: The History Pictures of Edgar Degas and their background; in: Apollo, Oktober 1964, pp 306-311

6 L 70, C 7, R 86 und Tav. III

6a Vgl. dazu Angaben in Cooper; Slg. Courtauld (Paris 1955) Abb. R 87-90

7 Bouret; Degas (Gütersloh 1965) p 40

8 Cabanne; Degas (München 1960) p 22

8a Maße 83 x 115 cm. Abb. L 24, R 107

9 Cabanne; Degas (München 1960) p 105

10 In den weiblichen Akten sind deutliche Anleihen bei Ingres ("Odalisque", "Angelica") zu erkennen.
Vgl. auch R 16 und R 41

11 Solche Abschneidungen waren schon in milderer Form in "Alexander et Bukephalos" (L 91, R 91) zu sehen.

12 Dazu: Keller; Degas (Stuttgart 1962) p 4
Boggs; Portraits (Los Angeles 1962) p 13f

13 Vgl. Keller (aaO.) pp 7-9, Boggs (aaO.) p 14f und Boggs; Degas and the Bellellis (Juni 1955) The Art Bulletin, pp 127-136

14 Ein Verzeichnis der Studien bei Keller, aaO. pp 30-32

15 Ebd., p 7

15a Degas interessierte am Doppelbildnis (Freundschaftsbildnis) die Notwendigkeit eines bildnerischen Ausgleichs der Konfrontation von befremdeten Personen.

16 Boggs; Bellellis (1965) p 134, Abb. R 15
An diesem Doppelporträt läßt sich die ungewöhnliche Auffassung Degas vom Doppelbildnis gut belegen, wenn man es mit Chasseriaus Doppelbildnis "Die beiden Schwestern" (1843; Paris, Louvre) vergleicht. (Abb. in Kindlers Malerei Lexikon, Bd. 2, p 356) Beachte vor allem die Harmonisierung der Figuren, den besonderen Betrachterbezug, die Eleganz der Erscheinung etc.

17 Zu den hier und im Folgenden gebrauchten Kategorien Gruppenporträt, Familienbildnis, etc. vgl. die grundlegende Studie A.Riegl's: Das holländische Gruppenporträt (Wien 1931) und die Bochumer Dissertation U.Schumachers: Gruppenporträt und Genrebild (Bochum 1970) Schumachers Untersuchung wird im Verlauf der Arbeit in einzelnen Punkten diskutiert.

17a Vgl. bei Keller; Degas (Stuttgart 1962) und Boggs; Bellellis (1965) die detaillierte Differenzierung der Entwicklung des Bildes.

18 Angaben zu den Personen des Bildes bei Boggs; aaO. pp 130-131; Keller; aaO. pp 24-26

19 Keller; aaO. p 6

20 Ebd., p 20 Keller konstatiert diesen transitorischen Drang am Beispiel des Bildes "Duchesse de Montejasi-Cicerale", dennoch kann dieser die Potentialität des Transitorischen gut erfassende Ausdruck meines Erachtens auf "Famille Bellelli" transponiert werden.

20a Schumacher; Gruppenporträt. Zum Folgenden pp 71-78

21 Vgl. dagegen die konträre Auffassung in Ingres "La Famille Gatteaux"! (siehe auch hier Anm. 16) Im übrigen weist das Bild auch Einflüsse von Bronzino, Clouet, Holbein und Courbet auf(vgl. Boggs; Portraits (Los Angeles 1962) p 13

22 Delteil; Degas (Paris 1919) Anmerkung zu Abb. 12

23 L 140 und 141; R 167 - 169

24 C 16, R 161

25 Boggs; Portraits (Los Angeles 1962) p 19

26 R 228. Eine Abbildung des Bildes, das sich heute in Boston befindet auch in Boggs, Portraits (Los Angeles 1962), Tafel 39.

27 Vgl. dazu die Darstellungen bei Boggs; aaO. p 16 und ebd. p 19 (zum Selbstbildnis mit Valernes)
Besonders die Stellung der Frau hinter dem Mann war in den Porträtfotografien gängig.

28 Degas war von 1865 bis 1870 jedes Jahr mit wenigstens einer Arbeit im Salon vertreten. Ab 1870 schickte er nichts mehr ein.

29 R 210 und Taf. VI

30 Von hier aus läßt sich grundsätzlich die Frage nach den Gattungen in der modernen Kunst stellen. D.h. inwieweit gibt es seit dem 19. Jahrhundert eine Auflösung des sinnvollen Gebrauchs der Gattungen, wie er im Falle Degas' am Historienbild und beim Porträt zu konstatieren ist?

30a Bazin; Degas (Paris 1931) p 304

31 Shinoda; Degas (Köln 1957) p 21

32 Beispielabbildungen, ebd.

32a "Le violoncelliste Pillet" (1868/69) (L 188, R 288) ist eine der "Femme aux Chrysanthèmes" verwandte Darstellung. Hier werden Musiker und Instrument gegeneinandergesetzt. Das Bild an der Wand im Hintergrund verbindet den nach links aus dem Bild schauenden Pillet mit seinem Instrument. Da Pillet schreibt, könnte man meinen, Degas habe die Künste in einem Gegensatz der Werte vereint: Schrift, Bild und Musik.

33 R 292 und Tav. XXIV; Studien dazu R 293 - 295

34 Das Bild ist außerordentlich klein! (32 x 46 cm)

35 Vgl. Cabanne; Degas (München 1960) p 79

36 Musée Municipal, Pau. (Format: 72,8 x 90,6 cm) C 47, R 356 und Tav. XXVIII - XXIX

37 Rewald; Degas (Paris 1946) pp 103-126 Weitere Literatur zu Degas in New Orleans: Krebs; Degas (1952) pp 63-72

38 Rewald; aaO. lichtet dort ein Foto Mussons ab (p 119)

39 Vgl. Denvir; Impressionismus (München 1974) p 43f Das Problem der Gruppendarstellung, ebenfalls im Kontext der Fotografie, stellt sich noch bei Fantin-Latour. (Vgl. Abb. II) Das Bild ist nach einer fotografischen Ensemble-Studie entstanden; die Lichter auf den Gesichtern, wie überhaupt die starken Kontraste der Hell-Dunkel-Werte lassen auf ein angewandtes Blitzlichtverfahren schließen. Aber bei Fantin-Latour ist die Fotografie in den Dienst der Malerei gestellt; die Gruppe bloßes Ambiente einer Szene (Manet porträtiert Astruc). Hier ist eher von einer Genre-Szene zu sprechen. Die Fotografie wird zur Installierung einer Fiktion in Dienst genommen, somit ihrer genuinen Funktion enthoben. Vgl. dazu auch Schumacher; Gruppenporträt (Bochum 1970) pp 53-70.

40 Hamann; Impressionismus (Köln 1907) p 34

41 Ebd.

42 Zu diesen Termini: Riegl; Gruppenportrait (Wien 1933) Zur Möglichkeit einer von szenischer Kohärenz unabhängiger Einheitsstiftung vgl. auch Imdahl; Regie und Struktur (Münster 1962)

43 Bouret; Degas (Gütersloh 1965) p 70

44 Stelzer; Photographie (München 1966) p 136

45 Schumacher; aaO., p 77

46 Ebd. p 78

Anmerkungen zu Kapitel 3

1 Rewald; Impressionismus (Köln 1965) p 125

2 Ebd.

3 Ebd. p 134

4 Bazille z.B. fiel im November 1870 bei einem Sturmangriff. Vgl. Kindlers Malerei Lexikon, Bd. 1, p 247

5 Rewald; Impressionismus (Köln 1965) p 189ff

6 Ebd. pp 195-198

7 Das hat Schmalenbach 1966 für wichtige Publikationen nachgewiesen. Schmalenbach; Impressionismus (Köln 1966) pp 146-148

8 Fischel; Bildform (Berlin 1973) p 150. Umso dringlicher erscheint eine Präzisierung des Impressionismusbegriffs, damit er sinnvoll als Instrument und nicht als Etikette verwandt werden kann. Vor allem an der Leitlinie der Kategorie der Momentaneität (bzw. der Kontingenz) ist die Verschiedenheit dessen, was unter dem Begriff des Impressionismus zu verstehen ist, im einzelnen zu entwickeln.

9 Vgl. die Analysen Hofmannsin seinem Buch "Nana". Hofmann; Nana (Köln 1973)

10 Abb. in "Monet et ses Amis", Kat. Musée Marmottan, Paris 1971, p 11

11 Fischel; Bildform (Berlin 1973) p 150

11a Rewald; Impressionismus (Köln 1965) p 248
Das entsprechende Bild befindet sich heute im Jeu de Paume, Paris. Vgl. Kat. Musée du Jeu de Paume (ed. par H.Adhemar) (Paris 1977) p 70

12 Venturi; Aesthetic Idea (1941) p 37

13 Vgl. dazu und zum Folgenden Imdahl; Cezanne.. (Köln 1974)

14 Bouret; Degas (Gütersloh 1965) p 126

15 Vgl. Busch; Manet (Stuttgart 1956)

16 Vgl. Hofmann; Nana (Köln 1973)

17 Jantzen; Manet (Berlin 1951) p 232

18 Busch; Manet (Stuttgart 1956) p 11

18a H.Jantzen; E.Manet (Berlin 1951) spricht von einer "Pause im Dasein". Ebd. p 74
Von Degas gibt es nur zwei Darstellungen mit einer vergleichbaren Figur im ganzen Werk. Und da ist jedesmal der Blick der Figur durch ein vorgehaltenes Lorgnon verfremdet. (L 268, 269; R 263, 264)

19 Graber; Degas (Basel[2] 1942) p 109

20 Imdahl, zitiert nach einer Vorlesungsmitschrift.

21 Imdahl; Cezanne (Köln 1974) p 325

22 "L'Absinth" oder die Bilder der Frauen bei der Toilette. Vgl. die Kapitel 'Fragment' und 'Serie'.

23 Bouret; Degas (Gütersloh 1965) p 139

24 Rewald; Impressionismus (Köln 1965) p 192. Vgl. Rewald auch zum Weiteren.

25 Ebd. 335

26 Cabanne; Degas (München 1960) p 32

27 Hildebrandt; Kunst (Potsdam 1924) p 340

28 Rewald; Impressionismus (Köln 1965) p 339

29 Fischel; Bildform (Berlin 1973) p 152

30 Rewald; Impressionismus (Zürich 1957) p 34

31 Einen frühen Vergleich Degas - Japonismus gibt es in Huysmans; L'Art Moderne (Paris2 1902) pp 129ff. Vgl. auch Scharf; Art (1974) p 196
Später dann Cabanne; Degas (München 1960) p 22 und Bouret; Degas (Gütersloh 1965) pp 53ff. Schließlich vgl. die umfangreichen Literaturangaben zum Problem bei Shinoda; Degas (Köln 1957) pp 112ff und Perucchi-Petri; Nabis (München 1976) pp 230-232

32 Als Ausnahmen sind Perucchi-Petri (aaO.); Fischel; Bildform (Berlin 1973); Scheyer; Far Eastern (1943) und Thirion; L'influence (Paris 1947/48) zu nennen.

32a Abb. in Reidemeister; Japonismus (Berlin 1965)

33 1965 in Berlin, 1968 in Tokio, 1972 in München und 1975 in New York. Vgl. P.-Petri; Nabis (München 1976) p 201

34 Vgl. u. Bibliographie zum Japonismus und Anm. 31, besonders P.-Petri (aaO.), Shinoda (aaO.)

35 Vgl. P.-Petri (aaO.) Anmerkung 8, p 202

36 Leider genügt auch die umfassendste Darstellung des japanischen Einflusses auf Degas (Shinoda) nicht diesen Ansprüchen. Dessen Arbeit bleibt seltsam unstrukturiert und er geht über eine Addition im einzelnen ausgezeichneter Detailbeobachtungen so gut wie nie hinaus. Man vermißt die theoretisch-analytische Umsetzung der Einzelbeobachtungen.

37 Allein bei P.-Petri aaO. sind die hier gestellten Forderungen eingelöst.

38 Zuerst bei Bénédite; Whistler (1905) p 142 vgl. auch Shinoda; Degas (Köln 1957) p 5

39 Ebd. 6. Siehe auch Cabanne; Degas (München 1960) p 22

40 Vgl. Reidemeister; Japonismus (Berlin 1965)

41 Darauf wurde schon hingewiesen (siehe Anm. 35) Desweiteren vgl. Shinoda; Degas (Köln 1957) p 6
1866/67 erschien eine Artikelserie von Zacharie Astru in "L'Etendard" mit dem Titel "L'Empire du soleil levant" (Reidemeister; aaO. p 49) Vielleicht spielt Monet in seinem bekannten Bildtitel (siehe Anm. 10) mit auf diese zeitgenössischen Konnotationen an.

42 Dazu: Cabanne; Degas (1960) p 22; P.-Petri; Nabis (1976) p 14; Bouret; Degas (1957) p 55f

43 Raymond Boyer, Felix Buhot, in: L'Estampe et l'affiche; 15.2.1899, p 31f. Übersetzung nach P.-Petri; Nabis (1976) p 203

44 Vgl. ebd. p 15 und Anm. 24, p 204

45 Brief an Arsène Houssaye von 1861. Zitiert nach P.-Petri; aaO. p 16 Vgl. ebd. auch andere, frühere Stellungnahmen zum Japonismus.

46 Ebd.

47 Z.B. Duranty; L'extreme orient (1878) p. 1040. Die Japaner haben für ihn "encore un peu de sauvage".

48 Vgl. die Ausführungen P.-Petris zur positiven Bedeutung des Primitivismus. P.-Petri; Nabis (1976) p 203

49 In Wahrheit ist die Ukiyoe-Kunst eine Spätkunst. Akijama Terukazu schreibt 1961 in seinem Buch "Japanische Malerei": "...und wir erwähnen nur, daß die 'kunstvollen' Blätter aus dem Land der aufgehenden Sonne, die Manet, Monet, Degas, Whistler, von Gogh, Gauguin und viele andere begeistert haben, in Wahrheit verwelkte Blüten des Japans des 19. Jahrhunderts waren." zitiert nach Wichmann; Hinweise (1972) p 166

50 Ives; Great Wave (1974) pp 176ff. Siehe auch Grabers Verzeichnis der Sammlung Degas' im Anhang von Graber; Degas (1942) p 223

51 Zur Geschichte des Ukiyoe siehe Shinoda; Degas (1957) pp 89-99. Ebd. im Abbildungsteil eine ganze Reihe von für Degas relevanten Beispielen dieser Kunst.

52 Schneider, Angela; Holzschnitte (1972) p 168. Ukiyoe setzt sich zusammen aus: ouki=das, was fließt; yo= Welt und ye= Bild. Es sind "Bilder der vorüberrollenden Szenen", Myers; Lebendige Kunst (1970) p 60

53 Shinoda; Degas (1957) p 90

54 Ebd. Abb. 2 (Siehe auch ebd. p 21 und P.-Petri; Nabis (1976) p 58)

55 Ebd. p 22

56 Wichmann; Das angeschnittene Objekt (1972) pp 231-241

57 P.-Petri; Nabis (1976) p 58

58 Das behauptet Wichmann; Das angeschnittene Objekt (1972) p 231

59 Zitiert nach Wichmann, ebd. p 234

60 Shinoda; Degas (1957) Abb. 76

61 C 38 und 39; R 286 (Tav. XII) und 291 (Tav. XIV)

62 Bei Shinoda befinden sich auch dafür Beispiele aus der japanischen Kunst (aaO. p 55) Vgl. ebd. eine Reproduktion von Hokusai (Abb. 40) Zu dieser Problematik vgl. auch Jantzen; Nahdistanz (Berlin 1951)

63 Ebd. p 93

64 Ebd. Abb. 2 und 7. Sie sind Beispiele für eine solche Gestaltung

64a R 341 und Tav. XVIII

65 Shinoda; aaO. Abb. 9 und 11. Siehe auch ebd., p 24

66 C 58 (Paris, Privatsammlung) R 371

67 Näheres dazu bei Shinoda; aaO. p 39

68 Vgl. P.-Petri; Nabis (1976) für die Künstler der Nabis p 58. Und Scharf; Art (1974) pp 190ff

69 C 43, R 203 (Tav. XVI-XVII) (Boston)

70 Dazu Shinoda; Degas (1957) p 58 (und "Das Gasthaus" von Hokusai, ebd. Abb. 94) Ähnlich P.-Petri; Nabis (1976) p 72

71 Wichmann; Weltkulturen (1972) p 253ff. Dort auch Bildbeispiele. Vgl. ebenfalls C 98

72 C 69, R 430 (Louvre)

73 L 924, R 845 (Kopenhagen)

74 Dazu Wichmann; Vergitterung (1972) pp 227ff Bildbeispiele von Degas: L 362, R 486, L 649, R 692

74a Schneider, Pierre; Manet (1972) Abb. pp 74/5 (Chikago)

75 R 384
Es ist möglich, den Vergleich noch um Gericaults "Le Derby d'Epsom" (1821) (Paris, Louvre) zu erweitern. (Abb. III) Gerade an diesem Bild kann man ermessen, wieviel Degas von der Fotografie und von den Japanern gelernt hat. Er benötigt zur Bewegungs(d.i.: Geschwindigkeits-)wiedergabe nicht die fiktive horizontale Streckung, die Gericault in Kontrast zu den Maßangaben der vertikalen Streckenmarkierungen setzt.

76 Shinoda; Degas (1957) p 60

77 Ebd. P 59f; vgl. auch Wichmann; Bewegung (1972) pp 203/4

78 Den gab es im Werk Degas vereinzelt ebenfalls. Vgl. Das Porträt der Mme Camus (L 271/R 258) und die Fächermalerei. (R 541-555)

79 Shinoda; Degas (1957) p 106

80 Das ist für die Nabis so gut wie den Jugendstil zutreffend.

80a Shinoda (aaO.) p 60

81 Vgl. P.-Petri; Nabis (1976) p 65 und Scharf; Art (1974) p 196f

82 Vgl. ebd. p 350 und besonders Burty; Photographie (1861) p 244

83 Dazu Liebermann; Degas (1922) Meier-Graefe; Degas (1924) Waldmann; Realismus (1927) u.a.

84 Scharf; Art (1974)

85 Stelzer; Photographie (1966)

86 Imdahl; Momentfotografie (1970)

87 Ebd. 228

88 Abb. in Scharf; Art (1974) p 109

89 Das Verfahren ähnelt der Collage. Vgl. ebd. pp 108ff

90 Abb. und entsprechende Fotovorlagen ebd. p 171

91 (R147) Abb. und die Disderi-Vorlage ebd. p 188

92 Vgl. dazu ebd. pp 187f besonders aber Rewald; Un Portrait (1937) p 89 (C 15)

93 Lemoisne; L'Art (1921) p 65 und 77

93a Scharf; Art (1974) p 355

94 Vgl. Scharf; Art (1974) p 359. Danach hat Nadar die Fotos im "Moniteur de la photographie" vom 15.11.1862 (p 129) publiziert.

95 Vgl. dazu ebd. p 187 und Bazin; Degas (1931) p 304

96 Scharf; Art (1974) Abb. H.Jouvins pp 174, 180, 200

97 Le Charivari, Dez. 1861 (Abb. ebd. p 202)

98 Stelzer; Photographie (1966) p 135. Siehe auch Gombrich; Kunst (1967) pp 236-239. Gombrich untersucht dort Abschneidungen unterschiedlicher Epochen und belegt deren grundsätzliche Andersartigkeit im Vergleich zum beschriebenen Phänomen im Impressionismus (Degas).

99 Bouret; Degas (1965) p 120

100 Vgl. dazu Meier-Graefe; Degas (1924) p 58 und Hildebrandt; Kunst (1924) p 340

101 Scharf; Art (1974) p 148

102 Ebd.

103 Beispiele wären G.Gaillebotte oder Monet. Vgl. auch Anm. 39 zu Kapitel 3

103a Hier müßte eine Diskussion des Realismus bei Degas einsetzen. Diese wird aber wegen der Schwierigkeit in der Sache und in der Terminologie in dieser Arbeit ausgeklammert. Im übrigen scheint der Aspekt des Realismus, jedenfalls in der Perspektive unserer Interpretation, von sehr untergeordnetem Rang.

104 Stelzer; Photographie (1966) p 135

105 Evers; Historismus (1967) p 128

106 Grappe; Degas (o.J.) p 9

107 C 38, R 286 Jeu de Paume, Paris

108 C 72, R 454 Jeu de Paume, Paris

109 C 54, R 436 Inst.Courtauld, London

110 C 67, R 470 Jeu de Paume, Paris

111 R 355 Nat.Gall., Washington

112 Vgl. Scharf; Art (1974) pp 172ff

113 Stelzer; Photographie (1966) p 38

114 Kahmen; Fotografie (1973) p 13

115 Stelzer; Photographie (1966) p 132

116 Ebd. p 132 Imdahl; Momentfotografie (1970) p 228 Kahmen; Fotografie (1973) p 19

117 Abbildungen bei Kahmen (aaO.) p 4 und ebd. im Abb.-Teil. Vgl. auch "L'Armour" de l'Art" (Sonderheft Degas) Juli 1931 und schließlich Russoli; Degas (1970) p 84f

118 Stelzer; Photographie (1966) p 132. Dort auch die Anmerkung Valery's: "Degas hat die Photographie geliebt und anerkannt, als die Künstler noch nicht wagten, es einzugestehen, daß sie sich ihrer bedienten. Er hat sehr schöne Photos gemacht."
In neueren Publikationen (vgl. Anm. 135) werden die Fotos ästhetisch gewürdigt.

119 Abb. in Schneider, Pierre; Manet (1972) p 99 und Russoli; Degas (1970) p 85

120 Liebermann; Degas (1922) p 22

121 Die ursprüngliche Ausgabe von Liebermanns Broschüre erschien 1899 und war die älteste veröffentlichte Studie zur Malerei Degas'. Dazu Cabanne; Degas (1960) p 135

122 Meier-Graefe; Degas (1924) p 58

123 Hildebrandt; Kunst (1924) p 339

124 Ebd.

125 Ebd.

126 Scharf (aaO.), Stelzer (aaO.)

127 Stelzer; Photographie (1966) besonders pp 48-125 und pp 152ff

128 Neumann; Sozialgeschichte (1966)

129 Freund; Photographie (1968)

130 Kahmen; Fotografie (1973)

131 Vgl. z.B.: Bossert/Guttmann; Frühzeit (1930), Flüggen; Traktat (o.J.), v.Brevern; Photographie (1971), Katalog: From today painting is dead (1972)

131a Pawek; Bild (1968)

132 Freund; Photographie (1968) p 13

133 Ebd.

134 Ebd. p 16

135 Ausstellungen beleben dies Tätigkeitsfeld.
Mit Kamera, Pinsel und Spritzpistole (Kat. 1973)
Kunst aus Fotografie (Kat. 1973)
Malerei und Photographie im Dialog (Kat. 1977)
Künstlerphotographien im XX. Jahrhundert (Kat. 1977)
Schließlich versucht auch die Documenta 1977 die Fotografie in den Kreis der Künste endgültig aufzunehmen: documenta 6 (Bd. 2) (1977) vgl. Bibliographie

136 Imdahl; Momentfotografie (1970) (Abb. R 391)

137 Ebd. p 232

138 Ebd. p 234

139 Ebd. p 234

140 Imdahls Text ist von der neueren Literatur (vgl. Anmerkung 135) bislang noch nicht zur Kenntnis genommen worden.

141 Nun soll hier an keiner Stelle der Eindruck entstehen, Degas' Kunst sei im Ernst nichts weiter als eine Melange der verschiedensten Einflüsse. Zwar ist seine Entwicklung von entscheidenden Einwirkungen gekannzeichnet, jedenfalls bis zu Beginn der siebziger Jahre. Dennoch kann von einem Eklektizismus keine Rede sein. Seine Kunst ist mehr als die Summe von Ingredienzien; ist darauf nicht reduzierbar.
Die Gruppe der Impressionisten zerfiel; jeder der Maler suchte seinen eigenen Weg. Die Welle des Japonismus verebbte. Die Kontroverse um die Fotografie verlor ihre Brisanz. Die Spuren der Einflüsse von Impressionismus, Japonismus und Momentfotografie, die als solche in den ersten Beispielen noch deutlich auszumachen waren, lassen sich hier und da noch benennen, verwischen sich dann, gehen schließlich auf in Degas.
Jedem Oeuvre in der Kunst läßt sich das Vorbild ablesen, von jedem ist auf die Vorgänger rückzuschließen. So war auch die Bestimmung dessen, was auf Degas Einfluß gehabt hat, in qualifizierender, differenzierender Form notwendig, um seine Eigenleistung: seine Lösung von den Vorbildern, seine Differenzen und sein Weiterentwickeln der Bildform im ganzen Umfang erkennen und beurteilen zu können. Degas gewinnt in der Teilhabe am impressionistischen Aufbruch, der Verarbeitung des Japonismus und der Auseinandersetzung mit der Momentfotografie sein eigenes künstlerisches Verfahren.

Anmerkungen zu Kapitel 4

1 C 55, R 359

2 C 49, R 347 (Tav. XXIII)

3 C 34, R 386 (Tav. XX)

4 Bouret; Degas (1965) p 80

5 Reff; Literatur (1972) p 194 (zu Duranty vgl. Kapitel 6.2)

6 Ebd. 198-200 (Anm. 77a ebd.) Vgl. auch Cabanne; Degas (1960) p 80 und Bouret; Degas (1965) p 80

7 Hofmann; Nana (1973) pp 59-65

8 Jantzen; Manet (1951)

9 Hofmann; Nana (1973) besonders Kapitel III und V ebd.

10 Ebd. p 64

11 C 62, R 399 (Tav. XXXVI) vgl. Cabanne; Degas (1960) p 117

12 Vgl. ebd. p 117 und Bouret; Degas (1965) p 91 Bei Rich; Degas (1960) wird das Bild eine "Studie über den Alkoholismus" genannt. (p 70)

13 Die Anregung zu dem Vergleich stammt von Hofmann; Nana (1973) p 87 (vgl. ebd. Abb. 63) Überhaupt ist der Einfluß der Tageskunst, gerade mit Hinsicht auf die Wertungsproblematik genauer zu untersuchen. Vgl. dazu Hofmann; Poesie (1973)

14 Dazu: Cabanne; Degas (1960) p 117, Bouret; Degas (1965) p 91

14a Abb. Manet in Schneider, Pierre; Manet (1972) Über den Zusammenhang von Pessimismus und Negation vgl. Scheel; Pessimismus (1975) p 142

15 R 399

15a Imdahl; Momentfotografie. Vgl. ferner Cabanne; Degas (1960) p 23, Bouret; Degas (1965) p 94 und Boggs; Portraits (1962) pp 46f und vor allem Schumacher; Gruppenportrait (1970) pp 79-82. Schumacher würdigt "Le Comte Lepic" als neue und höchst zeitgemäße Lösung für das Problem des Gruppenporträts, ohne auf die problematische Dialektik von Porträtintention und radikalisierter Kontingenz (mit der Folge von Entporträtierung) näher einzugehen.

16 Ich berufe mich hier auf Experimente (Bild-Retuschen), die Imdahl in diesem Sinne gemacht hat.

17 Eine Gegenposition vertritt Caillebotte, der den Zufall durch Komposition idealisiert. Vgl. dazu Imdahl; Momentfotografie (1970)

18 Boggs; Portraits (1962) Abb. 121 (R 641)

19 Ebd. Abb. 101 (R 454)

20 Siehe Anm. 18

21 Zu den Personen des Bildes und zur Entstehung vgl. Boggs; Portraits (1962) pp 70-72

21a Anders Schumacher; Gruppenporträt (1970), der der radikalisierten Kontingenz eine Steigerung (!) der Porträtidentität der Dargestellten zuspricht. Ebd. p 84

22 Beispiel im Japonismus: Shinoda; Degas (1957) p 68 ebd. Abb. 44 (Hokusai's "Fünf Frauen")

22a Fotografische Beispiele für das Übereinander der Figuren bei Scharf; Art (1974) p 174 (besonders Abb. 114)

23 C 53, R 393

24 Rich; Degas (1960) p 57, R 355

25 Boggs; Portraits (1962) Abb. 114, R 538

25a Dagegen Schumacher; Gruppenporträt (1970) p 84

26 C 86, R 743

27 C 87, R 763

28 Shinoda; Degas (1957) p 47

29 C 96, R 778

29a Zu den Serien der Tänzerinnen vgl. die umfassende Darstellung von Browse; Dancers (1949) und Cabanne; Degas (1960) pp 111/112

30 C 104, R 460 (Tav. XLV)

31 Rich; Degas (1960) p 96, R 700

32 Beispiele bei Shinoda; Degas (1957) Abb. 34, 36, 37 Ebd. auch diesbezügliche Parallelen in der ostasiatischen Kunst. (pp 48f)

33 Baudelaire; Blumen des Bösen (1966) p 159

34 Friedrich; Lyrik (1973) p 33

35 Hofmann; Nana (1973) p 15

36 Bouret; Degas (1965) p 120

37 C 69, R 430

38 Überschneidungen durch Säulen in Japan, vgl. Shinoda; Degas (1957) p 41f (Abb. 23, ebd.)

40 Dazu Cabanne; Degas (1960) p 116

41 C 59, R 414

42 C 61, R 452

43 Dazu vgl. Cabanne; Degas (1960) Anm. zu Tafel 101 und Steingräber; Repasseuse (1974) Zum Thema auch die Abb.: R 364-368, 408, 595, 625

44 C 102, R 624

45 Vgl. dazu Steingräber; Repasseuse (1974) p 48f

46 F.Fosca zitiert nach Cabanne; Degas (1960) p 123

47 C 73, R 437 (XXXVII)

48 Cabanne; Degas (1960) Anm. zu Tafel 108, p 123f

49 C 110, R 586

50 Abb. in Shinoda; Degas (1957) Abb. 20

51 C 119, R 920

52 Zitiert nach Cabanne; Degas (1960) p 125

53 Ebd. p 41, auch: Grappe; Degas (1900)

54 Zitiert nach Bouret; Degas (1957) p 194

55 Valery; Degas (1938) p 79

56 Vgl. dazu Berger, John; Sehen (1974) p 56

57 Graber; Degas (1942) pp 78-79

58 Brief an Bartholomé vom 17.1.1886, Guerin; Lettres (1931) p 107

58a Vgl. Abbildungen R 574, 760, 766, 769, 770, 1063 (Tav. LIX) und 1093 sowie 1095. Das sind nur einige von Vielen!

59 Vgl. die Beispiele in "L'Armour de l'Art" (Sonderheft Degas) 1931 pp 187ff

59a Vgl. Anmerkung 57

60 Diesem Problem bin ich an anderer Stelle schon nachgegangen: Growe; Regression (1977)

60a Zu Radierungen vgl. Delteil; Degas (1919)

61 Ebd. p 29, C 98 (10. Zustand)

62 Dazu: Wichmann; Hochformat (1972)

62a Vgl. deren Rolle mit der Kommode in "Le Tub"

63 Vgl. Rouart/Stevanovic; Degas (1964) p XVIIIf und Adhémar/Cachin; Degas (1973) p 16. Zur Tradition dieser Technik vgl. dagegen ebd. p 17

64 Nach Adhémar/Cachin (ebd.) sind es 346 Monotypien. Weitere Literatur zu den Monotypien: Troendle; Monotype (1925), Janis; Degas (1968), Lanes; Degas (1968)

65 Rouart; Technique (1945) pp 56ff. Er untersucht die Technik mit ihren Varianten. Vgl. auch Adhémar/Cachin; Degas (1973) pp 17f

66 C 135

67 Cabanne; Degas (1960) p 28

68 Adhémar/Cachin; Degas (1973) Monotype Nr. 146 (Farbabb.)

69 Ebd., Monotype Nr. 197 (Farbabb.)

70 Ebd., Monotype Nr. 199 (Farbabb.)

71 Bouret; Degas (1965) pp 210-213

72 Vgl. dazu: ebd. p 112ff

73 Vgl. Cabanne; Degas (1960) p 43

74 R 326 und 313

75 Pecirka; Degas (1963) p 14

76 Vgl. Rich; Degas (1960) p 24

77 C 92, R 762

78 Das verführt zu Beschreibungen wie der folgenden: "Die lauten, breiten Schraffierungen eines gewalttätig geführten Stifts sind von pathetischer Größe."(!) Cabanne; Degas (1960) p 56

79 Graber; Degas (1942) p 92

80 Lanes; Degas (1968) p 43

81 Waldmann; Bildnis (1921) p 176. Vgl. dagegen Schumacher; Gruppenporträt (1970) (Anm. 15a)

82 Friedrich; Lyrik (1973) p 145

83 Lanes; Degas (1968) p 43

84 Imdahl; Momentfotografie p 234

85 Ebd.

86 Ebd.

Anmerkungen zu Kapitel 5

1 Faulkner; Wirtschaft (1929) Bd. 1 p 289

2 Ebd., Bd. 2 p 51

3 Ebd. p 293 Dazu: "Mit Ausnahme des Jahres 1808, des Jahres des Handelsverbots, und der Zeit von 1812 bis 1814, der Kriegsjahre, wuchs der Anbau von Baumwolle schnell und stetig. 1790 wurden 4000 Ballen von je 500 Pfund produziert. Nach der Erfindung der Entkörnungsmaschine stieg diese Zahl auf 73222 Ballen im Jahr 1900 an. Jedes folgende Jahrzehnt sah annähernd eine Verdoppelung der Erzeugung. (...) Die Baumwolle machte 1810 ungefähr 22 % des Wertes der Gesamtausfuhr aus und stieg bis 1860 auf über 57 %." (!) ebd.

4 Ebd., Bd. I p 295

5 Vgl. ebd., Bd. 2 p 30 (für die Südstaaten)

Jahr	Fabriken	Kapital	Arbeiter
1840	248	4 331 078	6 642
1860	166	7 256 056	10 043

6 Siegenthaler; Textilindustrie (1972 p 9

6a Keller,U.; Fotografie (1977) p 27f, Abb. p 28

7 Bouret; Degas (1965) p 71

8 Rewald; Degas (1946) pp 112ff

9 Ebd. p 112

10 Ebd. p 114

11 Bouret; Degas (1965) p 70

12 Rich; Degas (1960) p 58. Manchester war Zentrum des engl. Baumwollhandels.

13 Rewald; Degas (1946) p 116 (R 358)

14 Ebd. p 119

15 Ebd. p 116

16 Ebd. p 117 Dort behauptet wenigstens Rewald die Existenz eines solchen Werkes.

17 Steingräber; Repasseuse (1974) p 48

18 Ebd. pp 52ff

19 Graber; Degas (1942) pp 78-79

20 Vgl. z.B. dagegen Klinger, der in ähnlicher Situation auch die Frau zum zentralen Thema hat. Growe; Beobachten (1976)

21 Vgl. dazu die Literatur: Menschik; Gleichberechtigung (1972) besonders pp 15-56, Brandt (u.a.); Frauenfrage (1973) besonders pp 15-41, Kuczynski; Geschichte (1963) besonders pp 101-200

22 Zetkin; Geschichte (1958) p 202

23 Bouret; Degas (1965) p 191

24 Hofmann; Nana (1973) pp 48ff

25 Hildebrandt; Kunst (1924) p 126

26 Wild; Malerei (1950) p 15

27 Hildebrandt; Kunst (1924) p 126

28 Palmade; Zeitalter (1974) p 194f

29 Ebd. p 81

30 Hildebrandt; Kunst (1924) p 126

31 "Um 1930 zählte Paris ca. 36.000 Maler." Wild; Malerei (1950) p 15

32 Hildebrandt; Kunst (1924) p 126

33 Hamann; Impressionismus (1907) p 126

34 So der Titel eines Benjamin-Essays: "Paris, die Hauptstadt des 19. Jahrhunderts", in: Schriften (hg. Adorno) 1955, I, 406-522

34a Die Stadt ist immer wieder Thema einzelner Künstler geworden. Vgl. Kat. "Die Stadt" (1974). Das Thema Paris für die Literatur hat untersucht Minder; Paris (1972) pp 319-375

35 "Es muß jedem auffallen, wie sehr sie (die Großstadt, B.G.) im Sinne der Isolierung, der Ungebundenheit wirkt." Hamann; Impressionismus (1907) p 201

36 Wild; Malerei (1950) p 16

37 Rivière in einer Kritik von 1877. Nach Foska; Degas (1954) p 64

38 Wild; Malerei (1950) p 18

39 v.Brevern; Photographie (1971) p 13

40 Siehe Literaturangaben, besonders der letzten Jahre, zur Fotografie in der Bibliographie.

41 v.Brevern; Photographie (1971) p 5

42 Zeitangaben nach ebd. pp 13ff

43 Imdahl; Momentfotografie (1970) p 228

44 Freund; Photographie (1968) p 16

45 Ich habe dieses Problem auf Grund einer Bemerkung Hildebrandts verfolgt. (aaO., p 124f)
Vgl. dazu auch: Bulthaupt; Naturwissenschaften (1973) pp 27-63 und Tomberg; Wissenschaft (1973) pp 11-93

46 Kahmen; Fotografie (1973) p 22; ebenfalls Freund; Photographie (1968) pp 47-84

47 Dazu: Powell; Face (1972) p 11. Vor allem vgl. die ausgezeichneten Ausführungen Schumachers zur Theorie der Gruppenporträtfotografie von Disderi. Schumacher; Gruppenporträt (1970) pp 14-21.

Anmerkungen zu Kapitel 6

1 Vgl. dazu: Marx; Grundrisse (o.J.) und Marx; Kapital (1972) Bd. 1, besonders pp 85-98
Es gab natürlich schon vor Hegel Ansätze zu einer Theorie der Entfremdung. Allerdings haben sich in der Hauptsache die Hegelschen Gedankengänge in der Marxschen Theorie und bis heute durchgesetzt.

2 Vgl. dazu: Meszáros; Entfremdungsbegriff (1973) besonders pp 116-150 sowie Israel; Begriff (1972) besonders pp 12-85, auch Popitz; Mensch (1953)

3 Israel; Begriff (1972) p 56

3a Ebd. p 57

4 Marx; Grundrisse (o.J.) p 9

5 Israel; Begriff (1972) p 73

6 Ebd.

7 Lukács hat den Begriff der Verdinglichung, ihn aus der Marxschen Theorie entwickelnd, erst geprägt.

8 Lukács; Verdinglichung (1970) pp 170-355

9 Ebd. pp 170f

10 Israel; Begriff (1972) p 82

11 Bouret; Degas (1965) p 70

12 Vgl. ebd.

13 Ebd. p 109 und p 242 Davon zeugt auch ein Brief aus New Orleans an Rouart vom 5.12.1872: "Mich dürstet nach Ordnung. Ich betrachte nicht einmal eine gute Frau als Feindin dieser neuen Lebensweise. (!) Einige Kinder, die mir gehören und von mir sind, ist das auch schon zuviel? Nein. Ich träume von etwas, das gut gemacht ist, einem wohlgeordneten Ganzen (im Stile Poussins) und vom Alter Corots." Cabanne; Degas (1960) p 8

14 Rich; Degas (1960) p 18

15 Rewald; Impressionismus (1957) p 34

16 Bouret; Degas (1965) p 126

17 Bruhns; Jahrhundert (o.J.) p 176-178

18 Ebd. p 180

19 Liebermann; Degas (1922) p 24

20 Bouret; Degas (1965) p 82. Vgl. dazu ebd. p 9, 62, 70, 75, 84, 123, 131f, 135, 191, 239
Weitere Aussagen in diesem Zusammenhang: Rich; Degas (1960) p 58, Cabanne; Degas (1960) p 34, Scharf; Art (1974) p 142, Evers; Historismus (1967) p 11, Hamann; Impressionismus (1907) p 34

21 Rewald; Impressionismus (1957) p 190

22 Duranty,E. (Hg.): "L'Realisme" (1856-1857) Die Artikel dieser kleinen Zeitschrift sind zu Unrecht noch viel zu wenig beachtet. Denn sie könnten über die Entstehungsgeschichte des Begriffs 'Realismus' und für seine schärfere inhaltliche Fassung wichtige Aufschlüsse geben.

23 Vgl. Graber; Degas (1942) p 141

24 Duranty muß als überzeugter Naturalist gelten. Vgl. Reuterswärd; Exegete (1949) p 113

24a Wegen des Untertitels: "Aus Anlaß der Ausstellung einer Künstlergruppe in der Galerie Durand-Ruel" galt die Schrift lange als auf die Impressionisten gemünzt.

25 Aus der Sicht Durantys war der Impressionismus die Kulmination des Naturalismus. Vgl. Reuterswärd; Exegete (1949) p 115

25a Hofmann nannte Durantys Schrift eine "milieubezogene Fragmentästhetik" Hofmann; Nana (1973) p 15
Vgl. ebd. pp 13-16

26 Graber; Degas (1942) pp 141-142

27 Rewald; Impressionismus (1965) p 218

28 Ebd. p 220

29 Rich; Degas (1960) p 58

30 Graber; Degas (1942) p 78

31 Vgl. die entsprechenden Stellen aus Degas' Notizbuch bei Graber (aaO.) pp 78ff

32 Rewald; Impressionismus (1957) p 236

33 Rewald; Impressionismus (1965) p 223

Anmerkungen zu Kapitel 7

1 Vgl. dazu Millard; Sculpture (1976) pp 26-39 Millard hat erst kürzlich das wohl detailreichste und umfassendste Buch zur Plastik Degas' geschrieben. (Dort auch eine umfassende Bibliographie: pp 127-134). Hauptsächlich behandelt Millard die Frage der Datierung und Bezüge zur (romantischen und klassizistischen) Tradition. Weiter Lit. zur Plastik: Cabanne; Degas (1960) pp 66ff, Rewald; Degas (1957) und Tucker; Language (1974)

2 Vgl. Millard; Sculpture (1976) p 3f

3 C p 62f, R S-73 (Tav. LXIV)

4 Cabanne; Degas (1960) pp 66ff, Millard; Sculpture (1974) pp 28ff
In der deutschen Lit. gab es einen Streit zwischen Hausenstein und Meier-Graefe.
Hausenstein; Degas (1922), Meier-Graefe; Degas (1924), Hausenstein; Anmerkungen (1925)

5 P.Mantz, zitiert nach Cabanne; Degas (1960) p 94

6 A.Wolff, zitiert nach ebd. p 93

7 Rewald; Degas (1957) p 28

8 Graber; Degas (1942) p 47

9 Rewald; Degas (1957) p 11

10 Hüttinger; Giacometti (1967) p 19

11 Cabanne; Degas (1960) p 67

12 Zur Entwicklung der Plastik Degas' vgl. Millard; Sculpture (1976) pp 3-26/94-110
Vgl. dazu die Abb. in Russoli; Degas (1970) p 140-145

13 Vgl. Anm. 3

14 Vgl. dazu Michalski; Bedeutung (1932) Zur Kritik am dort vorgeschlagenen Interpretationsverfahren vgl. Boehm; Plastik (1977) ebd. Anm. 5

15 Man kann der "Petite danseuse" auch einen positiven Aspekt abgewinnen und sie als zu den Inkunabeln des Fotorealismus gehörig betrachten. (Vgl. Figuren von D.Hanson)

16 Giedion-Welcker; Plastik (1937) p 22

17 Paris, Louvre; Farbabb. in Degas; Sculpteur (1969) pl. XVI (R S-32)

18 Vgl. Russoli; Degas (1970) p 142 Dort dasselbe Motiv mehrfach abgebildet.

19 Graber; Degas (1942) p 93

20 Boehm; Plastik (1977) p 27 Doch ganz willkürlich ist die Wahl des Vorwurfs nicht. Die Ambivalenz von Entgegenständlichung und gezielter Gegenstandswahl haben wir schon im malerischen Werk angetroffen. Und "dem Tanz entspringt eine ganze Welt der Plastik." Valery; Tanz (1940) p 26

21 Hausenstein; Degas (1922) p 275

22 Tucker; Language (1974) p 152

23 Degas; Sculpteur (1969) T X, andere Beispiele R S-8, R S-10, R s-65

24 Hausenstein; Anmerkungen (1925) p 112

25 Boehm; Plastik (1977) p 28

26 Vgl. dazu Boehm; Dialektik (1973) pp 120-124

27 Das ist durchaus wörtlich zu nehmen, die Instabilität war nicht immer bloßes illusionistisches Moment seiner Plastik. Er vernachlässigte sehr die Technik des Gerüstebaus. Vgl. dazu Rewald; Degas (1957) p 13

28 Dazu Valery; Tanz (1940) p 24

29 Boehm; Plastik (1977) p 35

30 Tucker; Language (1974) p 150

31 Boehm; Plastik (1977) p 27 Dort heißt es: "Die Plastik ist dann für den Betrachter weniger festes Ding als Prozeß der Darstellung, indem die Schwere und Materialität zur Anschauung gebracht werden."

32 Tucker; Language (1974) p 154 Vgl. auch Millard; Sculpture (1976) p 115 Dort wird Rodin literarisch genannt.

33 Schlaffer; Bürger (1973) p 148f Vgl. ebd. p 149f

34 Jatho; Bildsemantik (1976) p 12

35 Rosenkranz; Ästhetik (1853)

36 Hausenstein; Geist (1931) p 163

37 Adorno; Theorie (1973) p 502

38 Adorno; Leitbild (1973) p 42

39 Ebd.

40 Vgl. dazu Gilbert; Degas (1952)

41 Vgl. Hofmann; Poesie (1973)

41a Bis heute: Film, T.V.!

42 Man könnte Degas in den Zusammenhang zu Taine stellen. 'Race, Milieu, Moment' - der dreifältige Nenner des Oeuvre Taines. Er hatte die Empirie auf Prinzipien und die Spekulation auf Erfahrung rückgeführt. Welche Vergleichsmöglichkeiten mit Degas! - Im Gegensatz dazu Schumacher; Gruppenporträt (1970) p 85: "Das Porträt legitimiert (!) die Darstellung."

43 Vgl. dazu Brunius; Inside (1959) p 136
Zur Rolle des Fragments im Impressionismus generell: Venturi; Kunstkritik (1972) p 262f

44 Dazu Rathe; Ausdrucksfunktion (1968) p 19

45 Das kann man an schlechten Abbildungen in Publikationen über Degas sehen, wenn da etwa z.T. nur geringe Teile in den Ausmaßen der Bilder verändert sind. Bei der Wichtigkeit der Komposition in der Kunst Degas' sind erhebliche Veränderungen der Wirkung die Folge!

46 Baumgart; Idealismus (1975) p 221

47 Man kann die Zwiespältigkeit auch mit Boehm "ikonische Dichte" nennen. Boehm; Hermeneutik (1977) p 8

48 Hausenstein; Degas (1948) p 5

49 Das Thema des Spiegelmotivs im Werk Degas' wäre eine eigene Arbeit wert. Als Metapher für Illusion und Schein, in der so Entfremdung und Kunst zusammenkommen, hat er sie gar in die Fotografie transponiert. Vgl. Cabanne; Degas (1960) p 29

50 Boehm; Hermeneutik (1977) p 23 Zum Problem ebd. pp 20-26

51 Halévy; Degas (1900) p 63

52 Valery; Tanz (1940) p 144

53 Imdahl; Farbe (1966) pp 198ff Dort wird über die Auseinandersetzung im Detail informiert.

54 Boehm; Dialektik (1973) p 124

55 Ebd. p 121

56 Baudelaire, zitiert nach Venturi; Kunstkritik (1972) p 251

57 Gantner; Michelangelo (1953)

58 Bouret; Degas (1965) p 139

59 Boehm; Hermeneutik (1977) p 3

60 Raphael; Monet (München^2 1919) p 12

2 A B B I L D U N G E N

Der Abbildungsteil ist als eine Lesehilfe gedacht und erhebt in keiner Weise Anspruch auf Vollständigkeit. Im übrigen ist auf leicht zugängliche Abbildungen an den entsprechenden Stellen in den Anmerkungen hingewiesen.

2.1 Degas

1

La Famille Bellelli (1858 - 1862) (L 79)

Paris, Musée du Jeu de Paume

2
Jockey blessé
(L 140)
Privatsammlung

3
Le foyer de la danse à l'opéra de la rue Le Peletier
(1872) (L 298)
Paris, Musée du Jeu de Paume

4
L'Orchestre
(1868) (L 186)
Paris, Musée du Jeu de Paume

5
La voiture aux courses
(1873) (L 281)
Boston, Museum of Fine Arts

6
Chevaux de course a Longchamp
(1873/75) (L 334)
Boston, Museum of Fine Arts

7
Course de Gentlemen: Avant le Départ
(1862) (L 101)
Paris, Musée du Jeu de Paume

8
L'Etoile ou la Danseuse sur la scène
(1878) (L 491)
Paris, Musée du Jeu de Paume

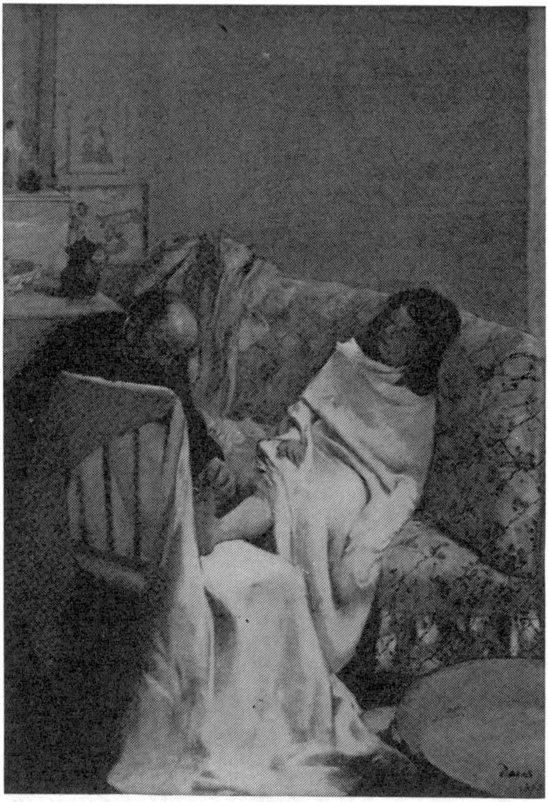

9
Le Pédicure
(1873) (L 323)
Paris, Musée du Jeu de Paume

10

L'Absinthe

(1876) (L 393)

Paris, Musée du Jeu de Paume

11
La classe de danse
(1874) (L 341)
Paris, Musée du Jeu de Paume

12

Aux Courses: Jockeys amateurs près d'une voiture (1877/80) (L 461)

Paris, Musée du Jeu de Paume

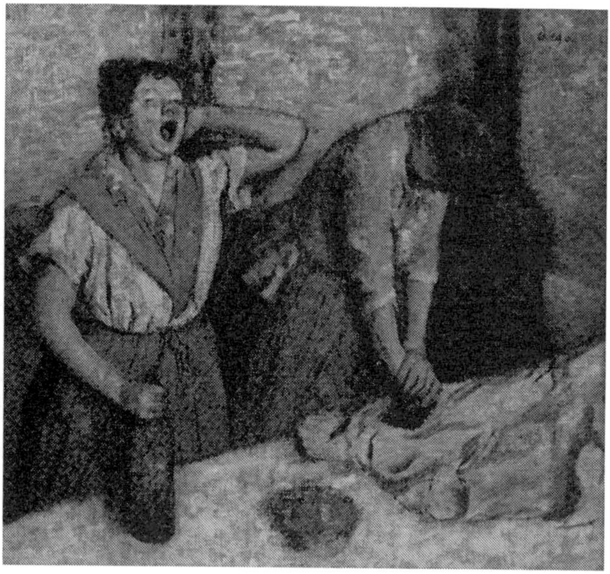

13
Les Repasseuses
(um 1884) (L 785)
Paris, Musée du Jeu de Paume

14

Femme se lavant dans sa baignoire

(1892) (L 1121)

Paris, Musée du Jeu de Paume

15

Croquis de quatre
Jockeys

(1886)

Mr. and Mrs.
L.L.Coburn Collection
Chicago, The Art Institute

16
Jockeys devant les tribunes
(1869 - 1872) (L 262)
Paris, Musée du Jeu de Paume

17
Danseuse assise nouant son brodequin
(1881 - 1883)
Paris, Musée du Jeu de Paume

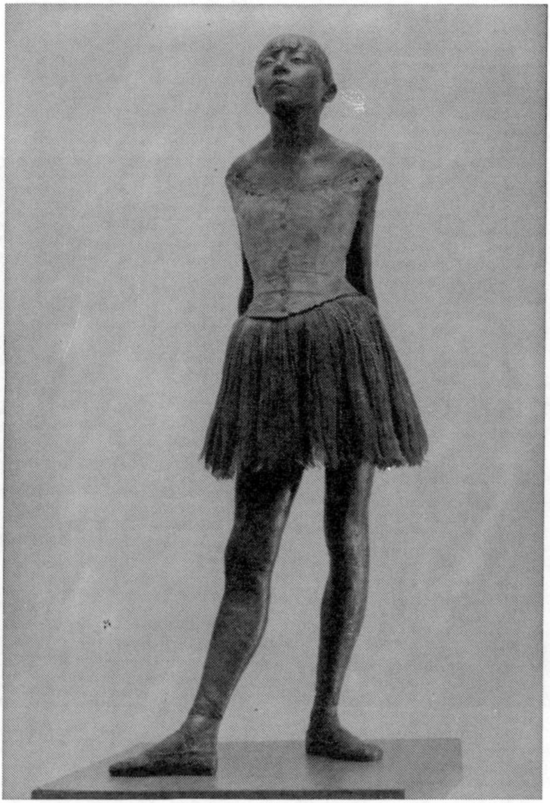

18
La danseuse de quatorze ans
(Bronce et tissu)
(um 1880) (Rewald XX)
Paris, Musée du Jeu de Paume

2.2 Andere

I
Jean-Francois Millet (1814 - 1875)
Le Bouquet de marguerites
Paris, Louvre

II
Henri Fantin-Latour (1836 - 1904)
L'Atelier des Batignolles (1870)
Paris, Musée du Jeu de Paume

III
Théodore Géricault (1791 - 1824)
Le Derby d'Epsom (1821)
Paris, Louvre

3 BIBLIOGRAPHIE

Die Bibliographie ist zur besseren Übersicht nach zentralen Aspekten der Arbeit thematisch aufgeteilt.

Abkürzungen:
AiA = Art in America
Burl.Mag. = Burlington Magazine
GBA = Gazette de Beaux-Arts
JAAC = Journal of Aesthetics and Art Criticism
WRJ = Wallraff-Richartz Jahrbuch

DEGAS

an.	Edgar Degas, a Sculptor as well as a Painter; in: Vanity Fair, März 1950, p 50
Adhémar/Cachin	Degas. Radierungen, Lithographien, Monotypien (Vorwort von J.Rewald) München 1973
Alley, Ronald	Degas Portraiture; in: Burl.Mag. Vol.CV Nr. 723, June 1963, pp 281-282
Alexandre, A.	Monsieur Degas; in: Les Arts, Nr.166, 1918
Barazzetti, S.	Degas raconté par Daniel Halévy; in: Beaux-Arts, 26.März 1936, p 3
ders.	Degas et ses amis Valpinçon; in: Beaux-Arts, 21.und 28.Aug. und 28.Sept. 1936
Bazin, Germain	Degas et l'objectif synoptique; in: L'amour et l'art, XII Paris 1931
ders.	Degas Sculpteur; in: L'Amour de l'Art (Sondernummer Degas) III, IV, Paris 1947 pp 298-301
Bell, Quentin	Degas: "Le Viol" (Charlton Lectures on Art) Newcastle-upon-Tyne 1965
Bender	Degas, Edgar; Art.in: Thieme/Becker: Allgemeines Lexikon der bildenden Künstler, Band VIII (Leipzig 1927) pp 541-544
Bergerat, E.	Edgar Degas (Souvenir) Le Figaro, 11.Mai 1918
Blanche, J.E.	Bartholomé et Degas; in: Art vivant, 15.Febr. 1930, pp 154-156
Boggs, Jean S.	Degas and the Bellellis; in: The Art Bulletin, Juni 1955, Bd. XXVII, Nr.2 pp 127-136
ders.	Degas Notebooks at the Bibliothèke Nationale I.Group A (1853-1858), in: Burl.Mag. Vol.C, Nr.662, Mai 1958, pp 163-171 II.Group B (1858-1861) ebd., Nr.663, Juni 1958, pp 196-205 III.Group C (1863-1886) ebd., Nr.664, July 1958, pp 240-246
ders.	Portraits by Degas Berkeley/Los Angeles 1962
ders.	Edgar Degas and Naples; in: Burl.Mag. Vol.CV, Nr. 723, Juni 1963, pp 273ff
Bouret, Jean	Edgar Degas et l'intelligence; in: GBA, 1949
ders.	Degas (Der Mensch und sein Werk) Paris/ Gütersloh 1965

Browse,Lillian — Degas Dancers (London 1949)

dies. — Degas' Grand Passion; in: Apollo,Bd.85 London 1964, pp 104-114

Burollet,Thérèse — Bartholomé et Degas; in: L'Information d'histoire d'art, Mai/Juni 1967 p 119

Cabanne,Pierre — Degas; in: Jours de France, 1955

ders. — Degas (München 1960)

Chialiva,J. — Comment Degas changé sa technique du dessin; in: Bulletin de la Société de l'Histoire de l'art francais, 1952

Cooper,Douglas — Pastelle von Edgar Degas (Basel-New York) o.J.

ders. — Impressionisten aus der Slg.Courtauld (Kat.Orangerie, Paris 1955)

Degas,Edgar — Huit Sonnets (Vorwort:J.N.Degas) Paris 1946 (New York 1946)

ders. — Album de Dessins (Vorwort Daniel Helévy) Paris 1919

ders. — Degas.Oeuvres du Musée du Louvre.Peintures,Pastels,Dessins,Sculptures. Paris 1969

ders. — Chef-d'oeuvre de l'art (Nr. 143) (Grands Sculpteurs) Paris 1969

Delteil,L. — Edgar Degas,le peintre-graveur illustré; Paris 1919

Diehl,G.H.(Hg.) — Das plastische Werk von Edgar Degas; Veröffentlichungen des Kunstarchivs, Nr. 9, Berlin 1926

Duranty,Edmond(Hg.) — Réalisme (1856-1857)

ders. — Le pays des arts; Paris 1881

ders. — La nouvelle peinture; Paris 1876 (Paris 1946, mit einer Einführung von M.Guérin)

Fevre,Jeanne — Mon oncle Degas(ed. Pierre Borel) Genf 1949

Fosca,Francois — Edgar Degas; Genf 1954

Fry,Roger — Degas Sculpture; in: The New Statesman, 3.März 1923, pp 630-631

Gauguin,Paul — Degas; in: Kunst und Künstler,März 1912

Waldemar,George — Sur quelques copies de Degas; in: La Renaissance, XIX, Jan.1936, pp 5-9

Gilbert,Creighton — Degas and the problem of verifiable excellence; in: IAAC,Vol. X,März 1952, Nr. 3, pp 217-222

Glaser,Curt — Degas als Bildhauer; in: Kunst und Künstler, Jg.XX, Jan.1922

Graber,Hans — Edgar Degas nach eigenen und fremden Zeugnissen (Basel[2] 1942)

Grappe, Georges	Edgar Degas (Plon 1900)
Grimschitz, Bruno	Bronzen von Renoir und Degas; in: Wiener Jahrbuch f.bildende Kunst, 1922, pp 45-48
Guenne, J.	E.Degas, peintre de la société; in: L'art vivant, April 1937
Guerin, Marcel	Les Monotypes de Degas; L'Amour de l'Art, März 1924, pp 77-80
ders.	Remarques sur les Portraits de Famille peints par Degas; GBA, Vol. XVII, Juni 1928, p 371
ders.(Hg.)	Lettres de Degas (Paris 1931)(erweitert Paris 1945) (engl.Oxford 1947)
Coquiot, Gustave	Degas; Paris[2] 1924
Halévy, Daniel	Degas parle; Paris 1900
Hausenstein, Wilh.	Degas als Plastiker; in: Ganymed, Bd.4 München 1922
ders.	Einige Anmerkungen über die Plastiken des Edgar Degas; in: Die Kunst, Bd.51/2 1925, pp 112-119
ders.	Der Geist des Edgar Degas; in: Pantheon, Bd. VII, 1931, pp 161-166
ders.	Degas; Bern 1948
Hertz, Henri	Degas, Art et Esthétique; Paris 1920
ders.	Degas et les formes modernes: son dessin - sa sculpture; in: L'Amour de l'Art, April 1922, pp 105-111
Hess, Thomas B.	The Degas-Cassatt Story; in: Art News, Vol. XLCVI, Nov. 1947, pp 18-20
Hoctin, Luce	Degas photographe; in: L'Oeil, Nr.65 Mai 1960, pp 36-37
Hüttinger, Eduard	Degas; Köln o.J.
ders.	Degas; Paris 1960 (Bibliographie!)
Huyghe, René	Degas; in: L'Amour de l'Art, Juli 1921
ders.	Degas ou la fiction realité, in: ebd. Juli 1931
ders.	Degas ou l'art entre le réel et la fiction; in: Revue des Deux-Mondes, 15.Juni 1955, pp 589-605
Imdahl, Max	Die Momentfotografie und 'Le Comte Lepic' von Edgar Degas; in: Festschrift für Gerd von der Osten, Köln 1970, pp 228-234
Jamot, P.	Le portrait de la femme aux maines jointes par Degas; in: Revue de l'art ancien et moderne, Vol.XL, Dez.1921, p 316
ders.	Degas; Paris 1924

Janis, Eugenia P.	The role of the monotype in the working method of Degas; in: Burl.Mag., Jan./Feb. 1967
dies.	Degas Monotypes (Essay, Catalogue and Checklist) Fogg Art Museum 1968
Kennedy, Ruth	Degas and Raphael; in: Smith College Museum of Art Bulletin, Nr.33/34, 1953, pp 5-12
Keller, Harald	E.Degas: "Famille Bellelli"; Stuttgart 1962 (Reclams Werkmonographien)
Kornfeld, E.W.	Edgar Degas; Bern 1965
Krebs, Albert	Degas à la Nouvelle Orleans; in: Rapports France - Etats Unis, 65, 1952, pp 63-72
Lafond, Paul	Degas; Floury 1918
Lanes, Jerrold	Degas Monotypes at Harvard; in: Artforum, Sept. 1968, pp 42-43
Lemoisne, Paul-André	Degas; Paris 1902
ders.	Les Carnets de Degas au Cabinet des Estempes; in: GBA, April 1921
ders.	L'Art de notre temps (Degas); Paris 1921
ders.	Degas et son Oeuvre (4 Bde.); Paris 1946/9 (Bd. 1: Bibliographie)
Liebermann, Max	Degas; Berlin 1899
ders.	Degas; Berlin 1922
Louchheim, Aline B.	Degas' Double Vision; in: Art News, März 1947, p 62
Manson, J.B.	The Life and Work of Edgar Degas; London 1927
Marx, Roger	Degas, L'image 1897; in: Volné smêry, Jg. XI, 1907
Mauclair, Camille	Edgar H.Degas; London Paris Berlin o.J.
Meier-Graefe, J.	Degas; München 1920
ders.	Degas - ein Beitrag zur Entwicklungsgeschichte der modernen Malerei; München 1924
Millard, Charles	The sculpture of Edgar Degas; Princeton New Jersey 1976
Mitchell, E.	"La Fille de Jephté" par Degas, genèse et évolution; in: GBA, Okt. 1937, pp 175-189
Moore, George	Degas: the Painter of Modern Life; in: Magazine of Art, 1890, pp 416-425
ders.	Memories of Degas; in: Burl.Mag., Jan./Febr. 1918, XXXII

Moreau-Nelaton,E. Deux heures avec Degas; in: L'Amour et l'art, XII, Paris 1931

Moses,Paul Notes on an unpublished etching by Degas; in: GBA, Okt. 1966

Nicolson,B. Degas as a Human Being; in: Burl.Mag., editorial Nr. 723, Vol. CV, Juni 1963, pp 239-241

Nittis,J.de Notes et Souvenirs; Paris 1895

Orienti, Sandra Degas; London 1969

Parry Janis,Eugenia Degas. Monotypes; Harvard 1968

Pecirka,Jaromir E.Degas - Zeichnungen; Prag 1963

Pickvance,Ronald Degas' Dancers: 1872-6; in: Burl.Mag., Nr. 723, Vol. CV, Juni 1963, pp 256-266

ders. A newly discovered drawing by Degas of George Moore; in: ebd. pp 276-280

Pool,Phoebe Degas and Moreau; in: ebd. pp 251-256

dies. The History Pictures of Edgar Degas and their Background; in: Apollo, Okt. 1964, pp 306-311

Raimondi,Riccardo Degas e la sua Famiglia in Napoli, 1793-1917; Neapel 1958

Raumschussel,M. Die vierzehnjährige Tänzerin von Edgar Degas; in: Dresdener Kunstblätter,1965, Nr. 7, pp 107-109

Reff,Theodore Degas' Copies of Older Art; in: Burl. Mag., Nr. 723, Vol. CV, Juni 1963, pp 241-251

ders. New Light on Degas' Copies; in: ebd., Vol. CVI, Juni 1964, pp 250-259

ders. Degas' Sculpture, 1880-1884; in: Art quarterly, Autumn 1970, pp 276-298

ders. Degas and the Literature of his Time; in: Burl.Mag., 11, Sept.1970,pp 575ff

ders. Degas''Tableau de Genre', in: Art Bulletin, 1972, pp 316-337

ders. Degas and the Literature of his Time; in: French 19th century painting and literature (Hg. U.Finke); Manchester 1972, pp 194ff

ders. The Notebooks of Edgar Degas. A Catalogue of the 38 notebooks in the Bibl. Nationale and other collections (2 Bde.) Oxford 1976

Reifenberg,Benno Degas' Welt; in: ders.: Das Abendland gemalt (Schriften zur Kunst) Ffm. 1950, pp 296-307

Rewald, John — Un Portrait de la Princesse de Metternich par Edgar Degas; in: L'Amour de l'Art, März 1937

ders. — Degas Works in Sculpture; New York 1944

ders. — The Realism of Degas; in: Magazine of Art, Jan. 1946

ders. — Degas and his Family in New Orleans; in: GBA, Vol. XXX, Aug. 1946, pp 105-126

ders. — Degas: Sculpture, the complete works; New York 1956 und London 1957

ders. — Degas. Das plastische Werk; Zürich 1957

Rich, Daniel C. — Edgar Degas; Köln[2] 1960

Riviere, G. — M.Degas, bourgeois de Paris; Paris 1935

Rivière, H. — Les Dessins de Degas; 1922

Romanelli, R. — Cézanne et Degas; in: Belvédère, Jan. 1930

Rotzler, Willy — Zehn Ballettstudien von E.Degas; Basel 1948

Rouart, Denis — Degas à la recherche de sa technique; Paris 1945

ders. — Edgar Degas: Monotypes; Paris 1948

ders./Stevanovic, M. — Unbekannte Degas und Renoir; München 1964

Rouart, E. — Degas; Le Point (Sondernummer Febr. 1937)

Russoli, Franco/ Minervino, F. — L'opera completa di Degas, Mailand 1970

dies. — Das Gesamtwerk von Degas; Mailand 1970

Schumacher, Ulrich — Gruppenporträt und Genrebild. Zur Bedeutung der Photographie für die Problematik des Gruppenporträts in der franz. Malerei des 19. Jahrhunderts Diss.Masch. Bochum 1970

Sickert, Walter — Degas; in: Burl.Mag., Vol. CLXXVI, Nov. 1917, pp 183-191

ders. — Personal Account of Degas; in: ebd., Dez. 1917

ders. — The Sculpture of Movement; London 1923

Slocombe, G. — La misanthropie de Degas; in: Universidad, Mensual de Culture popular, Mexiko 1938

Steingräber, Erich — "La repasseuse". Zur frühesten Version des Themas von Edgar Degas; in: Pantheon, 1974, pp 47-53

Stirling, C. — Chasseriau et Degas; in: Beaux-Arts, 26. Mai 1933

Tabary,L.E.	Duranty, etude biographique et critique; Paris 1954
Tietze-Conrad,E.	What Degas learned from Mantegna; in: GBA, Vol. XXIV,6, 1944, pp 413-420
Troendle,Hugo	Das Monotype als Untermalung/ Zur Betrachtung der Arbeitsweise von Degas; in: Kunst und Künstler, Jg. XXIII,1925, pp 357-360
ders.	Die Tradition im Werke Degas; in: Kunst und Künstler, XXV, 1927, pp 243
Tucker,William	Gravity, Rodin, Degas; in: Studio International, July/Aug. 1973, pp 25-99
Valéry,Paul	Degas, Danse, Dessin; Paris 1938
ders.	Tanz, Zeichnung und Degas; Berlin 1940
ders.	Erinnerungen an Degas; Zürich 1940
Vitali,Lamberto	Three Italian Friends of Degas; in: Burl.Mag., Vol. CV, Nr. 723, Juni 1963, pp 266-273
Vollard,Ambroise	Degas. "Artistes d'hier et d'aujourd'hui"; Paris 1924 und Berlin 1925
ders.	Degas; in: Kunst und Künstler, Jg. XXIII, 1925, pp 60-67
ders.	En écoutant Cézanne, Degas, Renoir; Paris 1938
Walker,John	Degas et les maitres anciens; in: GBA, Vol. X, Sept. 1933, pp 173-185
Wildenstein,D.	Vorwort zur Degas Ausstellung Galerie Beaux-Arts; Paris 1955
Zorach,W.	The Status of Degas; in: The Arts, 1924
Zweig,Arnold	Degas als Plastiker; in: Der Querschnitt, Jg. VI, H. 3

IMPRESSIONISMUS

Adhémar,H./ Dayez-Distel,A.	Musée du Jeu de Paume; Paris 1977, 3eme ed.
Bazin/Florisoone/ Leymarie	L'Impressionisme; Sondernummer L'Amour de l'Art, III, IV, Paris 1947
Busch,Günter	Edouard Manet, "Un Bar aux Foliés-Bergère", Stuttgart² 1956 (Reclams Werkmonograph.)
Cogniat,Raymond	Das Jahrhundert der Impressionisten; 1959
Denvir,Bernhard	Impressionismus; München/Zürich 1974
Fischel,Lilly	Von der Bildform der französischen Impressionisten; in: Jahrbuch der Preuss.Kunstsammlungen, NF Bd. 15, 1973 pp 58-154
Fontaine,Isabelle	L'Impressionisme et les tendences de la peinture contemporaine; 1973
Francastel,Pierre	L'Impressionisme; Paris 1974
Gaunt,William	Impressionismus; München 1971
Grauthoff,O.	Die Auflösung der Einzelform durch den Impressionismus; in: Der Cicerone,1919, pp 240-255
Hamann,Richard	Der Impressionismus in Leben und Kunst; Köln 1907
ders./Harmand,Jost	Impressionismus; München² 1974
Hartlaub,G.F.	Die Impressionisten in Frankreich; 1955
Hopp,Gisela	Edouard Manet, Farbe und Bildgestalt; Berlin 1968
Huth,H.	Impressionism comes to America; in: GBA, April 1946
Imiela,Hans Jürgen	Zur Rezeption des deutschen Impressionismus; in: Schadendorf (Hg.) Beiträge zur Rezeption (München 1975) pp 73-83
Jantzen,Hans	Edouard Manet's "Bar aux Folies-Bergère" in: Beiträge für Georg Swarzenski; Berlin 1951, pp 228-232
Kat.	Monet et ses Amis; Musée Marmottan, Paris 1971
Kat.	Französische Impressionisten; Hamburger Kunstverein, Hamburg 1971
Koehler,Erich	Edmond und Jules de Goncourt, die Begründer des Impressionismus; Leipzig 1911
Leymarie,Jean	L'Impressionisme (2 Bde.) Paris 1959
Liebermann,Max	Claude Monet; in: Kunst und Künstler, Jg. XXV, pp 163-170

Meier-Graefe,J. Manet und sein Kreis; Berlin 1902

ders. Über Impressionismus; in: Die Kunst für alle, 1.Jan. 1910

Moore,G. Confessions of a Young Man; London 1888

Novotny,F. Die großen französischen Impressionisten; Wien 1952

Reuterswaerd,O. An unintentional Exegete of Impressionism. Some Observations on E.Duranty and his 'La nouvelle peinture'; in: Konsthistorisk Tidskrift, IV, Stockholm 1949, pp 111-115

ders. The "Violettomania" of the Impressionists; in: IAAC, Dez. 1950

ders. The Accentuated Brush-Stroke of the Impressionists; in: IAAC, März 1952, Vol. X, Nr. 3, pp 273-278

Rewald,John Durand-Ruel; in: Art News, 1.-14.Dez. 1943

ders. Die Geschichte des Impressionismus; Zürich 1957

ders. Die Geschichte des Impressionismus; Köln 1965

Sabbring,C. Science and Philosophy in Art; Philadelphia 1886

Schmalenbach,Fritz Impressionismus - Versuch einer Systematisierung; in: WRJ, Bd. XXXVIII, Köln 1966, pp 145-158

Schneider,Pierre Manet und seine Zeit (1832-1883); 1972

Selz,Jean DuMont's kleines Lexikon des Impressionismus; Köln 1975

Stoll,Robert Th. Die französischen Impressionisten; Zürich 1957

Taylor,Basil The Impressionists and their World; London 1953

Venturi, Lionello Impressionism; in: AiA, Juli 1936, pp 95-110

ders. Aesthetic Idea of Impressionism; in: Journal for Aesthetics, 1941, pp 34-45

ders. Qu'est-ce que l'impressionisme; in: Labyrinthe, 15.Aug. 1944

ders. Impressionists and Symbolists; New York 1950

Webster,J.C. The Technique of Impressionism - A Reappraisal; in: College Art Journal, Nov. 1944

Zahn,Leopold Französische Impressionisten;London 195[illegible]

Zola,Emile Peinture, in: Le Figaro, 2.Mai 1896

JAPONISMUS

Bénédite,Léonce	"Whistler"; in: GBA, 1.Aug. 1905
Berger,Klaus	Das Vorbild Japan; in: Weltkulturen und moderne Kunst, München 1972, pp 15-19
Focillon,Henri	L'estampe japonaise et la peinture en Occident dans la seconde moitié du XIXe siécle; in: Actes du Congrés d'Histoire de l'Art, Paris 1921 Paris 1923, Bd. I, pp 367ff
Hahn,E.	The influence of the Art of the Far East on Nineteenth-Century French Painting; Diss.Univ.Chikago, Chikago 1928
Hiller,J.	Hokusai; Köln 1956
Ives,Colta Feller	The great wave. The influence of japanese woodcuts on french prints; New York 1974
Meier-Graefe,J.	Der Impressionismus Japans; in: Der moderne Impressionismus, Berlin o.J.
Muther,Richard	Die japanische Ausstellung der Secession; in: Studien und Kritiken, Bd. 1 Wien 1900, p 43
Myers/Piper	Was blieb: Lebendige Kunst der fernen Völker; München 1970
Perucchi-Petri,U.	Die Nabis und Japan; München 1976
Reidemeister,L.	Der Japonismus in der Malerei und Graphik des 19. Jahrhunderts; Berlin 1965
Scheyer,Ernst	Far eastern art and french impressionism; in: The Art Quarterly, VI,1943, pp 117-144
Schneider,Angela	Japanische Holzschnitte; in: Weltkulturen und moderne Kunst, München 1972, pp 168-169
Seckel,Dietrich	Buddhistische Kunst Ostasiens; Stuttgart 1957
Shinoda,Yujiro	Degas - Der Einzug des Japanischen in die französische Malerei; Diss. Köln 1957
ders.	Daten zum Japonismus; in: Weltkulturen und moderne Kunst, München 1972, pp 164-165
Thirion,Yvonne	L'influence de l'estampe japonaise sur la peinture francaise dans la seconde moitié du XIXe siécle; Paris 1947/48
Kat.	Weltkulturen und moderne Kunst; München 1972

Wichmann, Siegfried — Hinweise zur manuellen Technik jap. und europäischer Holzschnitte und die Meister der Utagawa-Schule; in: ebd., pp 165-168

ders. — Bewegung als Eigenexistenz im Werk Hokusais und in den Pastellen und Zeichnungen von Edgar Degas; in: ebd., pp 202-208

ders. — Die Diagonale als extremer Sichtverlauf im japanischen Holzschnitt und in der europäischen Malerei und Graphik; in: ebd. pp 222-227

ders. — Das steile Hochformat; in: ebd., pp 228-230

ders. — Das angeschnittene Objekt und asymmetrischer Aufbau in der ostasiatischen und westlichen Malerei; in: ebd., pp 231-241

FOTOGRAFIE

Bossert/Guttmann — Aus der Frühzeit der Photographie, 1840-70; Ffm. 1930

von Brevern,M. — Künstlerische Photographie; Berlin 1971

Briggs,Asa — Photography as Social Documentation; in: 'From today painting is dead'. The Beginning of Photography, Kat. London 1972, pp 13-15

Buddemeier,Heinz — Panorama, Diorama, Photographie. Entstehung und Wirkung neue Medien im 19. Jahrhundert; München 1970

Burty,Ph. — La photographie en 1861; in: GBA, Sept. 1861, p 244

van Deren,Coke — The painter and the photograph - from Delacroix to Warhol; Albuquerque 1972

Flüggen,Hans — Traktat über Kunst und Photographie; München o.J.

Freund,Gisele — Photographie und bürgerliche Gesellschaft; München 1968

Günter,J./Günter,R. — Fotografie als Mittel angewandter Sozialwissenschaft, in: Format - Zeitschrift f. verbale und visuelle Kommunikation, 11, 1975, Nr.6,pp67-71

Honnef,Klaus — Die Kunst und die Fotografie und die Fotografie und die Kunst; in: Künstlerphotographien im XX. Jahrhundert, Hannover 1977, pp 10-16

Kahmen,Volker — Fotografie als Kunst; Tübingen 1973

Kat. — From today painting is dead (The Beginning of Photography) Victoria & Albert Museum 1972

Kat. — Mit Kamera, Pinsel und Spritzpistole, Recklinghausen 1973

Kat. — Das technische Bild - und Dokumentationsmittel Fotografie; Museum Folkwang, Essen 1973

Kat. — Kunst aus Fotografie; Hannover 1973

Kat. — Malerei und Photographie im Dialog; Zürich 1977

Kat. — documenta 6 (Bd. 2); Kassel 1977

Kat. — Künstlerphotographien im XX. Jahrhundert; Kestnergesellschaft Hannover, Hannover 1977, Bibliographie pp 35-37

Keller/Molderings/Ranke — Beiträge zur Geschichte und Ästhetik der Fotografie, Giessen/L. 1977

Kracauer,Siegfr. — Die Photographie; in: Das Ornament der Masse (Essay), Ffm. 1977, pp 21-39

Kunstforum international (Sonderheft) Die Arbeit des Fotographen; Bd. 16, 2. Quartal 1976

Möller,Martin — Aspekte realistischer Fotografie; Wiss.Hausarbeit, Dortmund 1976

Molderings,Herbert — Berlin um die Jahrhundertwende; in: Kritische Berichte, 4.Jg.H.1, 1976, pp 29-32

Pawek,Karl — Das Bild aus der Maschine; Olten 1968

Pirenne,M.H. — Optics Painting & Photography; Cambridge 1970

Popper,F. — Naissance de l'art cinétique. L'image du mouvement dans les arts plastiques depuis 1860; Paris 1967

Powell,Tristam — Fixing the Face (Aspects of portrait-photography); in: 'From today painting is dead', aaO., pp 9-11

Scharf,Aaron — Art and Photography; Harmondsworth 1974

ders. — Painting, Photography and the Image of Movement; in: Burl.Mag.,Sept. 1962

Schmoll gen. Eisenwerth,J.A. — Realistische Malerei und Fotorealismus; in: Kunstchronik, Jg.27,H.2, Febr.1974

Schwarz,H. — Art and Photography: Forerunners and Influences; in: Magazine of Art, Vol. XLII, Nov. 1949, pp 255-256

Stelzer,Otto — Kunst und Photographie; München 1966

Tendenzen (Sonderheft) Fotografie und Parteilichkeit, Nr. 86, 13.Jg. (München, Dez. 1973)

SOZIALGESCHICHTE

Brandt/Kootz/Steppke — Zur Frauenfrage im Kapitalismus; Ffm. 1973

Brandt, Paul — Schaffende Arbeit und bildende Kunst; (2 Bde) Leipzig 1928

Bulthaupt, Peter — Zur gesellschaftlichen Funktion der Naturwissenschaften; Ffm. 1973

Faulkner, H.U. — Amerikanische Wirtschaftsgeschichte; (2 Bde) Hg. C.H.Pollog, Dresden 1929

Gafert, Karin — Die soziale Frage in Kunst und Literatur des 19. Jahrhunderts; Kronberg/Taunus 1974

Hauser, Arnold — Sozialgeschichte der Kunst und Literatur; München 1967

Israel, Joachim — Der Begriff Entfremdung; Reinbeck 1972

Kat. — Die Stadt; Kunsthalle Bremen, Bremen 1974

Kuczynski, Jürgen — Die Geschichte der Lage der Arbeiter unter dem Kapitalismus, Bd. 18: Studien zur Geschichte der Arbeiterin; Berlin-O 1963

Letheve, Jacques — La vie quotidienne des artistes français au 19e siécle; Paris 1968

Lukács, Georg — Verdinglichung; in: ders.: Geschichte und Klassenbewußtsein, Neuwied 1970, pp 170-355

Marx, Karl — Das Kapital, Bd. 1; Berlin 1972

ders. — Grundrisse der Kritik der politischen Ökonomie; Ffm. o.J.

Menschik, Jutta — Gleichberechtigung oder Emanzipation; Ffm.[2] 1972

Meszáros, István — Der Entfremdungsbegriff bei Marx; München 1973

Neumann, Thomas — Sozialgeschichte der Photographie; Neuwied, Berlin 1966

Palmade, Guy — Das bürgerliche Zeitalter; Ffm. 1974

Paulsson, Gregor — Die soziale Dimension der Kunst; Bern 1955

Rech, P. — Engagement und Professionalisierung des Künstlers; in: Kölner Zeitschrift für Soziologie und Sozialpsychologie, 3, 1972

Popitz, H. — Der entfremdete Mensch; Basel 1953

Rassem, Mohammed — Gesellschaft und Bildende Kunst; Berlin 1960

Schlaffer, Heinz — Der Bürger als Held; Ffm. 1973

Siegenthaler,H.	Das Gewicht monopolistischer Elemente in der amerikanischen Textilindustrie 1840-1880; Berlin 1972
Tomberg,Friedrich	Bürgerliche Wissenschaft; Ffm. 1973
Watson,Bruce A.	Kunst, Künstler u. soziale Kontrolle; Köln/Opladen 1961
Zetkin,Clara	Zur Geschichte der proletarischen Frauenbewegung Deutschlands; Berlin 1958

SONSTIGE LITERATUR

an. — Lamothe,Louis; in: Thieme/Becker: Allgemeines Lexikon der bildenden Künstler, Band XXII, Leipzig 1928, p 268

Adorno,Th.W. — Im Jeu de Paume gekritzelt; in: Ohne Leitbild. Parva Aesthetica, Ffm.5 1973, pp 42-47

ders. — Ästhetische Theorie; Ffm. 1973

Badt,Kurt — Eugène Delacroix; Köln 1965

Baudelaire,Charles — "Le peintre de la vie moderne"; in: Figaro, 26.28.11. und 3.12. 1863

ders. — Les Fleurs du Mal / Die Blumen des Bösen; Paris 1868/Ffm. 1966

Baumgart,Fritz — Idealismus und Realismus 1830-1880. Die Malerei der bürgerlichen Gesellschaft; Köln 1975

Bell,C. — Landmarks in Nineteenth Century Painting; New York 1927

Bénézit,M. — Dictionnaire critique et documentaire des peintres, sculpteurs; Paris 1952

Benjamin,Walter — Paris, die Hauptstadt des 19. Jahrhunderts; in: Schriften (Hg. Adorno) Bd. I, 1955, pp 406-422

Berger,John(u.a.) — Sehen. Das Bild der Welt in der Bilderwelt; Reinbeck 1974

Blanche,J.E. — Propos de peintre, de David à Degas; Paris 1919

Boehm,Gottfried — Die Dialektik der ästhetischen Grenze. Überlegungen zur gegenwärtigen Ästhetik im Anschluß an Josef Albers; in: Neue Hefte für Philosophie (Hg. Bubner/Cramer/Wiehl) H.5, Göttingen 1973, pp 118-138

ders. — Plastik und plastischer Raum; in: Skulptur, Westf.Landesmuseum Münster, Kat. Bd. I, Münster 1977

ders. — Zu einer Hermeneutik des Bildes; unveröffentl.Manuskript; Bochum 1977

Boime,Albert — The Academy and French Painting in the Nineteenth Century; London 1971

Bruhns,Leo — Das neunzehnte Jahrhundert; Wiesbaden-Berlin o.J.

Brunius,Teddy — Inside and Outside the Frame of a Work of Art; in: Idea and Form. Studies in History of Art, Stockholm 1959

Busch, Günter — Synästhesie und Imagination. Zu Delacroix kunsttheoretischen Äußerungen; in: Koopmann/Schmoll (vgl. unten) pp 240-255

Clark, Kenneth — Landscape Painting; London/New York 1950

ders. — Das Nackte in der Kunst; Köln 1958

Clark, T.J. — The absolute Bourgeois. Artists and Politics in France 1848-1851; London 1973

Coplans, John — Serial Imagery; Pasadena Art Museum 1968

Deckert, Hermann — Zum Begriff des Portraits; in: Marburger Jahrbuch für Kunstwissenschaft (Hg. Deckert/Meinhard) Bd. 5, 1929, pp 261-282

Deri, Max — Die Malerei im XIX. Jahrhundert; (2 Bde) Berlin 1919 und Berlin 1933

ders. — Die neue Malerei; Leipzig 1921

Dictionnaire de la Peinture Moderne; Paris 1954

Dittmann, Lorenz — Courbet und die Theorie des Realismus; in: Koopmann/Schmoll (vgl.unten) pp 215-239

The Encyclopaedie of World Art; New York 1967

Evers, H.G. — Vom Historismus zum Funktionalismus; Baden-Baden 1967

Febvre, Lucien — Le problème de l'incroyance au XVIe siècle. La religion de Rabelais; Paris 1942

Fincke, U. (Hg.) — French Nineteenth-Century Painting and Literature; Manchester 1972

Frey, Dagobert — Das Zeitproblem in der Bildkunst; in: Bausteine zu einer Philosophie der Kunst, Darmstadt 1976, pp 212-235

Friedländer, W. — Hauptströmungen der französischen Malerei - David bis Delacroix; Köln 1977

Friedrich, Hugo — Die Struktur der modernen Lyrik; Ffm.[5] 1973

Gantner, J. — Rodin und Michelangelo; Wien 1953

Gehlen, A. — Zeit-Bilder; Ffm. 1960

Giedion-Welcker, C. — Moderne Plastik. Elemente der Wirklichkeit - Masse und Auflockerung; Zürich 1937

Gombrich, E.H. — Moment and Movement in Art; in: Journal of the Warburg and Courtauld Institutes, V. 27 (1964)

ders. — Kunst und Illusion; Köln 1967

ders. — The Story of Art; London/New York 1950

Goncourt, E.u.J. — Journal, Bd. V (1872-1977); Paris 1891

Grauthoff,Otto — Formaufbau und Formzertrümmerung in der bildenden Kunst; Berlin 1919

Growe,Bernd — "Beobachten, aber nichts mitthun" (Materialien zum Opus 'Dramen' von Max Klinger); in: Max Klinger, Kunsthalle Bielefeld, Bielefeld 1976, pp 13-28

ders. — Regression der Bildlichkeit (Überlegungen zu Stella's "Kupfer-Serie"); in: Frank Stella. Werke 1958-1976, Kunsthalle Bielefeld, Bielefeld 1977, pp 29-42

Hamann,Richard — Geschichte der Kunst; Berlin 1933

Hale,William H. — Rodin und seine Zeit; Verona 1972

Hausenstein,W. — Die bildende Kunst der Gegenwart; Stuttgart-Berlin 1914

Henriot,E. — Realistes et Naturalistes; Paris 1954

Hildebrandt,Hans — Die Kunst des XIX. und XX. Jahrhunderts; Wildpark-Potsdam 1924

Hofmann,Werner(Hg.) — Lexikon Bildende Kunst (Bd.2); Ffm.1962

ders. — Lexikon Bildende Kunst (Bd.3); Ffm.1966

ders. — Nana - Mythos und Wirklichkeit;Köln1973

ders. — Poesie und Prosa. Rangfragen in der neueren Kunst; in: Jahrbuch der Hamburger Kunstsammlungen, Bd. 18 (Hamburg 1973) pp 173-192

Hüttinger,Eduard — Aspekte der Kunst Alberto Giacomettis; in: Neue Züricher Zeitung, Nr. 55, 25.2.1967

Huysmans,J.K. — L'art moderne; Paris 1883, [2] 1902

Imdahl,Max — Regie und Struktur in den letzten Gruppenporträts von Rembrandt und Frans Hals; in: Festschrift Max Wegner zum 60. Geburtstag; Münster 1962

ders. — Die Rolle der Farbe in der neueren Malerei; in: Poetik und Hermeneutik, Bd. 2, München 1966, pp 195-225

ders. — Cézanne - Braque - Picasso. Zum Verhältnis zwischen Bildautonomie und Gegenstandssehen; in: WRJ, Bd.XXXVI, Köln 1974, pp 325-365

Jantzen,Hans — Über den gotischen Kirchenraum (u.a. Aufsätze); Berlin 1951

ders. — Die Raumdarstellung bei kleiner Augendistanz; in: ebd., pp 41-48

ders. — Über Prinzipien der Farbengebung in der Malerei; in: ebd., pp 61-68

Jatho,Heinz — Bildsemantik und Helldunkel. Ein Beitrag zur Bildsemiologie; München 1938

Jedlicka,G. — 'Pariser Tagebuch'; Berlin/Ffm. 1953

Jiauou,Ionel — Rodin; Paris 1971

Kat. — Torso - das Unvollendete als künstlerische Form; Recklinghausen 1964

Kindlers Malerei Lexikon (15 Bde.); München 1976

Koopmann/Schmoll(Hg.) Beiträge zur Theorie der Künste im 19. Jahrhundert; Ffm. 1971/72

Lüer,Herrmann — Die Technik der Bronzeplastik; Leipzig o.J.

Mather,F.J. — Modern Painting; New York 1927

von Maur,Karin — Die Brüder Goncourt - Aspekte ihrer Kunstkritik; in: Koopmann/Schmoll (vgl.oben) pp 360-373

Meier-Graefe,J. — Entwicklungsgeschichte der modernen Kunst (3 Bde.); Stuttgart 1904

Michalski,Ernst — Die Bedeutung der ästhetischen Grenze für die Methode der Kunstwissenschaft; Berlin 1932

Minder,Robert — Paris in der französischen Literatur (1760-1960); in: ders.: Dichter und Gesellschaft (Ffm. 1972) pp 319-375

Muther,Richard — Ein Jahrhundert französischer Malerei; Berlin 1901

Oelrichs,Hans E. — Das Gesetz. Versuch über den Raum in den Künsten; Berlin 1946

Raphael,Max — Von Monet zu Picasso; München^2 1919

ders. — The Demands of Art; Princeton 1968

Rathe,Kurt — Die Ausdrucksformen extrem verkürzter Figuren; London 1938

Rey,Robert — Französische Malerei des 19. Jahrhunderts

Riegl,Alois — Das holländische Gruppenportrait; Wien 1933

Rosenkrank,Karl — Ästhetik des Häßlichen; Königsberg 1853

Rothschild,E.F. — The Meaning of Unintelligibility in Modern Art; Chicago 1934

Schadendorf,W.(Hg.) Beiträge zur Rezeption der Kunst des 19. und 20. Jahrhunderts; München 1929

Schalk,Fritz — Zu Taines Theorie und Praxis; in: Koopmann/Schmoll (vgl.oben) pp 352-359

Schapiro,M. — Nature of Abstract Art; in: Marxist Quarterly, Jan/März 1937

Scheel,Hans Ludwig — Zum Problem der "pessimistischen" Literatur; in: Romanistisches Jahrbuch, XXVI. Band, Berlin-New York 1975, pp 137-146

Scheffler,Karl — Die großen französischen Maler des 19. Jahrhunderts; München^2 1949

Schmidt, Georg — Naturalismus und Realismus (Ein Beitrag zur kunstgeschichtlichen Begriffsbildung) in: Festschrift Martin Heidegger zum 70. Geburtstag, Pfullingen 1959

Schmidt, Paul F. — Geschichte der modernen Malerei; Stuttgart[8] 1957

Schmoll, J.A. gen. Eisenwerth (Hg.) — Das Unvollendete als künstlerische Form; Bern/München 1959

ders. — Naturalismus und Realismus: Versuch zur Formulierung verbindlicher Begriffe; in: Städel Jahrbuch (Hg. Gallwitz/Beck), München 1975, NF Bd. 5, pp 247-266

Schrader, Walter — Mensch und Bild (Anthropologische Grundlagen des Bildverständnisses); Trier 1971

Sedlmayr, Hans — Die Kunst im Banne der Technik; in: ders.: Der Tod des Lichtes, pp 170-181 Salzburg 1964

Seligman, Jaques — Französische Malerei des 19. Jahrhunderts

Sigerist, Daisy — Die Raumauffassung in der französischen Malerei des 19. Jahrhunderts; Zürich 1964

Sloane, J.C. — French Painting between the Past and the Present (Artists, Critics and Traditions from 1848 to 1870); Princeton 1951

Strauss, Ernst — Koloritgeschichtliche Untersuchungen zur Malerei seit Giotto; München 1972

Tucker, William — The Language of Sculpture; London 1974

Valery, Paul — Der Unendlichkeitsfaktor in der Ästhetik; in: Über Kunst (Essays) Ffm. 1973, pp 141-146

Venturi, Lionello — Art Criticism Now; Baltimore 1941

ders. — Painting and Painters: How to look at a Picture; New York 1945

ders. — Geschichte der Kunstkritik; München 1972

Waldmann, Emil — Das Bildnis im 19. Jahrhundert; Berlin 1921

ders. — Die Kunst des Realismus und des Impressionismus; Berlin[2] 1927

Wichmann, S. — Bewegungsaktion in den Jagdschilderungen E.Delacroix; in: Weltkulturen und moderne Kunst, München 1972, pp 114-123

von Wilckens, Leonie — Grundriß der abendländischen Kunstgeschichte; Stuttgart 1967

Wild, Doris — Moderne Malerei; Zürich 1950

Zeitler, Rudolf — Die Kunst des 19. Jahrhunderts; Berlin 1966